茶陵史话丛书之二

风韵茶陵

向宋文　陈　科　主编

湖南师范大学出版社

·长沙·

图书在版编目(CIP)数据

风韵茶陵／向宋文,陈科主编.—长沙:湖南师范大学出版社,2021.12
ISBN 978 - 7 - 5648 - 4437 - 0

Ⅰ.①风… Ⅱ.①向… ②陈… Ⅲ.①地方文化—茶陵 Ⅳ.①G127.644

中国版本图书馆 CIP 数据核字(2021)第 276248 号

风韵茶陵
FENGYUN CHALING

向宋文　陈　科　主编

◇出　版　人:吴真文
◇策划组稿:李　阳
◇责任编辑:李红霞　江洪波
◇责任校对:蒋旭东
◇出版发行:湖南师范大学出版社
　　　　　　地址／长沙市岳麓区　邮编/410081
　　　　　　电话/0731 - 88873071　0731 - 88873070
　　　　　　网址/https://press.hunnu.edu.cn
◇经销:新华书店
◇印刷:湖南雅嘉彩色印刷有限公司
◇开本:710 mm×1000 mm　1/16
◇印张:19
◇字数:350 千字
◇版次:2021 年 12 月第 1 版
◇印次:2021 年 12 月第 1 次印刷
◇书号:ISBN 978 - 7 - 5648 - 4437 - 0
◇定价:98.00 元

凡购本书,如有缺页、倒页、脱页,由本社发行部调换。

投稿热线:0731 - 88872256　微信:ly13975805626　QQ:1349748847

茶陵风韵知千年

文/陈　科

　　巡航地球北纬 30° 左右这条孕育古文明的神秘地带，定格长江流域南端，悠悠洣水就像一道优美的弧线，从井冈山下一路向北逶迤而去，奔腾、穿越在湖湘大地上。

　　几千年以前，中华始祖神农氏炎帝在这里开创了灿烂的农耕文化，后因"崩葬于茶乡之尾"、位居景阳茶山诸因而得名"茶陵"，成为全国唯一以茶命名的县。中国茶文化之源、道文化之源、湘菜之源和红色建政之源的文化特质，开了湖湘文化风气之先河。神农故邑、进士之乡、将军之乡的文化标签让茶陵成为了与长沙相提并论的历史文化名城。

　　茶陵置县于秦嬴政二十六年（前221），它扼湘赣闽粤之要，揽"吴头楚尾"之胜，自西汉元朔四年长沙定王之子刘欣在这里封邑开始，历代官守在这里先后筑有茶王城、金州城、南宋古城三大城池和被称为"吴楚雄关"的马王城、鄂王城、城隍界堡三大军事城堡。建于南宋绍定四年的国家文物保护单位南宋古城，迄今成为江南唯一一座保存完好的宋代石头城。文庙学宫、四大学士祠、状元桥、古州衙和古屋民居错落有致，呈现徽派之风和明清之韵。矗立城东之外的笔直塔和雄踞城墙下的南浦铁犀，见证着茶陵近千年的风雨沧桑。自宋以来以茶水、洣水为纽带，辐射全国进行商贸的"茶帮"和"药帮"使这里成为湖南重要的茶叶和药材集散地，湖南八大古墟集镇之一的界首古

001

墟依然可见往昔的繁荣。

深厚的文化底蕴，使茶陵迄今保存着大量风格独特的地面文物，其中有2个国家级、12个省级、35个市级等72个文物保护单位。在这里相继发现的独岭坳大溪文化遗址，龙山、商周、战国及秦汉文化遗址，湖南省罕见的明代石头牌坊——龙家祠牌坊，由岳飞亲笔题字的陈氏家庙、光泉以及散布在10余个古镇、古村中的古遗存、古遗址和古民居，为中华民族卷帙浩繁的文化宝库增添了一颗颗璀璨的明珠。

"洣水青罗带，云山碧玉簪。"茶陵同时也是一座山水生态之城。明代著名诗人解缙，宋孝宗赵眘，诗人黄庭坚，明代著名旅行家、地理学家徐霞客等在这里留下了大量传世佳作。国家级4A景区云阳山国家森林公园峰连七十二群峰，佛道祥光，气通闽粤，脉贯湖湘，是少见的国家城市森林公园；严塘镇爱里国家野生植物保护区湖里湿地，被称为世界所稀有的"水生植物活化石"。洣水、洮水、茶水蜿蜒似带，浩渺一碧，黄庭坚留下了"青玻璃盆插千岑，江湘水清无古今"的诗句，有着"千岛湖"之称的东阳湖八十里水路直上井冈山，波撼湘楚。

文化是茶陵的灵魂。她纳云山、洣水之灵气，吸荆楚、庐陵、吴越文化之精髓，形成了农耕文化、道文化、书院文化、红色文化、饮食文化、客家文化、戏剧文化等独特的历史文化脉象。

中华始祖神农炎帝邑居茶陵，开创农耕，传播文明，尝百草，日遇七十二毒，得茶解之，创造了"千年国饮，始于茶陵"的历史传奇，神农在这里活动的诸多遗迹成为茶陵千年茶史的标本与见证。湖湘文化同步形成发展起来的38所历代书院，数量居湖湘之首，学风蔚然，对湖湘文化的形成、发展起到了至关重要的作用。其中，明弘治十七年（1504）修建的洣江书院是规模最大、影响最深、历时最长的州办书院，它集中了林廷玉、萧锦忠等数十位当时"湖湘学派"重要人物在这里讲学著书，被李东阳称为"文献之地"。

1927年11月，毛泽东亲手在这里创建了茶陵县工农兵政府，美国著名记者埃得加·斯诺在《西行漫记》中援引毛主席的话说，"在湖南东南部的茶陵县建立了全国第一个红色政权"。著名的"湖口挽澜"事件，在关键时刻挽救了年幼的中国工农红军，挽救了中国革命。1965年5月21日，毛泽东故地重游，下榻茶陵，勾起了一段红色的记忆。

灿烂的稻作文明在漫长的历史变迁中衍生出了湘楚之地特有的饮食习惯和风俗，以"湘菜鼻祖"谭延闿为代表的"湘江流派"创造的"祖庵家菜"开中国官府菜之先河，成为"湘菜之源"；流传在桃坑、江口、八团、浣溪等地的"客家火龙"被列入湖南省非物质文化遗产名录；从革命时期开始传唱的"苏区歌谣"，采茶戏、祈丰舞、渔鼓、花棍舞等，成为了茶陵民间本土文化的集中代表。茶陵湘剧团是全省唯一的县级专业湘剧团，为传承湘剧、挽救民族文化遗产作出了重要贡献，编排的《洣水魂》等剧目获得了湖南省"五个一工程"奖。

　　钟灵毓秀，人杰地灵的茶陵大地，沐浴千年文化的惠泽，造就了一大批学人先贤，历史文化名人如日如月如星。

　　华夏始祖神农氏炎帝彪炳于中华文明史册；科举时代139名进士星耀史空，谭用式、李祁、张治、萧锦忠、谭延闿"五元折桂"，其数量居湖湘之首。明清"四大学士"刘三吾、李东阳、张治、彭维新"四相文章冠两朝"。茶陵诗派核心人物李东阳，影响明朝文坛四十余年，在中国文学史上占有重要地位。元代著名私刻家陈仁子，创建了湖南最大的私家书院——东山书院，刻印了现藏于北京图书馆的初刻"孤本"《梦溪笔谈》，堪称世界印刷精品。清末进士谭钟麟、谭延闿父子深得湖湘文化实学和理学并重之精神，政声颇佳。其中，谭延闿号称"聪明的政治家、民国书法家之首"，三主湘政，官至南京国民政府主席、行政院长。世界文化名人谭云山致力于中印文化交流，在国际社会中享有很高的声望。耶鲁大学终身教授陈志武是当今世界最具影响力的华人经济学家之一。

　　茶陵文有儒秀俊才，武有精兵强将，涌现了湘赣边界早期革命杰出的领导人谭思聪、陈韶，杰出革命家谭余保，30名共和国将领等一大批叱咤风云的人物。以谭延闿、刘柔远为代表的32名民国爱国将领，为中华民族的解放事业立下了不朽的功勋。

　　历经两千多年的风雨沧桑，茶陵从西汉的一个边陲古邑变成了湘赣边贸重镇、长株潭重要生态旅游城市、湘赣交通枢纽、湘赣现代物流中心和湘赣中心县。文化名城、红色摇篮、湘赣枢纽的发展定位让古城茶陵彰显新的发展张力。四条高速、两条铁路、一条国道、一条省道的"4211"交通大构架成为连接京九、京广两大经济带和珠三角、长三角两大经济圈的交通节点。"山水围城""文化围城""产业围城"的城市发展格局，奏出了自然、历史、文化与经济的时代交响曲。

　　穿越五千年的历史，翻开湖湘文化绚丽的篇章，古老的茶陵正以喷薄的精神力量，跨越湖湘，传唱着民族历史与文化的浩歌。

目录
CONTENTS

第二篇　长河探源 / 053

第三篇　古城春秋 / 097

第四篇 书院儒风 / 159

第五篇　风物传奇 / 215

云山在历史高处耸立
千万座巅峰，在洣水深处
无论怎样倒映，依然是巅峰的气势

历史永恒如轮
湮灭不了的思想之辙，风烟滚滚
文化长流如斯
黄钟大吕下的时代风笛，空彻嘹亮

洣水环流一座古城
涛阁尘藏一部经卷

茶陵传统文化的光华

文 / 尹烈承

茶陵地处长江以南腹部地区，万洋山脉绵亘于境南，罗霄山脉萦绕于境东，武功山脉屏立于境西北，秦嬴政二十六年（前221）—202年（汉高祖五年）置县。境内丘陵起伏，河溪蜿蜒，平畴镶嵌，既不处大江要津，又不处通衢门户，以河运为主要交通形式的古代茶陵是闭塞的。就是这样一个闭塞的山区县，在历史长河中沉积、融合、升华而成的神农文化、书院文化、民俗文化、乡贤文化、革命红色文化等，已内化为茶陵特有的文化个性和品格，在千年的历史中折射着迷人的光华，有着无穷的穿透力。作为井冈山革命根据地六县之一和全国第一个红色政权——茶陵县工农兵政府诞生地，茶陵在中共党史和中国革命史中的地位和影响是不可估量的；在艰苦卓绝的斗争中，在70多年的社会主义革命和建设事业中，英雄的茶陵人民始终坚贞不渝、百折不挠、自强不息，把茶陵传统的人文精神发扬到极致，并提升到一个崭新的境界。特别是在党的十八大以来，在以习近平新时代中国特色社会主义思想为指导下，茶陵的文化、教育、党史、文史、文学艺术等部门和广大文化、文艺工作者，从新时代新征程的历史方位出发，植根于茶陵厚重的历史文化土壤，聚焦火热现实生活，发掘、整理丰厚的文化资源，弘扬优秀的传统文化，使茶陵传统历史文化在传承创新中绽放着夺目的光彩。

一、茶陵传统文化，开拓了一个更为广阔的文学疆域

千年茶陵，文脉不断。一批批文化精灵在丽日繁星的更替中，用文学、人格和博大的胸怀成就了茶陵历史文化的魅力。历史上139位进士的清词丽句，明清四相的翰墨文章，彪炳史册；尤其是以明朝华盖殿大学士李东

阳为领袖的"茶陵诗派",穿越历史,影响千年,在中国古代文学史上熠熠生辉;大文豪黄庭坚、解缙、徐霞客、汤显祖,帝王宋孝宗赵昚、明太祖朱元璋、南京国民政府主席谭延闿等都在茶陵留下了不朽的诗篇;李东阳的《怀麓堂集》和其先祖李祈的《云阳集》,大学士刘三吾的《坦斋文集》、张治的《龙湖文集》、彭维新的《墨香阁集》,进士刘应峰的《衡云山集》、谭兆鸿的《寄傲轩诗草》、尹惟日的《行吟集》、谭青耀的《爱庐诗草》等,无不是文学的精品。这些作品正如明朝茶陵知州林廷玉所描述的那样"山云水月,天然真乐,无往弗在,亦奚以功名为哉",将茶陵自然和人文景观的至情至性展现得淋漓尽致。受此影响,新时代的茶陵人,高举文学和文化的大旗,尽情地徜徉于文学的殿堂,建构起了一个博大与精微共在、传统与现代交汇的文学审美空间。这些年,全县共出版各类历史文化、文学艺术、诗词歌赋等书籍100多种。纵览这些文化文学创作,无论纪实文学、报告文学还是小说、诗歌、散文,都表达了对优秀传统文化的深情回望和致敬,表达了对当下一些价值取向失当行为的忧思,并悉心探讨在当下应如何坚守精神立场、扬起理想的风帆。这些作品,题材丰富,覆盖了各行各业,涉及古今;主题深刻,诠释了为时代画像、为时代立传、为时代明德的正义;其艺术水准亦契合了守正创新的时代需求,呈现出百花齐放、五彩缤纷的繁荣景象。

二、茶陵传统文化,点亮了一盏盏理想和智慧的灯火

"耕读传家久,诗书继世长。"茶陵历史文化最显著的标志是书院文化和进士及第,这里耕读传家的优良风气传承了千年。明经书院、杜陵书院、雩江书院、米江书院等茶乡38所书院,培育了2名状元、2名解元、139名进士;状元会元相继、王侯将相比肩、进士学士迭出的历史盛况点亮了茶乡的星空。茶陵之士,心怀天下的精神彪炳于史。其中一马当先的故事、二李摘魁的荣耀、三谭立万的传奇至今还在让茶乡人津津乐道、引以为豪,三村三宰相、一堂六将军的奇迹至今还在街谈巷议,祖孙诗魁、父子进士的佳话至今还在广受褒扬。茶陵的这份荣光得益于中国的科举制度,源于中国的耕读文化。以此为脉,在新的时代,茶陵文化、文学、文艺工作者和爱好者胸怀家国天下,用心、用情、用功,深化耕读学林之风,用作品深刻的主题和思想内涵,与新时代相匹配,阐释着"改善民风、学以致仕、通达礼义"的时代意义。如《历

代茶陵书院》和《茶陵进士》的出版，犹如青史之镜，鉴照着峥嵘岁月。这些获得功名的进士，之所以被人推崇，就在于他们特别豁达，对家乡事业极为关心，并常有善行。这种"善"，既是乐善好施之"善"，更是推介新事物、新品种、新技术、新风尚之"力"，为当地经济社会的发展注入了新的活力。一直以来，茶陵人善于从历史经验中汲取不断前进的智慧和力量，遵循着"芳林新叶催陈叶，流水前波让后波"的时代规律，抱定"功成不必在我，创新必须有我"的胸怀，让奋勇进取的根深扎在红色大地的沃土里，让开拓创新的基因流淌在茶陵人民的血脉之中……

三、茶陵传统文化，传承了人性中最纯美的心灵世界

李东阳在他的《见南轩赋》中塑造了遗世绝俗、寄情山水的文人形象，他用道家的思想，表达了自己的高情远致。李东阳作为湖湘文化代表人物之一，他纯净的思想、朴素的情怀，无不烙上湖湘文化和茶陵传统文化的印迹。向真、向善、向美的人性充盈于心，对现实生存的精神超越影响至今。茶陵后世的作品承其衣钵，展示着人们心灵深处的美好世界。譬如，茶陵当今文人所著的《追念颜元叔》《谭延闿》《温情记录的岁月——虎踞山乡村叙事》等著作，无不表达了追求美好理想、勇于承担社会道义的社会立场。《李东阳研究——以政治心态、文学思想为核心》《井冈山下千岛湖》《状元女婿陈子沐》等，无不渗透着对人性假恶丑和生活中庸俗低俗甚至恶俗现象的锐利揭露，表达了关注社会、体恤民生的人性之美。哪怕是写红色革命题材，茶陵的文人们从战争、人性、人情、爱情纵横交织的维度，紧扣井冈山和湘赣革命根据地斗争、红军长征、南方三年游击战争、抗日战争、解放战争背景下诸多战斗中的人和事，以铁血激荡的战争场景和鲜活丰盈人性细节的交相辉映，生动传神地写出了茶陵革命先烈、共和国开国将军的忠贞赤诚、勇毅坚韧、笃实沉厚、壮怀激烈和纯真浪漫的革命气质和品格。刘月生、段苏权、谭家述、谭善和、陈外欧、刘转连、周仁杰、龙开富、李俭珠等茶陵籍共和国开国将军的传记，重要党史人物谭余保、陈冬尧、邓永耀等人的传记，均以思想为轴心，以信仰为红线，将尘封的军事史和革命历史资料"串联"起来，用真实的史实、感人的故事，再现革命军人艰苦卓绝的奋斗史和坚定的革命信仰，将茶陵人劲直决烈、朴而无华革命品性充分表现了出来。这些精神，在作品中是一种表达，在茶陵历史中是一种传承。

四、茶陵传统文化，翻开了一页页生动的社会生活图景

茶陵这一块沃壤腴土，养育了众生万物，孕育出灿烂文化，同时也催生了丰富多彩的民俗文化。茶陵的民俗文化，从茶陵的民间文学中就可以窥一斑而见全豹。歌咏言，诗言志，文载道。民间文学作为群众基础最广泛的文化载体之一，记录着民族的心路历程，呐喊的是劳动人民的心声。天地人、日月星、风雷电、历史风云、社会轶事、民俗趣闻都可以通过民间文学反映出来。《茶陵文选》《茶陵民间文学集成》《茶陵民间传说》《李东阳研究文选》《茶陵民歌集》《茶陵古代诗词选》《向东诗词选》《李东阳与茶陵诗派文选读》《愚顽诗词·湖湘情缘三咏》《茶陵传奇》等，将神农文化，耕读文化，反映"茶帮、盐帮和西帮、建帮、衡帮、本帮商业活动"的商业文化、宗教文化、特有民俗文化、工艺文化全面反映了出来。被茶陵文人们信手拈来的民间文学素材，融入了劳动人民的希望和追求、悲欢和爱憎。它们在故事和歌谣的流传过程中，以温暖明亮的思想光束和接地气、有活力的鲜明个性，将茶陵不同时代的社会生活、民俗民情客观、真实地表现了出来，唤起最大程度的情感认同和价值认同，如反映茶陵新民主主义革命史的连环画《红旗漫茶陵》，以恢宏的历史画卷，折射了茶陵人民投身民族独立与解放，奋力前行、搏击进取的现实律动和生命个体与现实抗争的光芒。新民主主义革命时期那如火如荼的战斗生活图景全然再现，激励着代代茶陵人民不断创造新的生活。

五、茶陵传统文化，根植了一颗颗大治天下的壮志雄心

茶王城、金州城、南宋古城、马王城、鄂王城等茶陵历史上的六大王城或军事古堡，在茶陵浩瀚历史长河中，无一不表现了茶陵人民大治天下的勃勃雄心。无论是刀光剑影、鼓角声声，还是官民相庆、歌舞升平，彰显的都是茶陵人对天下大治、民生克艰、政治清明的向往，再现的是茶陵人对天下太平、安居乐业、共创幸福的追求，表达的是茶乡人修身齐家平天下的理想。大治天下的基因永续不变。茶陵人民在从"站起来、富起来到强起来"的百年奋斗史中，为人民谋幸福、为民族谋复兴的情怀和初心始终没有割断。这是茶陵历史文化传承创新的最大特色和亮点。茶陵这片红色的热土，既有着毛泽东、朱德等老一辈无产阶级革命家艰苦征战、力挽狂澜的传奇经历，又有着前仆后继、无以计数的茶陵人民舍生忘死、浴血奋战的感人故事。新民主主义革命时期，全县有 5 万多人为革命献身，占当时全县人口七分之一，

被追认在册的革命烈士 5320 名，数量之多列居湖南省县（市）第三。可以说，茶陵人最具革命性的特质，打造了"红色建政摇篮，湘赣重点县、模范县"的历史丰碑，为井冈精神、长征精神的塑造贡献了巨大的能量。新中国成立以后，茶陵人民在不同的历史时期，先后打造了"全国农业学大寨先进县、全国体育先进县、脱贫攻坚主战场"等多块金字招牌。70 多年来的辉煌业绩、峥嵘岁月、难忘往事、个人成长的心路历程，一张张闪光的画面，组成了茶陵"站起来""富起来""强起来"的绚丽长卷。初心若炬，辉映复兴征程。茶陵"大治天下"的传统文化是最好的营养剂，必将激励广大人民群众不断创造新的历史伟业。

风韵茶陵

邓阜朝阳唱大风

文 / 胡应南

　　邓阜朝阳，为茶陵古代八景之一。翻开同治年编的《茶陵州志》，一幅邓阜朝阳的画图映入眼帘：山上旭日东升，山顶庙宇轩昂，山坡松柏叠翠，山麓流水潺潺，龙溪河渔帆游弋，岸边男耕女织，一派欣欣向荣之景象。千百年来，数不清的文人墨客，志士仁人，为邓阜朝阳留下了一串串珍珠般的诗篇。

　　新中国第一个五年计划国家重点建设项目——中南钨矿就在邓阜山。中南钨矿也就是湘东钨矿。它的产品大部分于 1950 年出口到苏联。那时，湘东钨矿一天的产值，相当于茶陵县一年的农业产值。

　　明代茶陵诗派元首李东阳的家就在邓阜山下。他的先祖曾在高陇镇龙集（今龙匣村）摆渡。李东阳故居高大的庭院远远超过曾国藩的富厚堂、大夫第。显示出一种雍容富贵的皇家气派。庭院前是一个宽敞的广场，广场前面是一个拾级而上的水陆码头，宽敞的河床已经干涸，但是，昔日水面浸透的痕迹依然镌刻在岸边的石墙上，两岸一排排杨柳在微风中飘拂。当年 26 岁的李大学士回茶陵高陇省亲，乘着官府大船，吟唱着茶陵竹枝词，一路扬帆驶来，是何等的风光和惬意。

　　李东阳为明朝内阁大学士，从政五十年，首辅六朝政坛，独创"茶陵诗派"。最为可贵的是，无论李大官人怎样飞黄腾达、权力怎样炙手，他和人民的心总是连在一起的。李东阳的茶陵竹枝词以及《怀麓堂集》，吟唱的是家乡的风景、是人民的生活、是民间的疾苦。

　　明朝的《怀麓堂集》在北京文渊阁出版后，李东阳就把花梨木印刷刻版全部送回了茶陵龙集故居。几百年的时光穿透，兵灾战乱此起彼伏，却没有丝毫损坏这些花梨木刻版。太平天国的军队从门前走过，红军、国军、日军从门前走过，都没有踏进李家大院。《怀麓堂集》刻版成为一笔价值无比的财富。李东阳诗派冠上茶陵的标识，为茶陵历史的延续与发展插上了飞翔的翅膀，也为邓阜山注入了文化的血液，使雄伟俊美的邓阜山跳动着历史文化的脉搏。

南京国民政府行政院长谭延闿的家也在邓阜山下，与李东阳故居相距不到五公里。同李东阳的爱国爱家情怀一样，谭延闿也给家乡贡献出了一笔精神财富，他在家乡办起了祖安中学，主张教育救国，培养一代代有文化有科学知识的后人，惠泽社会。台湾著名学者颜元叔曾在这里求学。谭延闿另一个文化贡献就是创造了闻名神州的谭家菜以及谭派书法。

李东阳先祖的墓地在邓阜山，谭延闿先祖的墓地也在邓阜山。一座名山孕育了两位不同时代的政府首辅，在湖南、在全国，这也是罕见的了。

汉代初期，茶陵县治马王城就在邓阜山下，距离李东阳故里只有一箭之地。从那时起，邓阜山的庙宇香火不断。名士孙龙图曾在这里读书习武。1969年重阳，我们登临邓阜山顶，勘探古庙的断壁残垣，可以感受到这里历史的久远，古老高大的松柏树记录着这里曾经的辉煌。成片的枫树在初秋红得醉人。遥望远方，山峦起伏，云海滔滔，宛如大海般辽阔壮丽。

第一次国内革命战争期间，山高林密、富裕殷实的邓阜山作为罗霄山脉中段武功山峰之一，是红军休养生息的绝妙住处。1983年，我陪海军原副司令员周仁杰回茶陵老家，他得知我家就在湘东钨矿，深情地对我说："邓阜山是一个好地方，我们在那里打过游击，那里开矿的工人兄弟对我们很好，很支持我们。"1944年，王震率领南下支队途经邓阜山，在这里播下了解放全中国的火种。邓阜山下的苍霞、麻园村还有一批年轻人参加了南下支队。

1962 年，时任团中央第一书记的胡耀邦兼任湘潭地委第一书记，一年内两次到湘东钨矿视察，给全矿干部职工作报告。他讲述自己长征的经历，激动时刻还站了起来，挥动着双手，鼓励工人们艰苦奋斗，度过时艰，一定会有光明的前景。仅仅过了两年，湘东钨矿成为全国机械化程度最高的矿山，摘取了国家金马奖。

1964 年，湘东钨矿党委书记许方卿考虑到矿山资源有限，提出千人矿、多种经营的设想。开垦了万亩山地，栽种了百多种果树，还挖出过不少红军时期遗留下来的枪支。清溪村的山崖下，还有红军的墓地和碑文。春天，邓阜山南山坡盛开着桃花、梨花。花的海洋，带来的是年年的果实大丰收。

中国工程院院士何继善 20 世纪 50 年代在邓阜山当矿工，他发明的广域电磁法成为世界探矿的新技术。2016 年 5 月，在中南大学，我拜访何继善先生，回忆起在邓阜山的矿山生活，八十多岁的何继善先生仿佛回到了青春岁月。他说："我在瓦子坪、腰坡里下过井，也在高陇的化验室当过化验工人。董矿长待工人特别好，六一儿童节矿山给小朋友发礼包，几天都吃不完。邓阜山不但风景好，而且是一个避暑的好地方，酷暑天气，在山上还要盖被子呢！"言谈举止，洋溢着对邓阜山的深情眷念。不仅仅是何继善院士，还有许许多多在邓阜山工作和生活过的人，谁不记得邓阜山的温馨和魅力呢！

邓阜山的历史文化与乡情、乡愁代代相传，这是邓阜山生命的延续。前人创造了邓阜山灿烂的风景，邓阜山的后代，也应该创造无愧于我们伟大时代的新业绩。太阳每一天都是新的。邓阜朝阳就是一幅从古至今变幻的、流动的、俊美的、永恒的中国山水画卷，展示着茶陵博大精深的文化之大风。

茶陵县创建湖南省历史文化名城追忆

文 / 向宋文

2013 年 8 月 18 日，湖南省人民政府以湘政函［2013］166 号公布茶陵县为湖南省历史文化名城。它是茶陵这块得天独厚的沃土孕育出的一朵灿烂的历史文化之花，它沉淀着茶陵悠久的物质文明和精神文明的精华，它印记着茶陵先辈的智慧、才能和汗水，它是一幅光彩夺目、闪耀着茶陵根和魂的历史画卷。它对于保持历史文化名城的历史风貌，启迪茶陵人"认识自己的历史和创造力量"，增强自信心自豪感，激发全县人民进一步认识茶陵，热爱茶陵，建设茶陵的热情，打赢脱贫攻坚战，大力推进乡村振兴战略，建设富强、文明、幸福、

美丽的新茶陵有着深远的历史意义。

一、初心涌动

1993 年，我在担任茶陵县人民政府县长时，在分析茶陵的优势与短板、思路与出路时，曾力图把茶陵农业做亮一些，把云阳开发区云阳系列工程实事做实一些，把茶陵县域经济做强一些。在县委县政府领导下，大力实施县域经济发展战略。经过全县人民的艰苦奋斗，农业得到长足发展，1995 年粮食单产总产创历史新高，全县双季稻亩产达 1009 公斤，被省政府授予"吨粮县"称号；水利建设连续三年被省政府授予先进县称号；龙华牧业生猪出栏 6000 头，董事长龙秋华被评为全省劳动模范，后年出栏 50 万头，成为全国劳模和全国人大代表；开发区云阳系列工程云阳路、云阳大桥、云阳自来水厂、云阳工业品市场、云阳变电站、云阳省级森林公园相继建成，1994 年云阳开发区被省政府批准为省级开发区。1996 年县域经济发展与 1992 年相比，工农业总产值年均增长 16.2%，财政收入增长 2.98 倍，人均纯收入增长 1.73 倍。然而茶陵经济与"做强"还有很大差距。如何破解这道难题，一直困扰着我们。靠传统的抓农业，农产品效益比较低；靠兴工业，优势不突出；结果是年年有进步，还是难得富……

笔者作为一个地道的茶陵人，作为一个在茶陵县级领导岗位工作二十年的老共产党员，和所有有责任、使命、担当的茶陵人一样，总觉得"月是故乡明"，情系家乡的情结驱使我初心涌动，鞭策着我去探索茶陵富民强县的新路子。经过一番思考和探索，我认为，依据县情，发挥优势，找准路子，形成特色，走出一条像凤凰县那样依靠创建历史文化名城，带动旅游业的大发展，也许是一条顺乎大势符合茶陵县情的发展捷径。保护、利用茶陵南宋古城格局和各具特色的文化街区、文物古迹，加快茶陵创建国家卫生城市、省文明城市、省旅游强县步伐；发挥茶陵历史文化优势，打造历史文化名城品牌，推动旅游业大发展，实现富民强县，将历史文化名城符号元素纳入城市建设，是茶陵创建历史文化名城的当务之急。

二、凤凰考察

在明确"为什么"要创建之后，紧接着就是要明确茶陵"能不能"创建为历史文化名城，它有什么标准和要求；茶陵创建历史文化名城是不是雾里看花，高不可攀。为了破解"能不能"和"怎么样"的问题，我邀请县人大常委会副主任刘池生一同去湘西自治州考察，当时得到了对家乡情有独钟的州委常委、副州长陈潇的大力支持。他召开了州有关部门的座谈会，详细介绍了凤凰县的创建情况，解答了我们诸多提问。后陈副州长又安排我们去凤凰县实地学习考察，观看了凤凰古城街区、文物、名胜、古长城和吊脚楼，了解了熊希龄、沈从文和黄永玉三个当地名人，学习凤凰"书记县长亲自抓"的经验，制定"创建总体规划""保护规划"和"挖掘、修复、开发、保护"的具体做法及创建过程。凤凰县从1999至2002年成功创建为国家历史文化名城，经验宝贵、方法得当、效果显著，为凤凰县的旅游业大发展找到了一把金钥匙。创建后不到10年，凤凰古城被人们誉为"小香港"。2010年凤凰县接待国内外游客520.06万人，旅游收入达30.02亿元，是茶陵县当年接待游客100.18万人，旅游收入4.22亿元的五倍和七倍。学凤凰比自己，使我们看到了茶陵独特的优势，在不少方面甚至可以说与凤凰县各有特色，增强了底气，坚定了信心。

三、成功创建

千里之行，始于足下。究竟怎样创建？我在调查研究的基础上，顺应国家文化大发展大繁荣的大势和株洲市委、市政府"旅游升温"战略，联系茶陵实际，撰写了《关于实施旅游升温战略，创建茶陵国家（省）历史文化名城的建议》，阐述了茶陵"要不要""能不能""怎么样"创建国家（省）历史文化名城的问题，建议县委、县政府"统一认识、果断决策；全面动员，摸清家底；编制规划，组织创建；政府主导，市场运作；突出重点，分步实施"。第一步先创省级，第二步再创国家级，并呈报时任株洲市委领导和时任茶陵县委书记毛朝晖。他们高度重视，果断决策，启动创建，并作出批示："宋文同志作为茶陵的老领导，他对茶陵既有深入的了解，又有深厚的感情，宋文同志所提建议请茶陵县高度重视，认真研究。""加强我县历史文化的研究、保护和开发十分重要，当前要落实到创建历史文化名城（洣江书院的建设和布展），请东华同志牵头成立班子，拿出工作方案，并组织实施。"在县委县政府的领导下，茶陵掀起了轰轰烈烈的创建历史文化名城热潮。当时，县委县政府成立了以县委书记毛朝晖任政委、县长彭新军任组长的创建历史文化名城领导小组，书记县长亲自抓，县"四大家"达成共识，真抓实干。迅即拿出了"创建工作方案"，印发了《茶陵县古城保护办法》，时任县长江小忠和县政法委书记王友文，在县规划局长、县创建领导小组办公室主任刘维石陪同下，到古城实地督查项目的落实。县人大常委会副主任肖雄和县政府副县长刘继承率队到国家历史文化名城金华市学习取经。县委宣传部、县政府办公室县规划局、旅游局、住建局、文化局、文物局等相关部门对标项目、各负其责、落实到位。南宋古城墙和街区修旧如旧，茶陵古城墙和茶陵铁犀成为国家重点文物保护单位；修旧如旧修复了千年州衙，完善陈列了茶陵县工农兵政府旧址，将其创建为国家 AAA 景区、省重点文物保护单位、省爱国主义教育基地；洣江书院建成对外开放，被列为市重点文物保护单位；毛泽东在茶住室也是市重点文物保护单位；云阳山景区创建为国家 AAAA 景区；东阳湖开辟了直通井冈山八十里游湖项目……茶陵历史与文化研究会编辑出版了"茶陵历史与文化丛书"三十余部，为创建历史文化名城提供了软实力支撑。同时，强化检查验收，申报评审。在自检自验基本达标的基础上，2013 年 5 月县政府上报了《关于申报茶陵古城为湖南省历史文化名城的请示》和《茶陵县历史文化古城申报材料》，在茶陵召开了省历史文化名城专家评审会议，全面检查验收。县委、县政府邀请同济大学专家阮仪三教授编制了《湖南茶陵历史文化名城保护规划》。2013 年 8 月 18 日，湖南省人民政府发布了《湖南省人民政府关于公布茶陵县为湖南省历史文化名城的通知》，批准茶陵县为省级历史文化名城。这是对茶陵创建省级历史文化名城工作的肯定。茶陵省级历史文化名城的成功创建，彰显了茶陵人民和创建者们不忘初心、热爱家乡、锲而不舍、奋力拼搏的精神风貌。它是茶陵一张永久不衰的闪亮名片，也是惠及茶陵人民及子孙后代的一件大事。它将激励茶陵人珍惜、保护、提升茶陵历史文化名城名片，不断发扬直而不屈、锲而不舍、朴而不华的"茶陵牛"精神，为实现富民强县而不懈努力。

四、乘势而上

在成功创建茶陵省级历史文化名城的同时，茶陵县委、县政府以此为起点，紧锣密鼓地擂响了继续创建茶陵国家历史文化名城的战鼓。按照省政府提出的要求和《保护规划》的实施步骤，先后打响了南宋古城旧城改造战；一鼓作气建成了"中华茶祖文化园"和沿江风光带；开辟了茶陵县工农兵政府旧址和湾里红军村的红色旅游线路，成为国家第八条红色旅游线的重要景点；建设了中国花湖谷旅游景区；成功创建了茶陵国家卫生城市、省文明城市、省旅游强县、中国书法之乡、中国诗词之乡……到今年上半年，茶陵历史与文化研究会编辑出版的"茶陵历史与文化丛书"达38部,这些都为创建茶陵国家历史文化名城提供了支撑。为了宣传推介茶陵省级历史文化名城,提高其知名度和影响力,助推创建茶陵国家历史文化名城,2015年我又深入挖掘、研究、筛选了茶陵自古以来近200张有影响、有价值的图片,创办了"茶陵——湖南省历史文化名城展厅"。策划了"走进茶陵""创建工作""古城风韵""文化遗产""璀璨明珠""闪亮名片""灵秀故邑""阔步前进"八个板块,比较系统地展示茶陵省级历史文化名城风貌。还创办了"茶陵县云阳地方文献图书室"和云阳书社,2016年6月免费公益性开放,成为了腊园社区书屋和解放学校校外教育基地。一些茶陵在外地工作和创业者看了这个展厅,无不发出"茶陵真牛"的感慨。

"茶陵牛"

文 / 向宋文

　　朗朗上口的"茶陵牛"，如今成了茶陵人的自称，也成为人们对茶陵人的赞誉。历史上不少文人墨客赞颂"茶陵牛"，毛泽东主席也盛赞"茶陵的同志很勇敢，会打仗，'茶陵牛'嘛"。在他眼里，茶陵人就是勤劳俭朴、忠厚老实的"老黄牛、孺子牛、拓荒牛"形象。

　　"茶陵牛"这个称谓，与南宋茶陵县令刘子迈有关。1231年，刘子迈主持修筑南宋古城，传说为镇水妖，特铸铁犀于洣水河畔，以杀水势避免洪灾。说来也怪，自此后再也没有出现洪水漫过铁牛的现象。

　　少有人知的是，在严塘镇的石峰仙，有一尊巨石从山脚耸立山顶，顶部极像牛头，傲向东方。看来是"牛"与茶陵结下了不解之缘，难怪民间一直流传着"江西青蛙茶陵牛"的说法。

　　据《茶陵州志》记载，茶陵人"其性决烈劲直""直而不屈"，"朴而不华""农

耕于勤，士勤于学"，这是对"茶陵牛"精神的最好诠释。唐宋八大家柳宗元撰《牛赋》，赞牛"富穷饱饥，功用不有""皮角见用，肩尻莫保""利满天下""物无逾者"。文化巨匠鲁迅以"吃的是草，挤出来的是牛奶"和"俯首甘为孺子牛"的诗句赞誉牛的精神。习近平总书记强调"我们要大力发扬孺子牛、拓荒牛、老黄牛精神"，称赞为民服务孺子牛、创新发展拓荒牛、艰苦奋斗老黄牛精神。

"一方水土养一方人"，一个地方的精神总是由自然环境的孕育、历史文化的沉淀、民风民俗的熏陶、地域人文的特征等因素锻造出来的。茶陵是神农农耕文化发祥之地之一，是拥有六座古城、被称为"军重控扼"、吴楚雄关的兵家必争之地，是明京"茶陵诗派"的繁衍之地，是中国红色政权的发源之地。经过几千年历史的沉淀，孕育了茶陵特有的开拓精神、进取精神和革命精神，形成了"茶陵牛"精神的内涵，其精髓概括起来就是"直而不屈，锲而不舍，朴而不华"。

一、直而不屈

直而不屈是人的品德。为人的正直、正派、正气，做人的立场、风骨、气节，表现得堂堂正正，正义凛然。面对强敌不退缩，面对是非不含糊，面对威武不屈服，面对困难不低头；牛气冲天跟理走，一股牛劲犟到底。

茶陵自古以来学风鼎盛，"茶陵学校，湖湘为盛"。连解缙也在此留下了"莫道秩溪无好景，五更犹有读书声"的千古名句。正因如此，这里被称为"进士之乡"，在宋有"为文献邦，人才呷湖南"之谓，"湖广额贡一十八人，茶陵每举或三四人，或五六人"，科举人才之盛，见于典籍。据不完全统计，从公元901年至1904年，茶陵出了139个进士，2个状元、2个榜眼、2个会员。谭处尧一家三代出了5个进士，罗天椅三兄弟、谭钟麟父子皆为进士。茶陵浓郁的读书风气、深厚的文化底蕴，铸就了茶陵人坚定的信仰和不屈的灵魂。宋末谭端伯，响应文天祥的号召举兵抗元，受文天祥之命统领湖南九郡，英勇善战，后被元兵所俘，决不投降，他奋笔疾书："两手拨开南浦云，谁能似我？一口吸尽西江水，我肯让谁？"不屈而死。1927年毛泽东在领导创建井冈山革命根据地的斗争中，在茶陵建立了中国第一个红色民主政权——茶陵县工农兵政府。茶陵一次就有200多人跟随毛泽东上了井冈山，茶陵人从中国工农革命军第一师第一团第二营（茶陵营）、湘东独立师和后来的红六军团、三五九旅一路走来，出生入死，艰苦征战。在三五九旅，分别有刘转连、陈宗尧、陈文彬出任717团、718团团长和719团政委，陈外欧由717团长升任副旅长。在大革命时期一大批革命英烈宁可站着死，不肯跪着生。时任茶安酃永边区书记的陈梅连，敌人将其双耳、双手和肩胛骨用铁丝穿住，押出来示众，英勇不屈壮烈牺牲。他一家8口被敌人杀害，满门英烈。全县有5万人抛头颅，洒热血，在册烈士达5300多人，有25位开国将军，因此茶陵有将军县之誉。特别是在1935年革命低潮之时，面对腥风血雨白色恐怖，时任湘赣省苏维埃主席谭余保在省委书记陈洪时叛变，革命垂危、千钧一发的紧要关头，挺身而出，力挽危机，冒着危险赶回湘赣边，召开棋盘山会议，改组省委，要求大家"坚定信心，为党的事业战斗到底"。后来王震副主席称赞他"从没动摇过自己的信仰，最值得我们学习的是他的信仰的坚定性和不屈不挠的革命意志"。在三年游击战争时期，他和刘培善、段焕竞等历经千辛万苦，没有向白色恐怖，向恶劣环境屈服，一直战斗在湘赣边，直到收编为新四军。

二、锲而不舍

锲而不舍是人的品格。坚毅、执着，铁骨铮铮，一往无前，是茶陵最显著的性格特征。其表现出来的是一种挖山不止的愚公精神，一不怕苦、二不怕死的王杰精神，面对困难迎难而上，面对艰苦奋勇争先，面对牺牲勇往直前。真是：千磨万击还坚劲，咬定青山不放松。唐代茶陵第一个进士陈光问，披星戴月，灵崖夜读，69岁举进士，为世人所叹。明华盖殿大学士李东阳参与内阁机务18年，实际行使宰相职15年，"主文柄，天下翕然宗之"，他创立"茶陵诗派"，震撼明朝文坛，至今影响深远。谭延闿追随孙中山革命，三次督湘，成为南京国民政府主席、行政院长。中科院院士谭铁牛，他父亲希望三个孩子如牛负重，在他们的名字里都嵌上一个"牛"字，他不忘初心，把心献给祖国，1997年毅然辞去了英国雷丁大学终身教授回到祖国，走出了一条二十多年报效祖国的圆梦路。全国农业劳动模范、全国绿化奖章获得者刘祖治，2002年创办湖南万樟园林集团公司，2010年起在严塘镇开发建设万樟园林现代农业产业园，将十万亩荒山变绿园，开发建成万亩紫薇园、万亩桂花园、万亩杜鹃园、万亩红枫园、玉兰园。投资10个多亿，一、三产业融合，高标准建成了旅游胜地中国花湖谷，将"绿水青山就是金山银山"的理念贯穿始终，成为了省内有名的绿化王。

三、朴而不华

朴而不华是人的品行。茶陵人典型的特质就是真实、诚实、务实、朴实。踏踏实实，作风纯朴。践行以身作则，身体力行，吃苦在前，享受在后。见困难就上，见荣誉就让，甘做革命的老黄牛。像毛主席称赞的"模范团长""英勇善战的战斗英雄"陈宗尧，在南泥湾运粮当中，身为团长用坐马运粮食，自己也背粮食，成为八路军中的学习榜样。老红军马松生，1938年与日军作战，身负重伤，经白求恩大夫三次手术才挽救生命，右脚残疾。组织上决定让他享受团职干部待遇，1952年后他毅然请求党组织批准他解甲归农，带着妻儿回家当农民。回家后，将3000公斤安家粮借给村民，捐给村里建学校。全国劳动模范、全国人大代表龙秋华，1991年把父母用来建房的红砖建猪圈，带头发展瘦肉性生猪，仅四五年时间就建有三百多间猪舍，发展生猪达5000多头，成为省市有名的养猪大户。1994—1995年被评为株洲市劳模和省劳动模范。近些年，他引进全球最先进的德国智能化母猪全养系统，采用智能化、现代化系统养猪，年发展生猪约50万头。他养的猪品质好、瘦肉率高，成为茶陵唱响广深港的一张品牌。他这面"养猪状元"的旗帜，一直飘扬在湖湘高空。他本人从1998年起连续3届当选为省人大代表，2005年被评为全国劳动模范，2013年当选为全国人大代表，先后受到中共中央总书记胡锦涛、习近平等中央领导人的接见。他憨厚务实，艰苦奋斗，埋头苦干品质，是茶陵牛精神的代表。

正如一位党史专家所说："也许正是茶陵人骨子里传承的那种牛精神品质：勤劳、勇敢、劲直、决烈，才创造了一段段红色传奇"。"茶陵牛"精神已经融入了茶陵人的血脉，成为了茶陵人的精神图腾，在历史的长河中，它将不断孕育和激励一代又一代的茶陵人，不须扬鞭自奋蹄，矢志不渝牛到底，为国争光，唱响茶陵。

我心中的茶陵

文 / 向宋文

　　茶陵县是一块有历史长度、有文化厚度、有人文温度的热土；是一块历史悠久、山水秀美、人文荟萃、人杰地灵的宝地；是我生长、学习和生活的家乡。我在茶陵工作了三十二年，就职县级领导岗位二十年，对茶陵有一种别样的情结，对茶陵人民有一份特殊的感情。

一、我眼中的茶陵

1. 个性凸显的特征

　　1993 年在我主政茶陵时，我曾潜心研究茶陵的县情、民意、特征、名片，研究茶陵的优势、短板、思路、出路，并写过一首小诗《赞茶陵》："巍巍云阳，滔滔洣水，代代人杰，赫赫茶陵。"

云阳山巍然矗立，雄姿挺拔，横贯城西。它是茶陵的脊梁、靠山，是茶陵的龙脉福山。中华民族始祖炎帝在云阳山留下了不少传说和灵迹，"祁丰台"昭示神农氏为民祈祷风调雨顺，五谷丰登。山上儒教、道教集于一山，被称为古南岳、亚衡山。"云阳峰高七十一，欲与南岳争为雄！"黄庭坚、徐霞客、李祁、李东阳、萧锦忠、谭钟麟、谭延闿等文人政要都在云阳山留下了脍炙人口的诗篇。1993年云阳山创建为省级森林公园，2002年晋升为国家森林公园。2008年创建为国家4A景区，目前正冲刺"5A景区"，成为茶陵旅游的风景名胜。2015年这里建成了"中华茶祖文化园"。

洣水"金线吊葫芦"的景观，唯茶陵独有。每遇山洪，它像金线一样环绕县城，犹如亚马孙河一河两色，那真是"洣水南来西复东，北流宛转与环同，鄂王城在水晶宫"。洣水发源于井冈山麓，流经茶陵11个乡镇，灌溉茶陵2000多平方公里土地，是茶陵的母亲河，给茶陵带来灵气，滋养茶陵生生不息，繁衍昌盛。1978年在洣水上游建成了青年电站，2005—2011年建成了蓄水5.13亿立方米的洮水水库，又名东阳湖。我赋诗一首《东阳湖吟句》："劈山拦河筑大坝，高山平湖多挺拔，云雾妖娆彩虹挂，八十里游一奇葩。"它的建成既提高了发电、灌溉能力，又从根本上防控了洪涝灾害，它还是天然的饮用水源，它将带动茶陵旅游业发展，造福茶陵人民。

茶陵"士勤于学"，学风鼎盛，书香四溢，人才辈出。解缙诗曰："莫道秩溪无好景，五更犹闻读书声。"宋、明、清书院达38所之多，也是湖南省出进士最多的地方之一。"湖广额贡凡十八人，茶陵每举或三四人，或五六人，南宋咸淳十年（1274）竟达7人，先后出了139个进士、2个状元、2个榜眼、2个会元，享誉'进士之乡'。"谭处尧一家五进士；文华殿大学士刘三吾，史称"博览善记，应对祥敏，屡承顾问，悉多称旨"，被朱元璋称为"三老"之一。浙江儒学副提举李祁，有"李状元"之称，他题跋的《清明上河图》是宋代画家张择端传世之作，视为国家珍宝，他著有《云阳集》被今人列为湖湘文化的代表人物之一。南京国民政府主席谭延闿，是1904年最后一个会元，他三次督湘，曾追随孙中山，后任行政院长。这里还被誉为"将军之乡"，走出了刘培善、刘转连、谭家述、刘道生、周仁杰等30个共和国将军；出了刘培善、刘晓榕、刘胜父子三将军。这里还出了龙书金、谭善和、谭余保、蓝亦农、陈润儿、谭作钧等中央委员、候补中委、省委书记等党政要员。谭铁牛荣获英国皇家院士和中科院院士。谭云山、陈志武、颜元叔等一批学者享誉中、印、美。这里自古以来读书风气浓郁，老百姓宁愿勒紧裤带，也要供孩子读书。茶陵的贡士也多，我家族高祖向世售也是贡士、"岁进士"，我儿时眼见"进士匾"挂在大堂。

茶陵自古以来就是龙脉之地。这里是中华民族始祖炎帝神农氏安寝之地，《路史》载："炎帝崩葬长沙茶乡之尾，是曰茶陵。"茶陵也是全国唯一以茶命名的县，相传炎帝"日遇七十二毒，以茶而解之"，他发现茶叶并教民种植，被誉为中华茶祖。至今云阳山还留下了炎帝、赤松子"洗药池""炼丹灶"等不少遗迹。茶陵秦嬴政二十六年（前221）置县，公元前125年改为侯国，1139年升县为军，1282年升为直隶州，1912年由州改县，相当长的时间是军、州之治。明首辅大学士李东阳创立的"茶陵诗派"震撼文坛。陈仁子创办的东山书院，为湖南省三大刻书中心之一，刻印的《古迂陈氏梦溪笔谈》，被誉为"中国科技史上的坐标"，由周恩来总理指示从香港购回，现成为国家图书馆孤本。

2. 底色厚重的高地

茶陵是炎帝神农氏中华农耕稻作文化的发祥之地。相传炎帝在此教民耕种，发明耒耜。这里有大溪文化遗址，有独岭坳发掘的7000年前的稻粒，有1982年在湖里湿地发现的全国罕见的野生稻，被列为国家重点保护项目。神农的惠泽和茶陵得天独厚的自然条件，使茶陵一直居于农业大县的地位。

茶陵历史上有六座古城，自古是兵家必争之地。战国时期的晓塘古城扼湘赣于一塞，有"吴楚雄关"之称，在晓塘古墓中还发掘了大量兵器。此后所建的茶王城、马王城、金州城、南宋古城既是州治之地，又都是军事控扼之地。岳飞的"光泉"石刻和"墨庄"墨迹，为茶陵增添了一抹文化的亮色。土地革命时期，这里又成为了井冈山革命根据地六县之一，九陇山军事根据地是继井冈山革命根据地的第二个军事根据地，在这里发生的10多次重要战役，充分证明了茶陵作为军事要地的重要地位。

茶陵是以李东阳为领袖的"茶陵诗派"的繁衍之地。明史《文苑》载，"弘治时，宰相李东阳主文柄，天下翕然宗之"，"茶陵派是明中前期一个著名的学术流派，因该派代表人物李东阳祖籍系湖广茶陵，故后人如是称之"，"李东阳开创的茶陵派在明代乃至中国古代文学史上都具有重要地位，对后世产生了深远的影响"。李东阳自称燕生楚人，他在省亲茶陵时，写下了"我家龙匣水，滚滚入南溪"，留下了《竹枝词》10 首，表达了对家乡的眷恋之情，在他家方圆几平方公里，出了三个大学士，被称为"三大学士故里"。

茶陵是中国红色民主政权的发源之地。茶陵是毛主席开创的井冈山革命根据地六县之一，是湘赣边区的重点县、模范县。毛主席指示在这里建立了中国第一个红色民主政权——茶陵县工农兵政府，被斯诺称为"中国的第一个苏维埃"。中央电视台称："井冈山的红色政权、中央苏区的红色政权乃至今天的中南海国务院都是从洣水之滨的小屋里走出来的。"1965 年毛主席重上井冈山选择夜宿茶陵，茶陵县工农兵政府和红军村、列宁学校等成为了全国第八条红色旅游线的重要节点。

3. 文化璀璨的名城

茶陵有国家重点文物保护单位南宋古城墙和茶陵铁犀，南宋古城墙是中国南方保存最完好的石头城墙。茶陵铁犀历经 800 年不斑不锈；昔日的文庙、状元桥和洣江书院见证着茶陵书院文化的辉煌。紫微叠翠、灵岩月夜等茶陵八景耀眼夺目。且有独岭坳遗址、中宪大夫牌坊、县苏维埃政府旧址、茶陵烈士陵园、毛泽东重上井冈山在茶陵仕室等 71 处省、市级重点文物保护单位，有 26 个省市级非物质文化遗产。茶陵是湖南省历史文化名城，是中国书法之乡、中国诗词之乡。2011 年我带着"茶陵要不要、能不能、怎么样创建国家（省）历史文化名城"三个问题专程赴凤凰县考察，并撰写了《关于实施旅游升温战略，创建茶陵国家（省）历史文化名城的建议》一文，呈送时任株洲市委主要领导和茶陵县委书记毛朝晖。他们高度重视，作出批示，茶陵县委、县政府组织创建，真抓实干。2013 年 8 月 18 日，湖南省人民政府公布茶陵为湖南省历史文化名城。最近，株洲市委、市政府开展编制"十四五"规划献计献策活动，我又撰写了《创建茶陵国家历史文化名城和建设书香株洲的建议》，意在助推茶陵创建国家历史文化名城。我觉得这是一块含金量很高的金字招牌，它将提高茶陵的知名度，带动茶陵旅游业的大发展，实现富民强县；它将功在当代，利在千秋，惠及茶陵人民和子孙后代。

二、我心里的茶陵

我心里的茶陵是"天好地好人更好，山亲水亲人更亲"，这是一种对茶陵和茶陵人民的情结，更是一种责任和使命。

1. 做亮茶陵农业一张王牌

风韵茶陵

茶陵自古以来就是以农业为主的县。1953年,修建了全县第一座水库——石燕塘水库。1959、1965、1973年先后修建了茶安灌区、岩口、龙头、东坑等四座中型水库。1977年茶陵被评为"全国农业学大寨先进县",县委书记王连福在全国农业学大寨大会上介绍经验。1983年在县委、县政府领导下,身为县委常委、县农办主任（后任分管农业副县长）的我兼任东坑水库复修工程指挥长,依靠万名民兵,高速、优质、安全、低耗完成了修复任务,确保竣工后近四十年安然无恙。1986年秋,茶安灌区下东、枣市等五个乡镇因茶安灌渠上游断流,约五万亩晚稻颗粒无收。1987年起采取"中型水库配套,茶安灌渠结瓜,面上小型多样"的办法,围绕灌渠修建了"老虎冲"等近百座小Ⅰ型、小Ⅱ型结瓜水库,至今再没出现因上游断流无收的恶果。茶陵在1989—1991年连续三年被省政府授予"全省水利建设先进县"称号。1993年冬,县委、县政府组织了严塘、腰陂等五个乡镇3万多人参加岩口水库百里干渠改造防渗大会战,1995年又组织了界首、枣市等五个乡镇近4万人参加茶安灌渠160华里干渠改造防渗大会战,全部实现干渠水泥硬化,大大提高了灌溉效益。尤其是在国家"以粮为纲"和毛主席制订的"八字宪法"指引下,为从根本上解决人民吃饱饭问题,茶陵县委、县政府先后组织了粮食亩产"跨纲要"（指"国家农业发展纲要"规定的亩产稻谷800斤）、"跨双纲"（亩产1600斤）和"过吨粮"（亩产2000斤）大会战,1995年全县粮食产量达3.1万吨,创历史新高,亩产稻谷1009公斤。被省委、省政府授予"全省吨粮田建设先进县"称号,解决了"民以食为天"的吃饭问题。1995年茶陵成为了国家商品粮基地县、国家长江防护林基地县、国家农业部大蒜系列产品开发基地县、脐橙开发基地县。在扶贫扶优,优抚工作、长防林工程等方面均被评为全国先进单位。在瘦肉型生猪上也被列为省基地县,1991—1995年我在办点的金星村支持培育回乡青年龙秋华成为湖南省养猪大户,1995年出栏生猪6000多头,被评为市、省劳动模范,连续三届当选省人大代表,后发展到年出栏50万头,被评为全国劳动模范,当选为全国人大代表。

2. 做实云阳系列工程一批实事

1992年全国各处掀起开发热潮,茶陵县委、县政府审时度势,决定建立云阳经济开发区,并委任我兼任开发区主任,将其作为全县改革开放的窗口,力争将其建成拓城扩容提质的新区、高新技术支撑的工业基地、多种经济成分并存的经济板块和环境优美生活宜居的旅游胜地。在县委、县政府领导下，开发区"一班人"组织实施，建成了云阳路、云阳大桥、云阳自来水厂、云阳工业品市场、云阳农副产品市场（云阳商厦）、云阳省级森林公园和云阳变电站。特别是云阳路和云阳大桥的建设，搬走了月形山、象形山两座石山，打通了茶陵西向通往株洲、长沙的大门，引领县城向云阳山麓发展。1994年11月30日县委、县政府在开发区举行了云阳路、云阳大桥、云阳自来水厂"三通"典礼。1994年云阳开发区率先被省政府批准为省级开发区，为以后的发展争取到了省里有关土地、税收、投资等优惠政策。2008年云阳开发区更名为茶陵开发区，现在发展到近二十平方公里，引进178家企业，固定资产投资达67.8亿元，实现技工贸收入122.5亿元，成为了茶陵工业的大本营。

3. 做强茶陵县域经济发展一篇文章

　　1992年党和茶陵人民把我推上了茶陵县人民政府县长的岗位，作为主政一方的主要领导之一，怎样依据县情，体察民意，把握大势，谋划发展成为了摆在我面前的第一大任务。我撰写了《发展县域经济，实现富民强县》一文，注重"理思路，打基础，抓重点，求实效"，坚持"依据自己的县情，发挥自己的优势，走出自己的路子，形成自己的特色"，致力"发展县域经济，实现富民强县"。在县委的领导下，依靠全县人民，实施县域经济发展战略，取得了可喜的成绩。1995年全县粮食产量创历史最高纪录，成为全省的"吨粮县"，生猪发展比1992年翻了一番，过了百万头大关，工农业总产值、财政收入分别比1992年增长40%多和120%。特别是在水利、基地、基础设施建设方面打下了一定的基础，做了一批实事。1995年12月31日竣工送电的云阳变电站和1995年组织的"消灭无电村、无公路村"的大会战，结束了茶陵经常缺电停电的历史，为40多个无电和30多个无公路的山区村送来了光明和便捷。茶陵一中成功挂牌为省重点中学，1995年高考茶陵一中学生获株洲市文科、理科双科状元，株洲市人民政府嘉奖20万元。茶陵县人民医院门诊大楼建成，并晋升为二甲医院，缓解老百姓看病难。首倡并从华中农业大学引进的美国纽荷尔脐橙开发近2万亩，获得成功。1997、1998年连续获省优质水果金奖。时至今日，石冲村种植脐橙约6000亩，年收入约1000万元。全村靠脐橙实现了脱贫致富。1995年依靠市场运作建起的云阳工业品市场，800多个摊位，繁荣了商贸，解决了一批老百姓就业问题。县城21条小街小巷的整修，硬化全部水泥道路，架起了路灯，方便了老百姓出行……1995 年茶陵获省吨粮田建设、省计划生育先进县和省双拥模范县，获市双文明建设、乡镇企业发展、山地开发先进单位，时任市委书记到茶陵视察，称茶陵"政通人和，国泰民安"。现在，茶陵的发展更是突飞猛进，衡炎高速、泉南高速、衡茶吉铁路穿县而过，县城高楼林立，2018 年成功摘掉了贫困县的帽子。

三、我笔下的茶陵

1. 潜心研究，推介茶陵

1996 年初我编著出版了《老山边贫区县域经济发展探索——茶陵县域经济发展的思考与实践》一书，比较系统地总结了三年来茶陵实施县域经济发展战略的工作和经验。2000 年与向世聪同志编著了《知识经济与湖南老山边贫区发展战略研究》，两书分获省第三届、第五届社会科学优秀成果三等奖。随后又撰写了《战地黄花分外香——追忆茶陵东坑水库复修工程竣工三十周年》《云阳山下别样红——追忆云阳开发区创建二十周年》《弘扬茶陵历史文化，创建国家（省）历史文化名城》《讴歌云山洣水，弘扬茶陵人文》《云阳情结》《闪亮的名片》《茶陵开发脐橙纪实》《难忘的一刻》《多为老百姓做一些雪中送炭的公益事》《学习毛泽东》等。特别是研究撰写了《"茶陵牛"精神初探》《再探》《三探》，意在求实、求准、求精；意在对茶陵牛的特征、内涵、精神做一些探讨，突出挖掘提炼"直而不屈，锲而不舍、朴而不华"的"茶陵牛"精神，以激励茶陵人进一步认识茶陵，热爱茶陵，建设茶陵，积极投入到加快茶陵发展的历史洪流当中。

2. 创办载体，展示茶陵

2008 年我在株洲市政府退休。之后，我总想为茶陵再做点事情，以回报乡亲。当时，株洲市委、市政府正乘国家文化大繁荣、大发展的大势，做出实施"文化提升"战略，我谢绝了商贸界的一些老板聘请本人当顾问的邀请，决定为株洲、茶陵历史文化的研究、推介、传承做点添砖加瓦的工作。2005 年我积极参与创建茶陵历史与文化研究会，由时任茶陵县委书记任会长，我连续四届担任常务副会长。该会到 2021 年编辑出版了《茶陵州志·嘉靖版》《茶陵州志·同治版》诠释本、《李东阳评传》《毛泽东与茶陵》《历代茶陵书院》《谭延闿手抄诗词》等四十多部，比较系统地展示了茶陵厚重的历史文化。2008 年我又与株洲师专党委副书记、株洲市历史文化研究会长彭雪开以及骆晓会、易小斌等同志创办了《湘东文化》杂志，担任编委会常务副主任，从 2009 年 3 月首发至今已办刊 13 年了，刊登茶陵方面的文章 300 多篇，展示了茶陵的历史文化。2015 年我又创办了茶陵云阳地方文献图书室，征集购买茶陵人写的书和写茶陵的书约 3 万册，免费开放。2016 年创办了"茶陵省级历史文化名城展厅"，2017 年创办了"云阳书社"，成为腊园社区书屋和解放学校校外教育基地、"四点半"课堂。每天有六七十人次的学生到这里读书、做作业。几年来已接待读者约五万人次。退休干部谭明哲每天像上班一样到这里抄录资料。他深有感慨地说，很多在外面找不到的资料在这里找到了。贺嘉欣、贺嘉丽两姊妹从解放学校到上中学坚持数年不断到书社读书。株洲市政府时任市长、副市长和时任茶陵县委书记、县长对此高度重视，在开业不久就到这里视察指导。国家新闻出版广电总局 2014 年 4 月授予我家"全国首届书香之家"荣誉称号。2020 年 10 月我倡议县文联、县作协就《"茶陵牛"精神三探》举行"茶陵牛精神"研讨会，进一步探讨茶陵牛的根、脉、魂，建议力争将"茶陵牛精神"打造成茶陵的一张文化名片，以激励一代又一代茶陵人奋勇向前。

3. 策划编辑《足印》《印记》传承茶陵

2011 年，为了把茶陵中华人民共和国成立以来重点工程、重点项目建设记录下来，总结经验教训，勾勒茶陵变化，展示发展成就，我策划并撰写了《关于编辑〈新中国成立以来茶陵重点工程重点项目建设回眸〉一书的报告》和"初步方案"，呈送时任茶陵县委书记毛朝晖和时任县人民政府县长彭新军，两位领导高度重视，当即作出批示。随后又与时任县政协主席姜衡湘和县政协秘书长彭东明商酌，决定由县政协组织编写，2015 年付梓出版，一览茶陵中华人民共和国成立后六十多年的经济社会发展情况。作为《足印》的姊妹篇，2017 年出于"三感"（感谢当今盛世、茶陵人民、亲朋好友）、重在"三写"（写史、写情、写悟）、致力"三用"（用心、用情、用力），我又编著了《印记——向宋文影集》，意在摄下瞬间风采，印上无限记忆。收录了近 800 张照片和县情研究的文章，真实地记录了一批茶陵的大事、实事和好事，献给我爱的人和爱我的人。希望这些书也能对茶陵的发展决策起到一点参考、借鉴的作用。

"一州形胜雄三楚，四相文章冠两朝。"茶陵犹如一座高山，让人景仰；茶陵确为一块宝地，给县民带来福祉。最近，两位书画家朋友特意给我赠送了以"茶陵牛"和"莫道桑榆晚，为霞情满天"为主题的两幅书画。或许是

"情人眼里出西施"，总觉得月是故乡明，我由衷地为茶陵美丽山水叫好，为茶陵文化名城点赞。这就是我眼中、心里、笔下的茶陵。

论茶陵在长征中的四大贡献

文/陈 科

茶陵作为井冈山革命根据地六县之一，湘赣省重点县和模范县，湘赣苏区和湘鄂赣苏区的重要组成部分，为红一方面军、红六军团的建立和发展壮大，为中央红军长征的胜利作出了历史性的贡献。

一、茶陵是红六军团西征的重要兵源地

湘赣苏区时期，茶陵积极动员，踊跃扩红支前，仅1932年11月至1933年1月，茶陵、攸县、酃县分别扩红输送兵员740人、100人、180人；分别动员了1000余人、390人、30余人做慰劳红军工作。1927年秋冬起至1930年秋季，湘东之茶、醴、浏、萍、宜等各地都组织了独立的游击支队。1930年10月，茶陵、醴陵、酃县、攸县、宜春、萍乡、浏阳等湘东9支游击队大部编入湘东独立第一师，师长刘沛云，政治委员谭思聪（茶陵籍），参谋长马赤，政治部主任陈韶（茶陵籍）。湘东独立师下辖一、三两个团，其中红三团是以茶陵游击第二纵队为基础建立起来的，由谭家述（茶陵籍）任团长，王震任政委。湘东独立第一师番号后演变为湘东南独立师、湘赣红独立一师、红八军、红十七师。根据《中共中央书记处、中央革命军事委员会给红六军团及湘赣军区训令》（"7·23"训令），参加西征的部队主要是红十七师、红十八师。而红十七师的前身为湘东独立师（后相继演变为湘东南独立师），其所辖的三个团有一半以上是以茶陵游击队为基础，茶陵游击队的创建人谭思聪、谭家述也一直是湘东南独立师、红十七师的核心人物。1934年初，湘赣省委将省军区红三团、茶陵独立团、永新独立营和公略警卫营编成红十八师53团，茶陵独立团由地方武装转化为红军兵团重要组成部分。红十七师49团、红十八

风韵茶陵

师 53 团被称为"茶陵团"。茶陵、醴陵、鄱县、攸县游击队是中国工农红军第六军团当之无愧的种子部队。谭家述在其回忆录中说:"我们这支游击队就在艰难残酷的斗争中成长起来,由几十人、几百人、几千人,一直发展成为红军二方面军第六军团。"

二、茶陵是红六军团西征的秘密出发地

第五次反"围剿"失败后,湘赣根据地中心区域基本失陷,被敌人 8 个师分割成若干小块,红军部队所处的位置难以确定,湘赣苏区的高山密林到处都是红军的藏身之处。位于永新、茶陵、宁冈三县之交的湘赣苏区第二个军事根据地——九陇山军事根据地和当时红军兵团活动活跃的茶陵、永新、宁冈、攸县等县,无疑也是红六军团西征出发地之一。九陇山军事根据地主要武装力量有宁冈、永新、茶陵、莲花等县的赤卫队、游击队,茶陵独立团(后编入红十八师 53 团),红独立一团红二营(后编入红五军),湘东南独立师红三团,湘赣红独立一师、独立三师(后两师合并为红八军,红六军团组建时改为十七师)。根据"7·23"训令,除留守的地方赤卫队、游击队外,其他所有被编入红六军团十七师、十八师 6 个团(49、50、51、52、53、54 团)的部队都从战区出发集结参加长征。还有一部分因形势复杂没有及时赶到永新牛田集结的小股分队通过茶陵、永新交界的密林区向九陇山方向追赶大部队,陆续赶到桂东寨前圩集结。

1932 年至 1934 年 8 月红六军团出发前期,红独立三师,红八军 22 师(前身为红独一师)、23 师(1932 年 5 月以茶陵独立团为主组成新编红色独立一师,11 月编入红八军改为 23 师),积极配合红军主力作战,一直活动在湘赣苏区,分别在茶陵高陇、严塘、洮水、茶陵县城一带活动,先后组织了沙子岭、九渡冲、塘下(棠市)、雪花坳、芙江、五佛岭(梅花山)等数次战斗。"7·23"训令下达后,各部队分别从九陇山军事根据地、包括茶陵在内的湘赣苏区活动地,迅速集结到了永新湘赣省军区,红十七师、十八师由六七千人迅速扩充到九千余人。

1934 年 7 月 23 日,中共中央和中革军委给红六军团下达训令,从湘赣苏区转移到湖南中部进行游击战争,并同在湘西活动的红三军(1931 年由红二军团改编)取得联系,配合中央红军的战略行动。据任弼时、王震在 7 月 28 日、30 日、31 日分三次用电报向中央作的报告和各地编纂的党史

正本以及王震、萧克等回忆录记载，在准备西征时，中共中央政治局委员、中央代表、湘赣省委书记任弼时主持召开湘赣全省政治工作会议进行动员，分析了形势，传达了任务，积极扩大红军，发展壮大军事力量，加强训练，筹备物资，妥善安置重伤病员。同时，从茶陵、遂川、永新等湘赣苏区抽调了一批干部，从地方动员了两千多人和五千余支枪，充实红六军团第十八师第五十四团，还从茶陵、酃县等湘赣苏区调集 250 名干部组成随军工作团，准备在西征途中开展地方工作等。对红六军团西征后湘赣苏区地方工作做了安排，也提出了湘赣省委组成人员名单，决定在 8 月上旬召开湘赣省委扩大会议。

三、茶陵是红军长征的重要策应地

谭余保领导湘赣边三年游击战争，有效地牵制了大量敌军，从战略上有力地配合了红军长征。1934 年 7 月，红六军团西征前，中共湘赣省委根据"7·23 训令"之规定，决定留在湘赣根据地坚持游击斗争。1935 年 7 月下旬，谭余保在茶陵、攸县、莲花三县交界处的棋盘山主持召开了 40 多名干部参加的紧急会议，重组湘赣边界党的组织与游击武装，使人民群众在黑暗中看到胜利的曙光。中共湘赣临时省委领导下的湘赣边三年游击战争，是南方 8 个省游击战争的重要组成部分，被毛泽东称赞为"南方三年游击战争的一面旗帜"。三年的艰苦游击战争，粉碎了敌人的政治引诱、经济封锁和军事"清剿"，保存了革命火种，牵制和消耗了敌人的力量，策应了红军北上，强有力地支援了红军伟大的战略大转移——长征。

同时，茶陵是工农革命军和红军在湖南境内的重要活动地，是湘赣边秋收起义、湘南起义的重要组成部分，留有许多相关革命遗址。1927 年至 1932 年 5 月，中国工农革命武装和红军先后 9 次攻克茶陵城，留下了将军山、高陇、九渡冲、雪花坳、塘下（棠市）、五佛岭、沙子岭等诸多红军战斗遗址和红军学校、红军医院、红军兵工厂、中国工农红军独立师办事处、红军饭店等众多红色遗迹。茶陵县 3/4 的地区成为苏区或革命武装游击区，属中央苏区范围之一。红一方面军从长沙撤退后，在株洲召开总前委扩大会议，作出重要战略转移等决策，后攻克醴陵、攸县、茶陵。1931 年，张云逸率领红七军，谭思聪、谭家述等率领湘东南独立师多次在酃县、茶陵、攸县作战，留下了许多战斗遗址和旧址。

四、茶陵是长征人财物和革命实践的重要贡献地

茶陵是井冈山革命根据地、湘赣革命根据地的重要组成部分和游击区域，是井冈山苏区、赣西南苏区、湘赣苏区和中央苏区的重要组成部分。同时，茶陵是湘赣省的重点县和模范县，为中国革命做出了巨大的贡献和牺牲，为红军长征提供了可靠的物质基础。茶陵苏区大力发展军需工厂，为红军提供武器装备；推销革命公债、打土豪筹款、收集抢运粮食给红军，支援红军军服、斗笠、草鞋、布匹，以筹备战争经费，保证红军给养。茶陵人民积极购买公债，支持红军西征，仅茶陵高陇区、严塘区及避难群众购买公债9000元。大力为红军部队输送兵源，茶陵先后多次向主力红军输送兵员，其中整营整团地编入红军就有七次，先后向红四军、红五军、红十二军、红六军、独立师、红八军、红六军团输送兵员。一大批茶陵籍红军将领，如周仁杰、刘转连、段苏权、龙书金、刘月生等一批共和国开国将领，都参加了红军长征。在红六军西征途中牺牲的6000余人中，茶陵籍占了大多数。如以茶陵人为主的黔东独立师，为了掩护红六军团主力转移，在川黔边界除了十余人成功突围，几乎是全师阵亡。红二方面军模范师长刘转连、历经三年乞讨找回革命队伍的段苏权、长征途中的钢铁女人陈罗英、骑兵政委邓永耀等革命志士，为长征、为中国人民解放事业做出了巨大贡献，付出了沉重的代价，建立了不朽的历史功勋。据不完全统计，中国共产党创建至中华人民共和国成立，茶陵"为革命献身"的有5万余名，登记在册的烈士5300多名。

同时，茶陵为中国革命提供了理论和实践经验。茶陵是毛泽东思想初步形成的重要探索地与实践地之一。中共党史上的第一个县级红色民主政权"茶陵县工农兵政府"的成立、"湖口挽澜"人民军队第一次肃反等重大党史事件发生在茶陵。这些革命探索和实践，不仅为毛泽东武装割据红色政权理论初步形成和开辟井冈山道路提供了试验田，而且壮大保存了红军有生力量，为中国革命的胜利留下了火种，有力地证明了"只有坚持党对一切工作的领导，才能确保人民军队经受考验，并走上正确的发展道路"这一宝贵经验。

漫话茶陵方志文化

文 / 谭平娇

方志，亦称地方志，乃一方古今总览，包罗万象，举凡一地历史沿革、山川形胜、行政建置、人物传记、武备兵防、经济物产、风俗民情、宗教信仰、遗闻逸事等。中国方志渊源于春秋战国，曾以地记、地志、图经、图志等名称流行，迨至南宋，或称为志、图经，或称为乘、略、典、书、录等。茶陵历史悠久，方志文化也源远流长。

一、《茶陵图经》开启茶陵方志文化之旅

茶陵方志始于隋唐，那时方志由私撰一举成为官修，制定官府纂修图经制度，尤其是"唐建中元年（780），朝廷规定各州郡每三年编造一次图经报送中央，后又改为五年一次"。唐代方志的主要形式是图经，图经之"图"是"作绘之名"，"经"是"载言之别"合称。《茶陵图经》就编于唐代，主要载地图和文字说明，包括河流、建置沿革及古城、封号等；后续有两宋时期的《祥符茶陵图经》《乾道茶陵图经》；元朝时期，长江以南诸省修志事业下滑，《茶陵州志》（元佚名纂）却被《中国古方志考》记录，是湖南属地为数不多的方志之一。上述方志均已佚失，辑佚本都无具体内容，难以窥其全貌，无从考察其内容和体例。

茶陵古方志曾历经 10 余次编修县（州）志，地方均未收藏。20 世纪 80 年代初，在浙江宁波天一阁觅得大学士张治所修明嘉靖四年版《茶陵州志》，终于证实唐代"茶陵图经"存在过。该志记述茶陵云阳山"有唐开国之初曾封为南岳"，皇帝打算亲自登山封祭，只是"内史刘晏，乃如郡人奏曰：'虽甚灵异，峭绝莫俦。奈何西峡峻险，水石潺岩，虽禹凿龙门莫能并其高峻，

秦开牛津未足比其函深。切虑舟船美济'。遂乃罢封"。皇帝远在长安，清楚湘东南一隅的茶陵云阳山，应是从《茶陵图经》上而得知的。同样唐代著名的茶圣陆羽并未涉足茶陵，而其《茶经》卷二十七"茶之事"引用《茶陵图经》中"茶陵者，所谓陵谷生茶茗焉"，也可以为证。两宋时期的两部图经，在清朝湖南辑佚学家陈运溶辑撰的《麓山精舍丛书》中觅得《荆湖图经》三十六种"收集并刊印的"《祥符茶陵图经》一卷"《乾道茶陵图经》一卷"的佚文，有"记山川河流，考地理沿革，明古城古迹"，虽所辑材料零圭断璧，但对认知茶陵地方建制、炎帝庙之迁建、金州城之存在等，还是有据可循。

二、明嘉靖"州志"开茶陵方志体例之先河

茶陵最早以方志的名称和体例纂修的志书，是明朝正统元年至九年（1463—1444）编修的《茶陵县志》，后至正德十二年（1517）编修《茶陵州志》，均已散佚未存。编印成书并流传下来的最早茶陵地方志，是明嘉靖四年（1525）版《茶陵州志》。此书由夏良胜主修、张治纂修。那时候，张治从京师省亲还乡，受知州夏公之托，以正统旧志的抄本数页为基础，于是"取笔削之，作上下卷，为目二十有二，凡六万余言"。后人评价此志"其旨严，其词直而该，是倚相之书，是董狐之笔，可以为信史矣"，"乃方志之珍"，可为茶陵州志之圭臬，张治也被后世公认为茶陵方志开创体例者。

张治纂修的《茶陵州志》，被认为是"方志之珍"，就在于创新体例，取横纵笔法。即横以分类立项（目），不缺主项；纵以述事，不断主线（索）。"为目二十有二"，即将茶陵发生的史事分门别类分项平行列出，如上卷分郡谱、分野、城池、形胜、山川、风俗、食货、公署、惠政、祀典、古迹，下卷分学校、武备、官守、选举、循良、人物、烈女、艺文、寺观、传疑、杂志，囊括了地方自然、政治、经济、军事、文化和社会历史与当时现状，眉目清晰，而无紊乱之感。述事以时间为线索，依时序记述每事的来龙去脉，保持其连续性。如"郡谱"就按地方的建制依朝代顺序列表，一目了然。表后用文字简要说明，名称、隶属关系、级别的变化，如："王莽新"、茶陵叫"声乡"，唐初虽为县，但"隶南云州，寻并入攸县。圣历复为县属潭州"。有些史事，无法从头记起，就只就已掌握的资料来记，如赋税，就只记明朝的；人物中的进士，就只记唐、宋、元、明几代的，基本是能遵循言而有实据。

从明嘉靖四年至清同治九年这 345 年间，《茶陵州志》历经 8 次续修，3

次重印，其中明代 3 次续修、清代 5 次续修。如今，茶陵县档案馆仅保存明嘉靖、清嘉庆、清同治三个版本《茶陵州志》。从清同治九年版《茶陵州志》所载录的 15 篇序、跋中可以寻觅出"茶志以文毅公所纂为定"，均"体制仍其旧，事文增于前"。

三、清同治"州志"闪耀着世纪光芒

清同治九年（1870）版《茶陵州志》，是继张治修志后的第九修，主修为知州福昌，编纂校阅者有谭钟麟等 12 人，共 24 卷、24 余万字。卷一依次为历代州志序、跋 15 篇，同治九年续修州志官绅衔名，附录历代州志纂校（主修、纂修、编校、分纂等）人员的姓名及主要身份，本志凡例、目录、舆图，包含州境山水总图、州境城铺都分圩市全图、州城图、州治图、文庙图、洣江书院图、学署考棚图以及紫微叠翠、洣水环流、凤岗呈瑞、龙湖献灵、邓阜朝阳、灵岩夜月、秦人古洞、赤松丹井八景素描图；卷二起才是正文，分星野、沿革、城池、山川、风俗、食货、田赋、公署、惠政、祀典、古迹、学校、武备、官守、选举、循良、人物、列女、艺文、寺观、杂志、传疑等 22 类，莫不纤细备述，可以称得上茶陵古方志文化中的一部最完备的《茶陵州志》。

清同治九年版《茶陵州志》之所以称为"最完备"，其一是在张治开创的志书体例的基础上稍作调整，增补明嘉靖四年后发生的史事，增加"凡例" 17 条且加以说明，对前志每卷末总加的论述进行删除，符合方志"述而不评"原则。其二是立项以"子目"细化，采取"合析"与成"母子"目来合理调整某些立项，实为目二十，如将形胜、山川合为山川，将食货析为食货、田赋二目；艺文按文体分类，以诰、疏、檄、书、论、记、序、说、赋、诗、著书目等，形成"母子"的大项、小项；人物分宦绩、忠烈、儒林、文苑、懿行、义举、附方技、流寓，列女分为节孝、烈妇、贞女、贤母，这样就更加便利查阅。其三是取"两派"之长，兼而有之。清代方志学因对方志的性质、内容和作用的不同理解形成"历史派""地理派"两大派别。历史派主张"一方之全史"，"志属信史"，地理派认为"古今沿革，作志首以为重"，"夫志以考地理，但悉心于地理沿革"。此志书参考大量官府档案文献，保持原貌，派出采访绅士 63 人，参与编纂校阅绅士 23 人，由 7 位州官担负组织监督事宜。选举（科考）的名次与《长沙府志》一一校核，人物要邻里具吉、族人具吉、知州提请等史料翔实可靠。同时，还将郡谱更名为沿革，剔除世代编年荒远

风韵茶陵

难稽的文献，绘有州境图、城铺都分墟市图、州境山水总图、八景图、州城图、州署图、文庙图、洣江书院图、学署考棚图等平面示意图以及分野、分星附图4幅和祭祀时祭品陈设图，且配备专项文字记述说明。这样，本志书集"两大派别"的优点于一身，较前志更为成熟，不仅图文并茂，而且丰盈了茶陵古方志的史料价值。

1933年，国民党县政府将清同治版《茶陵州志》原版"逐一清查，破裂者补之，遗失者用石印或活板足成之，概照原文，不敢增损只字"。全书只改动或增补了少数地名，增附民国二十二年新绘形势地图和《重印茶陵州志书后》《重印州志跋》。全书仍为直排版，筒子页，重印100册，每册线装8本，毛泽东主席1965年5月21日在茶陵阅读的，就是此重印本。

"下车伊始问志书"，这是毛主席重上井冈山途中夜宿茶陵时向茶陵提出的唯一要求。当时负责接待的县委副书记李颖从县档案馆取来了一套8本线装的《茶陵州志》。当晚，毛主席住室灯火通明，他伏案阅读、工作至翌日凌晨三点多钟。茶陵是毛主席创建的井冈山根据地六县之一，他曾在此亲自缔造了中国第一个红色政权，在湖口力挽狂澜，挽救了幼年红军和中国革命。38年过去，毛主席怀"凌云志"千里来寻故地，追怀茶陵红旗漫卷历史，重温故地风土人情。清同治版《茶陵州志》也因此闪耀出了跨越世纪的异彩光芒。

四、茶陵新方志绽放地方文化魅力

盛世修志，志载盛世。中华人民共和国成立后，茶陵县于1960年编修了《茶陵物产志》，1983—1986年编修了《茶陵县土壤志》《茶陵文物志》《电力志》《茶陵县水泥厂志》《湘东钨矿志》《湘东铁矿志》，前5部为初稿刻印本或打印本，后2部为铅印本。1985年12月，成立茶陵县地方志编纂委员会办公室，归县政府办公室管理。1986年9月，成立茶陵县地方志编纂委员会，下设办公室。

1987年2月至1994年，茶陵县开展了社会主义革命和建设时期第一轮修志工作，编纂出版了社会主义时期首部《茶陵县志》，填补清同治九年以来120多年茶陵编修州县志的空白。这部县志历经8个春秋，11次修订篇目，五易其稿，于1994年出版发行。全书130余万字，刊载彩照和黑白照片194幅，彩色和黑白地图9幅。其主体部分含地理、经济、政治、文化、社会、人物6大部类，分24篇、112章、350节。内容横陈百科，贯通古今，跨度

2100多年，全面系统地记载了汉高祖五年（前202）茶陵建县至1992年自然、人文、历史和现状，重点记述民国和中华人民共和国两个时期，入志人物达6000多人，为党政机关领导和社会各界研究茶陵县情、制订经济和社会发展战略、作出相关决策提供翔实的依据资料，为茶陵人民开展国情县情、爱国爱乡、革命传统等教育提供生动的乡土教材。本志书获湖南省地方志成果一等奖、株洲市社会科学优秀成果奖，其中大事记、农业、文物名胜、经济概要、人物等篇章先后被评为省、市优秀志稿。同时，茶陵县还编修了部门专业志56部、乡镇志19部，其中已铅印成书47部形成了茶陵县地方志系列丛书。志稿和志书数量之多，排在省、市的前列，有17部部门专业志、乡镇志获得省市地方志成果奖，《科技志》《乡镇企业志》《桃坑乡志》《茶陵县志》被省地方志编纂委员会推荐参加全国地方志成果展览。首轮修志硕果累累，方志学术也百家争鸣。其间，茶陵涌现出《自然灾害琐谈》《关于志书反映中国共产党领导地位和作用的几点浅见》《姓氏入志浅议》《应深化社会风俗志的记述》等近30篇优秀地方志学术论文，在国家、省、市等地方志刊物上发表，为茶陵地方志书的编修提供了翔实的方志理论和编修经验。

　　1997年，茶陵启动编纂首部县级综合性年鉴《茶陵年鉴（1993—1996）》，与新编《茶陵县志》下限1992年衔接，主要记述1993—1996年县内的重大事件和各部门、行业的新发展、新成就、新经验、新情况。采用分类编辑法、条目体，卷首设总述、大事记、专辑；主体部分按政治（含军事）、经济、文化（含科教卫体）、社会、乡镇场、人物6大类，各单位、门类分列概况、领导人名录、条目3部分；卷尾为附录。此后，每年或两年编纂一部综合性《茶陵年鉴》，同时陆续编辑了《茶陵统计年鉴》《茶陵文化年鉴》等多部专业年鉴，为史志编修积累资料，与方志相得益彰，开启了志鉴结合的茶陵新方志发展之旅。

　　2009年，茶陵启动第二轮修志工作，再次掀起修志高潮。除了续修《茶陵县志（1993—2010）》，重修或续修了《茶陵一中校志》《茶陵县公安志》《茶陵县财政志》《茶陵县军事志》《茶陵共青团志》等30多部部门志和《秩堂镇志》《尧水乡志》《下东乡志》等20多部乡镇志，还编修了《龙溪村志》《大英村志》《枣园村志》以及《河东记事（1415—2011）》《毓秀黄堂》等。这几十部志书，客观真实地记述了改革开放时期茶陵的经济百业，社会百态，文化百家，自然百景，人物百姓，彰显了时代特色和地方特色，形成了茶陵特色方志文化体系。

在编修志书的同时，茶陵积极挖掘转化志书内容，编写了大量"副产品""辅助物"读本的地情书刊，编辑出版了《茶陵英烈名录》《共和国摇篮——茶陵县工农兵政府》《毛泽东与茶陵》《三大学士故里》《茶陵文选》《李东阳评传》《历代茶陵书院》《湘菜之源——祖庵家菜》等茶陵特色地方文化丛书和《可爱的茶陵》《美丽的茶陵，我的家》《我爱茶陵》等中小学乡土教材；拍摄了《党旗飘扬——红色土地上的中共茶陵历史人物》《茶陵县委大院》《茶乡访古，湘菜寻源》等茶陵地情资料专题片。同时，对旧志进行整理、编研，完成清同治《茶陵州志》重印、明嘉靖《茶陵州志》整理成白话本和繁体本以及清同治《茶陵州志》点校本、白话本、重印本出版发行工作。这些极具地方特色的专题书刊和影片，不仅让群众感知茶陵古今地情资料的魅力，还对茶陵地方历史文化的研究很有价值，是一批极其珍贵的财富。

茶陵方志修用并重，合理开发利用茶陵地情资料，发展粮食、生猪、松脂、楠竹、烤烟、油茶等农业主导产业，制定"办电兴工，拓城兴旅"发展战略，修复毛泽东重上井冈山在茶陵住室、茶陵县工农兵政府旧址、洣江书院、南宋古城、南浦铁犀、三大学士故里、东阳湖、中华茶祖文化产业园、中国湾里红等旅游景点 30 余处，开发红色旅游精品线路等，在茶陵县域经济社会发展服务上有所建树。

茶陵"南宋古城"历史文化街保护刍议

文 / 王薛刚

茶陵南宋古城始筑于南宋绍定四年（1231），次年初成；明洪武二十二年（1389）"于城西展筑之，视旧广加四里"；清乾隆三十一年（1766）"重修"；民国时期耒吉公路东接主街（出口）后，民国二十二年（1933），将街道拓宽，民国三十三年被日机炸毁，后再作补修，镶嵌料石街面；新中国成立后，1952—1973年又先后六次翻修改造；1980—1990年改造重筑街面。经过长达759年中的多次修葺，其概貌就是今天我们所能看到的古街，即从今犀城广场口沿街而下坡的"屯下"起，止于今茶陵二中左后的"南门洞"，再左拐至茶陵县工农兵政府旧址的一段长两千余米的街道。其街名在《茶陵州志》中均有记载。明嘉靖四年（1525）版《茶陵州志》（以下简称"明志"）的"城池"篇中记有"东街、南街、北街、西街、中坝街"；同治九年（1870）版，即古代茶陵最后一次续修的《茶陵州志》（以下简称"清志"）的"城池"篇中记为："中坝街、东街、南街、北街、西街（自治前起，沿街以总计，出紫微门外为三总，迤西至九总而止）"。在"地界"篇中则记为："城内东为一总，西为二总"，"城外起三总，终九总"。两州志上都绘有"州城图"，"明志"上"便河"边注有"中坝桥"；"清志"文字记述仅在"学校·学宫"篇中，提到"学正署"是"捐资买中坝街刘佐臣房屋一所，改为学正署，地在滕王庙东数十步，乾隆间随学迁遗廨售刘姓"。这两处涉及街的记述有："明志"中"便河"上的"中坝桥"在"清志"改名为"旧濠桥"。从图上位置与示意图看，应是在筑城时，西加四里，遗留下的原宋筑城池的护城河一段，可能为城中用水所需而存，其名至清有更改。"滕王庙""旧濠桥""文庙""学正署"在"清志"的"州城图"上看为相邻近一组建筑群。"清志"载，"沿街以总计"，不见"中坝街"，说明此街小，也许衰落后，因新建"文庙"（原在西郊）"大学士祠""李公祠"（李东阳）"尊经阁""考棚""训导署"，改刘姓屋为"学正署"，此街土地被占，也就不存在了，今也找不到任何痕迹。

茶陵古代"沿街以总计"，与湘潭市古城街"十七总""十八总"之称一样，应缘于"一总"这个词，意为"一总，加在一起（计算）"（《新编汉语词典》，湖南人民出版社1996年10月第三版）。南宋古城在乾隆年间重修，大学士彭维新撰有《重修州城记》，附录于"清志"，在"马道七"，"州城图"上已绘出。"沿街以总计"，仅"一总""二总"为"马道"旁。"自治前起"，即旧衙门（今茶陵县工农兵政府旧址）前起，至"迎薰门"（今存，俗称"南门洞"）左拐至"大成门"（原南宋古城始为五城门，康熙年间才增开此门并命名，同治年间改为"文星门"）左为"一总"；从"大成门"右起，经"滕王庙"至"紫微门"为"二总"；"出紫微门外为三总"，唯"大成门"入出有二马道，东、西街以此分界，也就是"城内东为一总，西为二总"。但如今，"紫微门"已封闭，门内为今"星星学校"，现存古街从"星星"校门左拐，一段不远又左拐，出"通湘门"（今称"迎湘门"），可至"三总桥"。"紫微门"何时封闭，未见记载，但原城门砌为城墙后下嵌有一石刻，风化严重，个人力不所及考证。

"三总"，从今实地看，有一半边街后临护城河面向"通湘门"及城墙，原"紫微门"前也有一半边街后临护城河面向其城门与城墙。两半边街构成"八"字形（老百姓称"八字街"）至"三总桥"，再过桥后五十米止，有"文革"时为"城关卫校"房（今存）止，为"三总"。"四总"是从"卫校"起，止于"福音堂"（今存）；"五总"，从"福音堂"起，止于"茶亭巷"（今存）；"六总"起于"茶亭巷"，止于今"洣水街居委会"左拐弯处；"七总"起于"拐弯"处，止于今茶陵一中校门对面街一小巷（小巷处"文革"初还存二"贞节坊"，不久被毁）；"八总"是过"三总桥"不远垂直于"三总"的"高基巷"（今存）；"九总"是今"洣水街居委会"斜对门一误订牌为"学门前街"的巷道。"学门前"为今"洣江书院"前一沿河半边街，2005年此街已拆，建为"进士长廊"和"沿河风光带"的一段。明代知州林廷玉建洣江书院，作"记"时，称书院"墙之南为街"。

今见的茶陵古街，街道的宽度，"三总"至"七总"除人行道外，有效街面宽保持7米多，"一总"至"二总"，无人行道，宽处有7米多，窄处不足5米。这都是几经拓宽才有的。"八总""九总"未能拓宽，"八总"一边街是沿护城河岸而建，"九总"一边街是沿洣江河岸而建，都为背靠水，无余地可收缩，大约"八总""九总"比较好地体现古代街道的风情。

南宋古城在古城保护规划中已定位为"历史文化街"。从定位角度来看，应注重其民俗文化的价值研究与开发。茶陵古街有的房屋是商居兼而有之的古宅，有的是前店后宅，有的是下店上宅，工商杂居。城内以"工"为主，即传统的手工业的小商品生产，系家庭式手工业作坊，从生产工具，生活用具，到各种生活用品、食品皆能生产。城外以"商"为主，多为以江西为主的移民，既经营本地能生产的小商品，又经营从外地贩运来的商品，繁荣了茶陵的地方经济。改革开放前这条长达两千余米的街道，是茶陵县城的经济文化中心，县委、县政府等机关建在"七总"街附近，若将街比作一条"长龙"，则处龙头地位。

古代茶陵经济是伴随我国经济重心南移而发展起来的。从茶陵全境族谱查证，县志载唐代迁入落户9姓，宋代14姓，元代11姓，明代达23姓，清代少也有10姓。外姓与土著相融合，逐步形成"农勤于耕，士勤于学"（"明志"）的风尚，宋代就有状元谭用式，使茶陵这个名不见经传的"是略弹丸南服"之地（"明志"）名扬天下。按当时湖南道监司赵大鹏所说："江南三省，湖广得才，为近古湖广省湖南得才为最多。茶陵隶湖南，得才比各郡县尤为多"；至明清更是"一州形胜雄三楚，四相文章冠两朝"（陈珪《茶陵春望》）。传统的文化教育成就，既是经济发展的结果，也源于茶陵人吃苦耐劳、一丝不苟、俭朴勤奋的精神。随着现代化的推进，古街的这些传统产业在不断消逝，抢救性保护迫在眉睫。

茶陵陈家大屋民居文化初探

文/龙新田　萧茂生　刘新民

　　茶陵县虎踞镇乔厦村，有一座保存非常完整的清代民居，称石城大厦，又叫陈家大屋。这里处于茶陵与攸县的边界。陈家祖先称此地的地势为"飞龙探水"，屋场建在"飞龙"的嘴里，坐东南朝西北，依山傍水，后高前低，犹如一条飞龙张口展翅飞向前方的洣江。一条小溪经"飞龙""上唇"流经"嘴"边，"下唇"有一口龙井，前面一口圆形的小塘，俨然飞龙口中含着一颗宝珠，左右两侧各有一条石板路延伸到远方，是为"龙须"，它将乔厦陈氏家族其他屋场紧紧连接。这里青山叠嶂，绿水环绕，龙井泉涌，是一处不可多得的风水宝地。

　　陈石城，字及峰，清朝廷诰封五品奉政大夫，是颖川堂乔厦元翁公世系第20世祖，生于清道光己酉年（1849）二月初二日，殁于光绪己丑年（1889）

五月初九日，葬于大厦左侧龙形山龙眼穴上。夫人程氏，生6子4女，第4个儿子贡生，其余5子均为州庠生，至今已繁衍8代传人，计19户80余人。

陈家大屋为石城公所建。于清咸丰年间动工兴建，清同治年间竣工，历时十年整。第一年挖后填前，平整地基；接着花了3年时间烧砖烧瓦，修建屋基，架设涵洞，修筑排水阴沟，取石料，从北方运来汉白玉石大门门框、门墩、虎衙等建筑材料；再花3年时间成房，砌砖墙，使用桐油调石灰作灰浆。由于灰浆缩水慢，凝固时间长，因此规定砖匠每天只能砌百十个砖，架梁设檐及楼枕水料成型都是木工活，请的是当地的名师；又花3年时间对房子进行装饰：砌麻石天井，铺青砖地面，装雕花窗棂，雕檐口石狮，砌麻石檐阶，装鼓屏门页，漆门窗喜屏，置神龛巨凳等，还兴建马厂仓房，筑青砖围墙，修进村贞节牌坊等。

陈家大屋占地面积约6200平方米，建筑面积约3200平方米。围墙外有7丘水田护卫，一口池塘映衬，道路畅通宽广，适宜通过马车。庭院宽敞，有高大乔木掩映，有花草灌木陪衬，环境幽静优美。房屋为砖木结构，青砖砌墙，青瓦盖顶，青白玉大门，红石墙裙，青石大井，青石屋沟，正屋外墙三合土（石灰、沙子、卵石）浇筑1.5米高，用于防水防盗。

正房成矩形，前檐墙脚至后檐墙脚距离44米，左侧墙脚至右侧墙脚计长48米。以3个正厅为主轴，左右各3单元排开，一扇大门将整个大厦贯通，6个单元紧密相连，户户相通。石城公6个儿子分居一个单元，每一户占有房屋18间，大厅、小厅、卧室、厢房、仓房、厨房、厕所，一应俱全。另有公房18间，3个正厅公管。也就是所谓三正六横，二十一厅二十七天井，天井深浅一致。无一根柱子，木料横梁架墙。房屋结构严密紧凑，可观性较强。装饰以青色为主调，墙壁内外不加粉刷，地面青砖铺设，楼顶及门窗、大厅横梁、鼓屏座椅均漆成朱红色，两道鼓屏将大厅分成上、中、下三厅，配上青白玉石大门门框、门槛，显得更加端庄雅典。

上厅上席正中安放着金光璀璨的神龛，神龛两旁墙上挂着一副木质刻字长联："三厅连构宏伟华堂唯系乔厦，九天揽月杰出人物可居六房。"左边挂缶，右边安神鼓，神龛前陈列一张长桌，桌案上靠里厝置一对小汉白玉石狮，石狮背上驮着一架嵌花桌屏，桌屏两侧陈设一对青花大瓷瓶。桌案靠前正中摆放一香烛炉台，桌案前面悬挂着一块大红缎花桌围布。上厅堂正中摆放一张雕花虎脚大月桌，四围摆设八把大围椅。上厅横梁上悬挂着"三星堂"三个

风韵茶陵

大字的金匾，两盏豪华花玻璃大宫灯悬挂于金匾两侧。

中厅天井两边放着两条长巨凳，两侧倚墙各摆放八把太师椅和茶桌，四块金字匾悬挂于中厅横梁上：石城公秩开"里闾增光"；立群公六旬开一"长者遗风"；玉佩女士五旬开庆"抱璞守贞"；陈母刘氏六旬寿庆"淑德传家"。两盏花玻璃大宫灯悬挂于中厅横梁之上。

下厅两侧靠墙摆放两条长巨凳，上席顶着楼板竖着大屏风。一般时候，只开两旁侧门，每当祭祀、官府大员莅临和婚丧大事才开正门。这时，增挂两幅大红缎子绣花绛幛，添加喜庆气氛，或挂白色孝幛，以渲染哀丧情调。

陈家大屋历经160余年，风风雨雨，岁月沧桑，浮沉兴衰，主体结构仍保存完好。其原因大致有三：其一，石城公位下六房，各房后嗣五代单传，无需拆房分家，各自不离不弃，抱守祖业；其二，后嗣世代家道不殷实，只求温饱，无余力建新房，只在祖房安居；其三，后人传承祖宗遗愿，有敬畏感，祖业保护意识强。近30年来，各自先后全部搬出，另选址建房，不拆祖屋。

1944年攸县、茶陵相继被日本人占领，沦陷期间陈家大屋遭到严重破坏，许多古色古香的装饰器具被毁，加上后来政治运动的影响，大厦建筑虽然保存完整，但今天能看到的只有几件幸存的原物，如古石碓、石磨、石碾等。由于年久失修，屋面漏雨严重，木料开始腐朽，杂屋已经倒塌殆尽，门窗部分移位。虽被列为市文物保护单位，但至今尚未动工修缮。

综上所述，陈家大屋的建筑文化特色有如下五点：一是偌大一栋民居，陈石城一人主建，一次性建成，一个整体，六个单元，户户相通，又各成一个整体。二是地面平整，整栋房子无一级台阶，建筑结构严整，有梁无柱，房子受力平衡。三是27个天井，按大（12个）、中（1个）、小（14个）分三类，每个类别造型一个样，尺寸一个样，清一色石板铺底砌边沿。四是天井解决了大厦的采光、调温、排水三个难题。保证室内光线明亮，冬暖夏凉，不管下多大雨，屋面雨水聚积天井，从地下阴沟流去，然后再从围屋水沟排出，建房160余年来，从没发生过水患。五是汉白玉石大门石墩，光滑冰凉，夏天坐上去，背靠石门框，非常凉爽舒适。石墩密度紧凑，滴上水珠，久久不散，也不流动。

陈家大屋，又称"德星堂"。清代，陈氏是虎踞山一望族。这一封建世家，家风严谨，源远流长。

每年正月初一日出行和七月十五日中元节，族中不论长幼，一律穿长衫，先长后幼，按辈分、齿岁顺序拜祖敬香。族中 10 亩公田，6 房轮作，一年一届，轮到作公田者，祖宗面前，晨拜昏叩，鼎炉添檀香，天天如是，不得懈怠。

那时候，族中长者主持，每天晨曦初露，鸣钟敲锣。第一声锣，族人起床；二声锣，族人漱洗；三声锣，族人出户聚集大厅中，朝拜祖宗。仪毕，各归户里，妇人做早饭，男人锄园做菜，早饭后，男耕女织，幼儿在中厅上私塾。如各户有人需外出办事或走亲戚，须向族中长者告说明示。上述事项，年年如是，周而复始，直至民国中期才逐渐缺减。

陈氏家规，祖上制订，计18条：劝孝亲、劝友恭、劝睦族、劝读书、劝守业、禁非为、重肃闺、谨居丧、劝薄葬、留坟田、劝扫坟、止溺女、慎婚嫁、遵排行、劝勒石、劝续谱、劝完赋、劝耕读。

族规内容比较全面，注重儒家的孝悌节义，礼廉荣耻。每项内容列出理由、规矩及惩罚措施，以劝勉诫训为主，惩罚为辅。这些族规条例，制订于清朝中期，延至民国中期，数十年间，为清正家风，规范民风起了很好的作用，如道不拾遗，夜不闭户，子孙不偷不盗不抢，尊祖重教，妇女守贞节，邻里和睦，相互守望，相互周济等。陈公石城为其母立贞节牌坊，缘于其母年轻丧夫，不改嫁、不招人，苦苦支撑门庭，抚育儿女成人。这本身是实践族规的典范，也为后人树立了榜样。条例虽有较强的封建意识，但也不乏积极意义，在今天仍有教育借鉴作用。

祖上注重后代教育，在上厅房后室设私塾，聘请塾师。私塾课室正面设孔子牌位，每天开课前让孩子拜孔子，讲究师道尊严，教育严厉刻板，塾师动不动打手板，打屁股，罚跪罚站，对孩子贪玩好奇的天性及创造性思维严加禁锢，所以，由此培育的陈家后代有出息的人才很少。

陈家祖厅上席悬挂的对联之下联曰："九天揽月杰出人物可居六房"，本身立意是大厦可住居六兄弟，表明大厦的结构宏伟，哪知这成了一预兆。这六兄弟都是五代单传，人丁不怎么兴旺发达，并逐渐衰落，而这六房养的女儿众多，且嫁出去后都家道殷实，财势丁口远远胜于娘家。这一切都是石城公在世时始料不及的。

从徐霞客《楚游日记》
看茶陵自然人文风貌

文／张秋华

我国明代著名旅行家、地理学家徐宏祖（号霞客），于崇祯十年（1637）正月十日从江西永新进入湖南境内，在茶陵游历了8天（正月十日至十七日），行程达300余华里，并将所见所闻逐日详细地记载在《楚游日记》里（其中1篇记载在《江右游日记》），为今人认识、研究和开发茶陵人文地理资源提供了弥足珍贵的历史文献。

一、"吴楚雄关""三路襟喉"

茶陵位于湖南东部，处在贯通湘赣粤交通线上的要津，素有"吴楚雄关""三路襟喉"之称。徐霞客遍游江西武功山一带名胜古迹之后，继续漫游湘南（古代习称楚南，大致相当于今衡阳、永州、郴州三市及其所辖县域），以实现游遍五岳的壮志。茶陵是其必经之地，正如游记中所述："一路直西向茶陵，一路渡溪西南向芳子树下"。即一条是陆路，从界化陇西向茶陵城经攸县漠田（今属攸县桃水）进入衡阳；一条是水路，从高陇渡茶水进入酃水（今称洣水），经攸县、衡东到达湘江。

北宋时期，茶陵境内即有驿道。据《湖南全省舆图记》（光绪二十三年）载：东南驿道起善化（今长沙），经醴陵、攸县、茶陵、安仁、酃县（今炎陵）出江西省界。茶陵境内从州城起分西南两路，西路经山口铺、文坊铺、寒婆铺、黄石铺、蓼塘铺、珠玑铺至攸县90里；南路经头铺、界桥铺、大乐铺、管塘铺、岱下铺至文章桥60里，抵安仁县城95里。当年徐霞客经茶陵州城过攸县走的官道就是西路驿道，《楚游日记》十八日记述为证，"晨餐后，自黄石铺西行，霜花满地，旭日澄空。十里为丫塘铺，又十里，为珠玑铺，则攸县界矣。"

从《楚游日记》来看，茶陵的水路交通同样较为发达：连接东西的茶水（洣水支流），贯穿南北的酃水（今称洣水），以及遍布山间的小溪。徐霞客对茶水源头进行了实地考证，"自界岭之西，岭下一小溪为第一重，皇雪之溪为第二重，崖子坳溪为第三重，芝水桥之溪为第四重。惟皇雪之水最大，俱从东转西，合于小关洲之下，西至芳子树下而乘舟，至高陇而更大云。"徐霞客对酃水（今称洣水）更是多次记载和描述，"舟人由江口挽舟入酃水，遂循茶陵城过东城，泊于南关"（十二日），"过欧江（洣水支流），溪乘小舟，西北过二小岭，仍渡茶陵南关外，沿城溯江，经大西门，寻紫云、云阳诸胜"（十三日），"时（洪山）庙下江旁停舟数只，俱以石尤横甚，不能顺流下，屡招予为明日行"（十四日），"晨起，泊舟将放，招余速下舟"（十五日）。甚至在边境山区，水运交通同样较为发达，如云嶝山"顺流飞桨，舟行甚疾"。

二、湘东览胜：山秀、石美、洞奇

徐霞客湘东南游，主要目的是"探茶陵、攸县之山"。徐霞客进入楚境考察的第一座山就是茶陵云嶝山。云嶝山为湘东名山，"云嶝山者，在茶陵东五十里沙江之上，其山深峭"，系明代官至首辅大学士"茶陵诗派"领袖李东阳、官至文渊阁大学士的张治等历史文化名人的故里。徐霞客在云嶝山考察和发现了流水侵蚀对地貌形成的影响，如《楚游日记》所记，"有大溪自北来，直逼山下，盘曲山峡，两旁石崖，水啮成矶"，"溪底石峙如平台，中剖一道，水由石间下，甚为丽观"。云嶝山盘龙庵为虎窟之地，"神庙初，孤舟大师开山建刹，遂成丛林。今孤舟物故，两年前虎从寺侧攫一僧去，于是僧徒星散，豺虎昼行，山田尽芜，佛宇空寂，人无入者"。其间演绎的神奇诡异故事，成就了当代台湾"超技击侠情派"武侠作家云中岳（本名蒋林）名篇佳作《古剑歼情记》。

云阳山是徐霞客在茶陵重点探访的另一座名山，素有"古南岳""亚衡山"之美誉。徐霞客在云阳山待了3天，或宿庵里，或停庙中，"市薪炙衣，煨榾柮者竟日"，"挂石投崖，悬藤倒柯，坠空者数层"，终于实现登"云阳山之顶"的愿望。在徐霞客的笔下，云阳山的美彰显在迷人的雾景和壮观的"琉璃世界"。云阳山的雾景可与"黄山云""庐山雾"媲美，《楚游日记》道："旭日藏辉，而沉霾屏伏，远近诸峰尽露真形，惟西北远峰尚存雾痕一抹。""岭西黑雾弥漫，岭东日影宣朗，雾欲腾冲而东，风辄驱逐而西，亦若以岭为界者。"云阳山的冰雪世界堪称"南国北景"，《楚游日记》描述为："峰脊冰块满枝，寒气所结，大者如拳，小者如蛋，依枝而成，遇风而坠，俱堆积满地。""盖第二重之顶，当风无树，故冰止随枝堆积。而庵中山环峰夹，竹树蒙茸，萦雾成冰，玲珑满树，如琼花瑶谷，朔风摇之，如步摇玉珮，声叶金石。偶振坠地，如玉山之颓，有积高二三尺者，途为之阻。"

此外，徐霞客寻访了茶陵境内的灵岩、麻叶洞和秦人三洞。灵岩八景（灵岩夜月、观音显像、对狮岩、碧泉岩、伏虎岩、石梁岩、会仙寨、学堂岩）属于围谷丹霞地貌，《楚游日记》写道："其山皆不甚高，俱石崖盘亘，堆环成壑，或三面回环如玦者，或两对叠如门者，或高峙成岩，或中空如洞者，每每而是"，"石质粗而色赤，无透漏润泽之观"。秦人三洞和麻叶洞，是发育典型的石灰岩溶蚀地貌。徐霞客在《楚游日记》中述说，秦人洞一带，"岭头多漩涡成潭，如釜之仰，釜底俱有穴直下为井，或深或浅，或不见其底，是为九十九井。……井虽枯而无水，然一山而随处皆是"。"望见西南谷中，四山环绕，漩成一大窝，亦如仰釜，釜之底有洞，洞之东西皆秦人洞也。"徐霞客勇钻当地人不敢进的麻叶洞，被村民们视为神异，且云："前久候以为必坠异物，故余辈欲入不敢，欲去不能。兹安然无恙，非神灵慑服，安能得此。"在《楚游日记》中，徐霞客将麻叶洞描绘成一座美轮美奂的地下迷宫："两壁石质石色，光莹欲滴，垂柱倒莲，纹若镂雕，形欲飞舞……其上则莲花下垂，连络成帷，结成宝盖，四围垂幔，大与榻并，中圆透盘空，上为穹顶；其后西壁，玉柱圆竖，或大或小，不一其形，而色皆莹白，纹皆刻镂：此巷中第一奇也"，"然其洞但入处多隘，其中洁净干燥，余所见洞，俱莫能及"。

三、"民朴而淳，风俗醇雅"

徐霞客不仅详尽描述了茶陵的自然风貌，而且真实记录了茶陵的社会经济和风土人情。在《楚游日记》中，茶陵的畜牧、农耕等方面的情况被颇多提及，山区乡村鲜活场景跃然纸上。比如在茶陵灵岩，徐霞客看到僧人小霞"方理诸俗务，结茅、喂猪"，连出家人都打理喂猪、编草的农家活，明朝时茶陵乡村畜牧业和手工业的繁荣景象可见一斑。在登云阳山途中，徐霞客记录了茶陵当地人烧木炭的情况："盖前路之逾岭而西，皆茶陵人自东而来，烧山为炭，至此辄返。"对茶陵的农业情况，徐霞客不赘言辞，"是曰沙陂，以溪中有陂也"（茶陵山嘴溪）；"坞内水田平衍，村居稠密"（茶陵东岭坞）；"土人环石为陂，雍为巨潭以灌山塍"（茶陵秦人洞外）。

茶陵人历来厚道朴实、热情好客，广为外人称道。徐霞客陶醉于茶陵名山秀水的同时，没有忘记为神农氏文化育化的茶陵人民点赞。云嶂山"从来烧采之夫俱不敢入"，徐霞客前往之时，"途遇一人，撑伞将远出，见余问道，曰：'此路非多人不可入，余当返家为君前驱。'余感其意，因随至其家。其人为余觅三人，各持赍火，冒雨入山。""明知山有虎偏向虎山行"，茶陵人无畏、仗义的优良秉性让人肃然起敬。在茶陵东岭，坞内居人段姓，为徐霞客不厌其烦导行，"先至东洞"，"复导予行，始抵西洞"，"饭于导者家"，"返宿导者家"。茶陵僧人也给徐霞客留下了深刻的印象，云阳山青莲庵"僧号六涧，亦依依近人，坚留余饭"，赤松庵"僧葛民亦近人"。

在考察云阳山的时候，徐霞客对云阳仙、赤松坛、罗汉洞、青云庵、五雷池、子房殿等人文景观进行了赞美，"庵（云阳仙）后有大石飞累，驾空透隙，竹树悬缀，极为倩叠。石间止水一泓，澄碧迥异，名曰五雷池，雩祝甚灵"。当然，徐霞客对于一些传说不轻易苟同，有着个人的独特见解，"路侧涧流泻石间，僧指为'子房炼丹池''捣药池''仙人指迹'诸胜，乃从赤松而附会留侯也"。"农耕于勤，士勤于学。"徐霞客在《楚游日记》里，载述了茶陵人好学的人文胜迹，"灵岩者，其洞东向，前有亘崖，南北回环，其深数十丈，高数丈余，中有金仙，外列门户而不至于顶，洞形固不为洞扴也，为陈光问（唐代茶陵第一个进士）读书处。陈居严塘，在洞北二十里。其后裔犹有读书岩中者。"

茶陵"三谭"文化刍议

文／彭运南

所谓"三谭",是指晚清时候茶陵高陇石床的谭钟麟、谭延闿、谭泽闿三父子,之所以冠名"三谭文化",是因为这三父子不但名望很高,文化成就也很大,足以与历史上的"三曹""三苏"相媲美。自2014年第三期《湘东文化》刊载《晚清的茶陵三谭》一文后,文史界渐趋关注,介绍"三谭"的文章越来越多。当然,定义为一种文化现象,目前尚未达成共识。笔者斗胆试论,旨在抛砖引玉,为推动茶陵三谭文化研究尽一份绵薄之力。

一、"三谭"文化的主要成就

茶陵"三谭"都是饱学之士,诗文俱佳。但其主要文化成就还是在书法。谭钟麟(1822—1905)出身贫寒,凭苦读入仕,一生为官清正廉洁,先后外任陕甘、两广、闽浙多地布政、知府、总督、巡抚等职二十余年,基本做到

了"为官一任造福一方"，官声很好，深得朝廷倚重。慈禧太后更是对他褒赞有加，曾于1893年颁懿旨拨专款为其在石床老家建造养老私宅赐书堂。拟或为政绩所掩盖，他的文化成就没有彰显出来。其实，与其人品、官品相比，他的诗文毫不逊色，尤其是书法修为十分精到。文字方面他主要撰写时政论文，这也是时势所迫。晚清朝廷内外交困，特别是鸦片战争以后，国运衰败，他作为重臣，也想力挽危局，上达了数以百计的奏章。书法界对他的书法评价更高，普遍认为他的书法师承颜柳，但有"二王"书风，也兼有米南宫清逸超迈、天趣空灵的意境。他的楷书作品《杭州文渊阁碑》被后世用作书帖，影响很大。他的多数书法作品收藏在上海、湖南等地博物馆，本世纪初，偶有单幅作品参与中国书画作品拍卖，售价都在万元以上。

谭钟麟的三子谭延闿（1879—1930）算得是"青出于蓝胜于蓝"，他不但是1904年中国科举制度最后一次科考的会元得主，而且官至南京国民政府主席、行政院长，地位显赫。谭延闿吟诗填词多为即兴创作，信手拈来，不重收藏，随意性比较大。所以，大部分作品散落民间，难以收藏。他病逝后留有诗稿手迹500多首，辑录成《谭祖安先生手写诗册》，共四卷。不过，他的文化成就主要体现在书法，其书法被誉为民国"四大书法家"之首。

谭钟麟五子谭泽闿（1889—1947）"善诗能画"，他的"书法自成一家，风格近翁同龢，雄浑腴美，尤工擘窠书（大字），较其兄谭延闿更加伟劲开张"。这个评价应该是比较中肯的。当初"国民政府"的牌匾书写首邀谭延闿，但谭延闿说，他的大字不如"老五"，最终邀请谭泽闿书写。"泽闿作书，取润低廉，求者甚众，但仍不订高润例；有求书市招，亦不自高身价，乐意应之，为艺林所推崇。""喜集藏，搜集清代书家真迹甚丰，尤以钱沣、刘墉、何绍基、翁同龢四家书法最富。善作诗，平素以诗书会友，不与权贵交。"有《止义斋集》行世。

一门二进士，两代三书家。谭钟麟父子三人皆为饱学之士，为人为官各有选择，也各有特色，文法书道却很近似。尤其是行楷书法造诣臻致成熟，自成一体，影响深远，亦如建安"三曹"、眉山"三苏"，这在中国文化史上还是罕见的。

除诗文书法以外，"三谭文化"的另一个重要贡献是让祖安家菜从民间小灶走上了官府盛宴，成为了湘菜之源。湘菜是中国八大菜系之一，口味讲究酸辣、鲜嫩、清淡、浓香。中国是一个讲究吃的国度，自古以来，饮食与

风韵茶陵

文化就是难以分割的统一体。到目前为止，茶陵已经成功举办了五届湘菜之源——祖安美食文化节，早已声名远播了。祖安不再是一个人名，而是一种地方品牌，一种文化象征。

二、"三谭"文化的精神传承

深究"三谭文化"的成因，应该从茶乡的民俗传统说起。"三谭"始于谭钟麟，谭延闿、谭泽闿是在谭钟麟的教育熏陶下成长起来的。高陇石床至今流传着谭钟麟小时候的许多故事，有些故事很传奇，充满神秘色彩，但无论怎么神奇神秘，有一点可以肯定，那就是谭钟麟自幼就是一个非常勤奋耐劳且又知礼节、懂孝道、有担当的人。

茶乡人自古奉行耕读传家、扬名立身的思想，这种思想根深蒂固。有人总结茶乡人的人品性格是崇文奉道、自强不息；百折不挠、坚忍不拔；刚正不阿、不畏强暴；向善包容、精诚团结。应该说，这些品性"三谭"全都具备，只是谭钟麟更为显著。如果说谭钟麟是家境所迫，谭延闿、谭泽闿则有更多的自觉性。

"三谭文化"的主要精神传承集中表现在三个方面：勤谨、孝道和担当。勤谨就不必说了，从其人生经历中，特别是小时候的勤练苦读中可见一二。谭钟麟十六岁开始自立，谭延闿日临《麻姑经》两百遍，谭泽闿长时间卖字为生，不可谓不勤谨。担当的精神也是很明显的，谭钟麟为官清正廉洁、刚正不阿、敢于作为的评价伴其一生，所任之处无论是民间还是官方至今津津乐道他的功绩。谭延闿有人说其"圆滑"，博得了"药中甘草"的雅号，但他三次督湘和官至国民政府主席的经历，说他没有担当精神肯定有失客观。在这方面或许谭泽闿略有欠缺，但他不借势兄长的自立精神足以诠释一切。"三谭"流传下来的故事中，有很多与孝道有关，谭延闿较具代表性。他在中年丧偶后，终身不续弦的做法令世人钦佩，对母亲的孝心更是无可挑剔。

除此之外，他们都有一种通透出世与豁达的情怀，这一点主要在书法修为与众多的书法作品中可以体现。谭钟麟自题书写了很多书轴，其内容应该说都是积极健康的。他在陕西任职时曾书赠友人一副联轴："插槿预为兰定界，种松先与鹤营巢。"以插槿设定绿色的篱笆，规划种植兰花范围，栽种松树招来百鸟筑巢，勾画出一幅绿草如茵、奇花争艳、苍松闲鹤、淳朴宁静的田园生活图景。

关于通透与豁达，谭泽闿也是值得敬佩的。出生于如此显赫的家庭，特别是兄长处在如此显赫的地位，谋个一官半职根本不在话下，但他坚持卖字为生，不与权贵交往，实属不易。而谭延闿婉拒宋家提亲并牵线蒋宋联姻一事，令许多人匪夷所思，非圣人难以做到。

三、"三谭"文化的现实影响

或许，我们研究"三谭文化"，要着眼"三谭文化"本身，了解"三谭文化"的缘起成因，解读"三谭文化"的深刻内涵，并着力宣传推介。唯有如此，作为一种文化现象，才会对地方发展产生不竭的动力。

"三谭"的文化成就主要在书法。其书法一脉相承，师承颜柳，但又各有特点：谭钟麟的书法更多柔性，给人清新随意和飘逸之感；谭延闿的书法更多阳刚之气，给人一丝不苟的严谨印象；谭泽闿的书法风格近翁同龢，也与其父谭钟麟更多近似，伟劲开张，挥洒自如。

在"三谭文化"的教育熏陶与影响带动下，茶乡士子对于研习书法更多自觉，地方民众对于书法创作更多钟情，书法人才也因此选出不穷。且不说茶陵谭氏后人谭伯羽、谭守诚的书法修为也很精到，现如今的茶乡高陇书法研习蔚然成风，已被命名为"茶陵书法名村""中华诗词之乡"，诸此殊荣，与"三谭文化"的熏陶不无关系。

其实，诗文创作、书法研习并非单一苦练可以成功。勤谨、孝道和担当是"三谭"修为的共性，作为精神传承，也正是我们时下最需要的营养，充分挖掘这些精神内涵，应该成为研究"三谭文化"的着力点。

第二篇

长河探源

风韵茶陵

历史是一颗古老的稻粒

无论怎么碳化，文明摆在那里

岁月是一个风化的陶罐

无论怎么尘封，丰碑矗在那里

神农惊鸿一瞥，便是几千年的时光

太溪如流，龙山风骨依旧

茶乡图腾浩然于此虎踞龙盘之地

千年茶香，千年诗韵

千年胜境，千年州城

从历史的端头，款款而来

茶陵，在炎帝的传说里

文/陈 科

茶陵，茶祖炎帝之陵。

用始祖的陵寝之地指代县名，其五千年的一脉渊源，有传说、有故事、有史诗，在茶乡之地口授相传，熏陶教化。

故事承载历史，传说寄寓理想。无论是山川风物，还是民情民俗、社会心理、语言族属等，都与炎帝有着一脉相承、不可分割的联系。一幅幅美丽的图景，一个个动人的情节，一个个悲情的壮举，都凝聚着一个深刻的主题：茶陵，千百年来，一直浸润在炎帝的传说里，承袭着炎帝千年不变的精神。

农源，牧源，龙踞之地

茶陵，中华始祖龙踞之地，农耕文化的源头。其农耕之功，如炎炎烈日，点亮了中华五千年文明。

潞岭，在中国版图上几乎很难找到的一个不到3平方公里的地方，当年却是中华始祖炎帝神农氏的封地。它处于四面高山包围之中，东有首团山，南有清水山，北有露水山，中间为潞水山。潞水源出露水山，传说有一龙潜此，源头终年活泼不竭，东南流30里，合于茶水。置身于潞岭，清风徐过，一袭古帝王的龙脉之气和五谷的芳香从四方拂面而来。

这里四面环山，活跃的地质时代，丰富的水文资源，造就了这里的喀斯特地形特征。这里的许多天然的溶洞，成为了我们祖先最好的栖居之地。遥想当年，炎帝在这里择地而居，用人类童年时代高超的智慧顺应了天地之道：因天之时，地之利，制耒耜，教民农作。将人类从饮毛茹血的野蛮时代，带进了农耕牧猎的文明时代。炎帝心系黎民，斫木为耜，揉木为耒，耒耜之利，以教天下，用"天下和泰"的博大胸怀润泽着这片古老的土地。这里的很多地名，就充分显示了他战胜自然、人定胜天的霸气和雄心：潞岭的大台，古谓"泰台"；"泰"，意谓泰岳之势，和合之气；"台"，为神农祖先发明农业的起源之地；与大台相邻的元王村、首团村的村名，均有"首领"、一统天下之意。这一切，无不印证了炎帝情系天下，推动文明进程的宏伟理想和伟大实践。

和大多数古文明遗址一样，这里依山傍水，雨水丰足，一马平川。土肥水美的地理特征让这里自然成为了农牧的天然之所。

农元村，一个被称作农源之地的古山寨，坐落在被称为"天堂山"的露岭群山的山坳之中。据考，四五千年前，这里曾经是一片古生物的海洋，一到夏秋季节，橙黄橙黄的野生稻穗吸引着炎帝神农驻足观看，在这里，他带领子民们在茶乡一带开田辟土，依山而牧，造筏而渔，刻下了农牧时代稻作文明的印记。潞水"农源""牧源""田土""上舫""下舫"等诸多地名，无不与炎帝神农的封邑和开创农耕有关。农元抑或牧元，无论是写作"元"，还是写成"源",都说明了这里是真正的"农耕之源、养牧之源"。在与之不远的火田连溪村古"茶王城"南部的窑北龙山文化遗址中发掘的石斧、石簇、红陶、褐陶、夹泥陶、碳化稻粒等一系列遗存,都充分论证了这一系列不是传说。

龙源,农耕之源,一如星星之灯,点亮了茶乡五千年的文明。由此,我突然想起了10多年以前我写下的那首《秋日,我到了露岭》:

秋日,我到了露岭 / 一个神农开创农耕的地方。

发黄的叶子,汗青的历史 / 在功垂万世的长河里探航 / 三山五岳的肝胆和骨骼 / 在这里散发收获的芳香。

铭记时空的 / 依然是龙颜潭上含珠的仙鸡 / 开创丰碑的 / 依然是凤冈呈瑞的经典故事 / 教民耕种的魂魄 / 在民族的血液里 / 是扶犁之乐永远的歌者。

收割,挖矿 / 清晰而凝重的声音 / 像雄劲的山风携着林涛吹来 / 响在我心上。

秋日,我到了露岭 / 一个神农开创农耕的地方 / 我闻到了收获的芳香。

在轻轻地朗读之时,我不由地默念:茶乡,皇天后土、藏龙卧虎之地,必将雄踞天下,芳香无比。

茶山,茶源,灵性之地

茶陵,是中华茶祖开创茶文化、千年国饮之源的灵性之地。其茶味之甘,如涓涓清泉,沁透民族每一寸肌肤。

景阳山和云阳山两座大山,一东一西,在根盘八百的巍巍罗霄中,遥相呼应,肩挑着一段段厚重的历史。

云阳谷雨,景阳清露,孕育的一株株生命之叶,在炎帝的传说里散发着千年的清香。相传神农在景阳茶山一带采药误食毒草,头晕腹胀,无意之中在身边的矮树上抓了一把嫩叶放在口里咀嚼,感觉清凉可人,即刻神志清醒,满目清怡。为此,炎帝神农认定这是有着还阳之功效的仙"茶"。就这样,炎帝在采药"日遇七十二毒,得茶而解之"的实践中,茶,被炎帝神农当作了"还阳草",显现于世。炎帝在茶乡教民种茶、艺茶,让这里成为了千年国饮之源,与之而生的茶艺、茶俗也伴随着茶祖炎帝的足迹,风靡大江南北,流传千年万年。

这就是茶山,千年国饮的源头,中华茶祖炎帝神农的生命之山。它迎东山之阳，灵异秀丽，野茶茗香，景象万千，绵延时空。其间茶冲、茶涧、茶祖茶林、茶王城等，一个个与茶有关的山名、地名，刻写着一部厚厚的茶史；茶巷、赤松井、识茶岩、烹茶泉、炒茶炉、茶香亭等，一器一物，一泉一亭无不留下了脍炙人口的茶事、茶情和茶咏。

百草茶为灵，甘传天下口。站在新世纪的峰巅，置身于茶乡大地这个灵性之地，我们仿佛感觉到炎帝尝百草，得茶解毒的历史图景重现在茶陵的山山水水当中。茶陵2000多年的种茶、制茶、饮茶史，奠定了深厚的茶文化根基，让生于斯、长于斯的茶乡人，深深地烙下了茶的秉性：淡泊、谦和、内敛。茶陵人不管是扎根家园，还是出仕他乡，他们习惯"饮茶一瓯，吟诗一章"，或饮或品，逸茶兴、怡茶情、咏茶诗、体茶性。他们或儒，或释，或道，从茶中寻求哲理，忘怀得失，达观超脱，与世无争，乐天知命，把中华的茶文化、和文化发挥得淋漓尽致。

茶味之甘，如涓涓清泉，丝丝缕缕，沁透了中华民族的每一寸肌肤。壮哉，茶陵茶山、茶史；圣哉，中华茶祖、始祖！

道源，道骨，智慧之地

炎帝神农氏作为"中华道祖"，其智慧之光，如日如月，照耀我们前行的每一个脚步。

茶陵，道源之地。这里的一观一寺、一楼一阁、一山一峰、一谷一涧、一湖一瀑，乃至一草一木、一花一叶，吸天地之灵气，纳仙道之甘露，闪耀着千年的智慧之光。

道源自有道骨，这"道骨"就是炎帝精神。炎帝神农在云阳山一带"始作耒耜，教民耕种；遍尝百草，发明医药；日中为市，首倡交易；治麻为布，制作衣裳；弦木为弧，剡木为矢；作陶为器，冶制斤斧；削桐为琴，练丝为弦；建屋造房，台榭而居"。八大历史功绩开启了中华民族五千年的文明，也寄托了远古人类的道德理想。"天之道，利而不害；圣人之道，为而不争。"炎帝精神，灌注了道文化的精髓，充分体现了道文化主体性认识论、人本学和本体论等各种要义，是自然境界、人生境界、功利境界、天地境界和道德境界的有机统一。

这就是"道",中国内涵独特的古典哲学,在炎帝"中华道祖"的华冠中一步一步发扬光大。

千百年来,茶陵人对道之精神有着深切的感悟,茶陵人的大境界、大智慧在历史的旷野里,散发着耀眼的光芒,引领着他们每一个前行的脚步。长期修学于云阳山的清代科第状元萧锦忠,"行也安然,坐也安然",人生境界、功利境界、天地境界和道德境界一如荡胸层云,卷舒自如。茶陵人深谙"和"之文化要义,为"和"而颂、而呼、而走、而旋、而践、而突、而触……明朝"茶陵诗派"领袖李东阳为"保全善类"而"弥缝其间",依附周旋,逶蛇避祸,"潜移默夺,保全善类,天下阴受其庇"(《明史·李东阳传》),是为"和"而旋、而突的典型;明朝大学士张治寄情山水,清茶菊香,力主天人共和谐,用山水诗作力遣胸中块垒,为"和"而颂、而呼;明另一大学士刘三吾为人慷慨,不设城府,以"坦坦翁"自号,至临大节,迄乎不可夺,为"和"而突、而触、而走的同时,自己"瓠瓜为壶沽美酒,土泥作灶煮黄粱","泥灶烹茶苦亦甘",内心平和,身处逆境而泰然。被人们称为"药中甘草"和官场"水晶球"的南京国民政府主席谭延闿"景星明月归天上,和气春风生眼中",用他独特的"官道、食道和书道",成就了他"聪明的政客、湘菜鼻祖、书法大家"的历史地位……遵道贵德的道德规范、济世利人的社会责任感、抱朴守真的人生态度、清静恬淡的精神境界、崇俭抑奢的生活信条、和光同尘的处世方式、身重于物的价值取向、天人和谐的生态观念等,在茶陵人的血脉当中,一代一代流传,一代一代诠释着新的时代内涵。

道源孕育智慧,道骨传承精神。茶陵,这个智慧之地,永远充满着前行的力量。

茶陵是神农文化发祥地之一

文 / 王薛刚

　　"茶陵，是神农文化发祥地之一"，是 1994 年茶陵县旅游开发领导小组办公室在编印《神农与茶陵》一书时，由时任株洲市市长的王汀明同志为该书作序时提出来的。"茶陵是神农文化发祥地之一"这一命题是科学的，是有考古依据的。

　　以前人们一直认为，华夏文明是从黄河流域兴起再传播到周边地区的。现在发现在大体相同的时间内有很多文明中心，如长江上游的宝墩文化、长江中游的石家河文化、长江下游的良渚文化等。从整体上来看，中华文明的起源和发展不是单元的、直线的，而是多元、多线条的。在距今四五千年的炎黄尧舜禹时代，各地文化之间相互冲突、融合，特别是夏朝建立后，慢慢形成了以夏商周文化为核心的文化系统，中华文明走向一体。

茶陵远古或先秦文化遗址的考古发掘开始于1980年代初的文物普查，这一期间，先后发掘考证的有大溪文化、龙山文化和商周文化。这些文化自成系统，同属于长江流域原始文化系列。

据中国历史博物馆研究："长江流域各地原始文化也有一定的差异，下游有河姆渡文化、青莲岗文化和良渚文化，中游主要是屈家岭文化，上游主要是大溪文化，这些文化之间都有较密切的联系。"所谓"大溪文化"，因1958年在四川巫山县大溪镇首先发现而得名，分布在长江三峡一带，反映的是新石器时代我国母系氏族公社时期的繁荣之景。茶陵大溪文化的发现否定了考古学界某时段"大溪文化不过江（长江）"的论断。

茶陵独岭坳大溪文化遗址位于枣市镇与界首镇交界处的独岭坳。经1986—1996年的发掘、考证，为距今六七千年前的文化遗址。有房屋5座、墓葬34个、灰坑15个、祭祀坑3个，以及大量的陶、石、骨、木器和动植物遗存，是一处保存较好的史前聚落。特别是人工栽培水稻（已炭化的谷）的发现，有力地证明原始社会母系氏族公社阶段，远古人类在此已过着定居的农耕生活，野生稻已被驯化为人工栽培的水稻。后来这里古文明发展到龙山文化时代的耜耕农业时期，才进入到神农氏及其后裔在茶陵播种农耕文化的时代。龙山文化时代与炎黄时代距今约4000年，考证的时间与传说的时间相吻合。

龙山文化遗址在茶陵已发现3处，分别在腰陂东南村窑背组、洣江乡的五垄坪龙骨山和诸目村春华岭。龙山文化为新石器晚期人类遗址，有石斧，石簇及红、褐陶，夹泥陶等。所谓"龙山文化"，因1928年在山东历城（今章丘）龙山镇子崖首先发现而得名，分布在山东、河南、河北、陕西等省。"新石器时代有仰韶文化和龙山文化……耜耕技术推广、猪羊大量饲养……后来，中原的仰韶文化发展为河南龙山文化……河南龙山文化时代和继之而起的河南偃师二里头类型的年代，相当于历史上的夏代。这些遗址无论在地层、分布，还是文化特征方面，都与商周文化有直接继承关系。"龙山文化表明我国原始社会的氏族公社已进入父系氏族公社阶段。父系氏族公社晚期，私有制已产生，社会出现贫富分化，阶级已经出现，原始社会趋向瓦解。

《神农与茶陵》一书收集整理的24个民间传说中，除4个关于神农教民医药的传说外，其他都与耜耕农业联系在一起；4个"民俗拾零"全都与耜耕农业有关。传说探源与史典记载一脉相承。"古之人，皆食禽兽肉，至于神农，人民众多，禽兽不足，于是神农因天之时、地之利，制耒耜，教民农作……"（《白虎·号》）"神农氏作，斫木为耜，揉木为耒，耒耜之利，以教天下。"（《易系辞》）耒耜是有木柄的翻土工具，最初的耒耜是木质的，1949年前西藏门巴族和珞巴族还使用这种农具。后来装上石头或骨质的耜冠，变成复合工具。这是生产工具的进步。耒耜的使用方法分两个动作：先是以手扶耜柄，足踏柄下侧的横木，推耜入土。《诗经·豳风·七月》："三之日于耜，四之日举趾。"《毛诗·国风》："于耜，始修耒耜也"，"民无不举足而耕地"。"举足"就是指脚踏耜柄横木，使之刺入土中，然后向后扳压耜柄，利用杠杆原理，把土翻过来。传说故事中的制陶，正如《太平御览》引《用书》："神农耕而作陶"。陶的发明和制作，是因为耜耕农业发展后，粮食作物成为主食，需要炊具与食具，茶陵龙山文化遗址出土的陶正是适应这一农业进步的需要而产生的。人们考证茶陵县名，多引用唐代陆羽的《茶经》。其实，《茶陵图经》始编于南北朝。隋唐统一，朝廷令地方修志上报。唐建中元年（780），令各州郡三年编造一次，后改为五年一次。陆羽是从茶陵人编写的《茶陵图经》中知道了神农崩葬于长沙茶乡之尾，是曰茶陵。神农"还亲尝百草，发明医药，最后因中毒烂肠而死"。宋《路史·后记》："炎帝崩于长沙茶乡之尾，是曰茶陵。"炎帝陵"是宋太祖首先访到的古陵之一"，后设户守陵。现存的《茶陵州志》记："炎帝崩于长沙之茶乡。宋析茶陵地置酃县令，炎陵属酃"，所以茶陵是炎帝故里。

龙山文化晚期中华文明已走向一体，即进入夏商周时代。夏仅为传说中的一个朝代，其统治中心在河南西部和山西一带，至商代才东到大海，西达陕西西部，东北到辽宁，南至长江流域。大学士张治修《茶陵州志》："周，成王封熊绎于荆蛮，居丹阳。长沙曰熊湘属地。春秋，楚地；战国，楚地。"这个时候已是周朝的天下。神农后裔多在商周时代了，在茶陵创造了商周文化。商周文化遗址在茶陵已发掘和考证的达15处之多。其中马江镇5处、腰陂镇2处、界首镇3处、湖口镇2处、枣市、严塘尧水和虎踞镇各1处。面积最大的商周文化遗址为界首镇火星村八组坟边岭遗址，约一万平方米，文化堆积层0.2～0.4米。

远古茶陵从大溪文化到龙山文化，再到商周文化的发展轨迹，充分说明茶陵是中华文明源头中"多元"中的"一元"。株洲县磨山、醴陵市八步桥乡下黄土坝、石峰区的仙庾岭镇烟墩冲，也有大溪文化，炎陵县城东乡草坪村也发现龙山文化遗址；磨山遗址的晚期文化经考证已发展到龙山文化时代。至于这些文化与茶陵文化的关系如何，笔者不敢妄言，但我们可以想象到，在中华文明形成的某一个时期，可能存在一个以茶陵为中心的哺育区，茶陵湖里湿地至今生存着一种"野生稻"，就充分论证了这一点。

茶陵置县始于秦

文 / 谭定祥

　　1980 年代初，笔者参加了共和国时期茶陵首部县志的编纂工作，担任《茶陵县志》副主编。在收集了大量资料后，决定先编写《茶陵古今纪事》，本人负责中华人民共和国成立前部分的撰稿。撰稿时，遇到一些问题，其中茶陵置县始于何时就是问题之一。茶陵始置县的时间各种资料说法不一，归纳有以下几种：

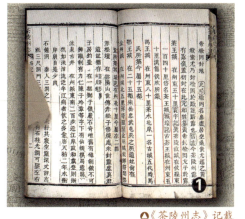

△《茶陵州志》记载

　　一曰"汉置县"。如 1979 年缩印本《辞海》和 1983 年商务印书馆修订的《辞源》都载茶陵县"汉置县"。二曰"汉武帝元封五年"置县。如 1982 年 5 月茶陵县人民政府编印的《湖南省茶陵县地名录》中的"茶陵概况"载："茶陵，西汉初期为侯国，元封五年始置县，隶长沙国"；1987 年 10 月，茶陵县编制委员会《湖南茶陵县机构编制史资料送审稿》，也认为是"元封五年置县"。茶陵不少人的文章中均采用此种说法。三曰"东汉置县"。如清乾隆十二年《长沙府志》载，茶陵"周为熊湘地，秦属长沙郡，西汉属长沙国，东汉为县"。四曰"汉高祖五年"置县。《汉书·地理志》载："长沙国，高帝五年为国。县十三：临湘……茶陵……安城"；明嘉靖十二年《长沙府志》载："汉高帝五年，初置长沙国，置茶陵……十三县"；1986 年，中共茶陵县委党史办编"茶陵党史丛书"中的《第一次国内革命战争史综述》一文载："汉高祖五年，茶陵置县。"以上几种说法，虽然时间不一，但都没有离开"汉朝"。当时，我们通过比较分析，采纳了明嘉靖十二年《长沙府志》等的记载，认定茶陵为汉高祖五年（公元前202）置县。《茶陵古今纪事》成书后，又将其改编为《茶陵大事记》，其中的"中华人民共和国成立前部分"还获得省地方志稿二等奖，这是省内"大事记"获奖最早的。对茶陵始置县时间，没有什么异议。

当首部《茶陵县志》即将成书时，笔者却发现茶陵在秦朝就设有"守令"的记载。有"令"就有县，因此笔者对茶陵在汉高祖五年置县产生怀疑。后又发现一些资料，于是在1988年2月撰写了一篇《茶陵置县考》的文章，打算在《茶陵修志通讯》上刊登。当时，《茶陵县志》主编朱汉兴曾看过此稿，并作了个别文字修改，开始也想在《通讯》上刊登（原稿本人尚保存）。但有人提出了异议，我们决定待今后史料更充实时再说，就这样，发稿一事就此耽搁。

茶陵县第二次修志，我已退休多年了，但仍被聘参加修志。闲谈时，曾对同事们讲过茶陵置县不是汉朝，而是秦朝。最近，余在2013年第1期《茶陵人》刊物上看到一篇湖南工业大学研究员彭雪开先生的文章《茶陵地名源流考（上）》，其中"秦王嬴政二十六年（前221），属长沙郡，是可信的，说明这一年，已设置茶陵县"这段话，与我十余年前的想法如出一辙！"荼陵"即"茶陵"。茶陵始置县不是汉高祖五年，这一年，"西汉高帝五年平定巴蜀，汉承秦制，实行郡县制"（1987年浦新善《中国历代行政区沿革》），茶陵只不过已是县而已，而真正的始置县时间是在秦朝。理由如下：

（1）文渊阁《四库全书·钦定历代官职表》载：秦时县一级的最高长官是"令长"。"县令掌治其县，万户以上为令……减万户为长。"意为万户以上的大县其行政长官为"县令"，少于万户的小县，其行政长官称"县长"。民国十九年五月《湖南地理志要——补志二·茶陵县》明确记载："秦时置守令，汉属湘东郡"；清嘉庆二十一年《茶陵州志》卷一之《郡谱·沿革表》载："秦置守令，汉袭余风。"证明茶陵在秦朝时已是万户以上的大县，设有"守令"。

（2）位于界首火星村的独岭坳大溪文化遗址，系距今六七千年前的村落遗址；炎帝是上古时代的部落领袖，在茶陵开辟农耕文化，卒后葬茶陵（酃县是南宋嘉定四年才由茶陵析康乐、霞阳、常平三乡置县的）。后来，茶陵因地居"茶山之阴"，炎帝神农崩葬于境内而得名。"茶陵"这个名称应该不是西汉才有的，据《湖南茶业》载："大约认为，必在隋唐以前，六朝以后，则千四五百年前。"茶陵历史悠久，是农耕文化主要发源地之一，又有神农葬茶陵的名气，秦始皇建立郡县制度，既置长沙郡，郡下设县。据载，全国设1000余县，应该是有茶陵县的。

（3）清嘉庆二十一年（1816）版《茶陵州志》载：茶陵这块地方，在"三皇"时尚处于"荒服"地区，炎帝在这里尝百草发现茶叶才称"茶乡"。炎帝葬茶乡后才改称"茶陵"，一直沿袭到春秋战国时期。秦始皇二十六年置郡县，茶陵县属长沙郡。这说明由茶乡而称茶陵，是在春秋战国时期之前，茶陵始置县是秦始皇二十六年（前221），属长沙郡。

（4）南朝宋·范晔（398—455）《后汉书·志第二十二·郡国四》："长沙郡，秦置……临湘、攸、茶陵、安城……"明确记载秦朝已设茶陵县，属长沙郡。

秦朝，是我国社会由奴隶制发展为封建制的大变革时代，也是行政区划突破性变革时期，全面确定了体系完整、结构严密、层次分明（中央—郡—县—乡—亭）的行政区划，是行政区划史上一个重要的里程碑。其不仅充分考虑了自然地理因素，使行政区尽可能与自然地理单元相吻合，还注意社会、经济发展情况及不平衡性。茶陵在秦朝始置县是完全可能的。

综上所述，茶陵始置县不是汉高帝五年（前202），而是秦始皇嬴政二十六年（前221），比汉高祖五年要早19年。

茶陵建制沿革述略

文／苏铁军

茶陵历史悠久。自秦嬴政二十六年（前221）开始置县，迄于今，茶陵有行政建制的历史达2200余年。

茶陵建制沿革的繁复变化，是两千多年中国社会治乱兴衰在茶陵的缩影。管窥蠡测，堪见一斑。

一、汉武帝"推恩令"、王莽新政及隋文帝的"维新朝政"

公元前140年，汉武帝刘彻即位。为打击地方势力，加强中央集权，汉武帝采纳中大夫主父偃的建议，颁布"推恩令"，通令各地实行"推恩"。"推恩令"规定：诸侯王除由嫡长子继承王位外，须将土地"推恩"，再分封给其他诸子，使之成为"侯国"；侯国隶属于郡，地位与县相当。"推恩"之后，王国封地日益缩小，势力日益削弱，最终至于名存实亡。

依照"推恩令"，汉武帝元朔四年（前125），茶陵被分封为长沙定王刘发之子刘欣的封邑，称侯国。"元鼎元年（前116），（欣）薨。三年，子阳嗣。太初元年（前104），阳薨，无后，国除。"遂复置县。

公元8年，大司马王莽篡夺西汉政权，自立为帝，建立"新"朝。他附会《周礼》，实行复古改制，推行一系列新政，意图有所作为。无奈他的新政不得要领，事与愿违，终至背道而驰，成为倒行逆施。社会矛盾的极度激化，致使新朝天怒人怨，倏尔灭亡，成为中国历史上最短命的一个王朝。

依照王莽新政，包括国号、年号、币制、官制、官名、宫室、郡县名称连同行政区划，都被相继更改。土地改称"王田"，长安改称"常安"，匈奴改称"降奴"。始建国元年（9），茶陵被改名"声乡"县，隶属荆州镇蛮。直到东汉建武六年（30），才复名茶陵县，隶属长沙郡。

公元581年，隋文帝杨坚建立隋朝。为了稳定社会秩序，巩固新生政权，隋文帝在政治、经济、军事、文化各方面也推行了一系列改革，史称"维新朝政"。由于他的改革顺应潮流，深得民心，极大地调动了民众的积极性，促进了经济的迅速恢复和发展。隋文帝开皇年间（581－600），社会安定，经济发展，民众富足，开创了"开皇之治"的繁荣局面。

为了加强中央集权，提高行政效率，隋文帝下令合并一些州县，将州、郡、县三级建制压缩为州县两级；精简机构，裁汰冗员，改善吏治。由此，开皇九年（589），茶陵被撤销建制，与攸县、阴山、建宁等县合并为湘潭县，隶属衡州。直到唐武德四年（621），复立县并"复旧名，隶南云州"。因南云州州治设于茶陵茶王城（位于今茶陵火田镇境内），故茶陵又称"云州"。

二、县、州和军

茶陵两千余年的建制，大体可依元至元十九年（1282）升县为州为界，一分为二，前半段基本上是"县"、后半段基本上是"州"的建制。

前半段的例外主要有四：（一）隋文帝开皇九年（589）至唐武德四年（621），茶陵被撤销建制，并入湘潭县。（二）唐贞观元年（627）至（武则天）周圣历元年（698），被撤销建制，并入攸县。（三）唐玄宗开元二十一年（733）至唐肃宗至德二年（757），被划归江南西道（今江西）。"治豫章（今南昌），衡州郡属之，茶陵隶衡州郡。"（四）南宋绍兴九年（1139）至嘉定四年（1211），茶陵升县为军。

后半段的例外主要有二：（一）元世祖至元十九年（1282）至三十一年（1294），升为直隶州，直隶湖南道；（二）明洪武五年（1372）至成化十八年（1482），降州为县。

军是宋代地方行政区划名，始于五代，有两种：一与府、州同级，隶属于路；一与县同级，隶属于府、州。南宋绍兴九年（1139），茶陵升县为军，隶属荆湖南路（今湖南）。嘉定四年（1211），"黑风岗寇绎骚旁邑，（湖南安抚使曹彦约）讨平之。乃议以茶陵之康乐、霞阳、常平三乡置酃县（今炎陵）而控制之"。炎陵之置县自此始，时隶属茶陵军。

州也是地方行政区划名，但历代的设置和层级变更繁复。至宋，隶属于路。元朝属于路或府。明清或属于府，称属州；或属于省，称直隶州。属州与直隶州品秩相同，都是从五品地方行政机构。但前者视同为县，后者视同为府。茶陵基本属州，大致相当于今天的县级市；自成化十八年（1482）后，历明清至民国二年（1913），持续不变。

三、吴头楚尾

茶陵东衔江西，南倚广东，西、北拱湖南境内，"界三路（南宋时湖南、江西、广东三路）之间"，扼湘赣要冲，素有"吴头楚尾"之称。烽火连天，兵荒马乱的年代，茶陵常常首当其冲，建制设置和隶属关系也因之变更。

三国时期，军阀相争，连年混战，生灵涂炭。茶陵所属的长沙郡及相邻的零陵郡成为孙权和刘备争夺的地盘，茶陵也因之成为战场。"建安（196-219）中，先主（刘备）南征长沙、零陵等四郡，长沙太守韩元以郡降。建安二十年（215），吴遣吕岱等取长沙、零陵等三郡。"吕岱攻取长沙、衡州、零陵三郡后，将安成（今江西安福）、永新、茶陵、攸县并入阴山县，以其地属湘东郡。所以，茶陵"建安十九年（214）属蜀，二十年属吴湘东郡"。

唐末至五代十国时期，茶陵遭受的战乱更为严重。农民起义，军阀混战，战乱频仍，民不聊生。因地处十国中的吴楚之间，茶陵成为名副其实的"吴头楚尾"。

吴和楚都是十国之一。吴为唐淮南节度使杨行密所立。唐天复二年（902），杨行密被唐封为吴王，据有今江苏、安徽、江西和湖北一部分。南唐升元元年（937），被南唐取代。楚为唐潭州刺史马殷所立。唐昭宗乾宁三年（896），马殷拥兵据潭州（今长沙），被唐封为潭州刺史。光化元年（898），晋升为武安军节度使。后梁开平元年（907），被封为楚王，据有潭衡七州（今湖南境）。南唐保大九年（951），被南唐灭亡。"楚王萼（马希萼）称臣于南唐，唐主以王兄弟争国，迁王族于金陵，国除。"

茶陵属楚，吴楚争战，茶陵处于对峙前沿，首当其冲。马殷之孙马宏芳曾经拥兵据守于此。在邻近江西莲花、永新的边界处，筑有面积2万多平方米的城堡马王城（位于今茶陵高陇镇境内），据以防守。

北宋乾德元年（963），宋军直趋朗州（湖南常德），擒武平节度使周保权，楚最终为宋所灭。"初，南唐遣边镐取衡。马殷将王进达、周行逢攻镐，镐败走。行逢降周，遂据湖南。至是，行逢子（周保权）降宋，地入宋。"

据有湖南全境的"地大力完"的楚，最后归附北宋时，人口不满十万户。统计同时表明，茶陵境内，后来再也找不到唐懿宗咸通年间（860－873）以前原居茶陵的宗族了；也就是说，唐懿宗咸通年间以前的茶陵原居民十室十空，茶陵境内再也找不到他们的后裔了。不论人去了哪里，原因只有三个，或是天灾，或是人祸，或是兼而有之。呜呼！斯世何世，兵连祸结，一至于此。呜呼！"兴，百姓苦；亡，百姓苦。"

"炎帝崩葬长沙茶乡之尾，是曰·茶陵，"。"（摘自《路史·後記》）

"炎帝慶甲、來（即厘）俱兆茶陵"。（摘自《元和姓纂》

从"荼陵"到"茶陵"——茶陵县名考

文 / 陈紫容　王薛刚

　　《康熙字典》标点整理本（汉语大词典出版社，2002 年第 1 版）中关于"茶"与"荼"的字条，都有"荼陵""茶陵"的词例。"茶陵，县名。在长沙"；"又荼陵，地名"。《前汉书·地理志》："长沙国荼陵。"《正字通》引《魏了翁集》曰："茶之始，其字为荼。如《春秋》齐荼、《汉志》荼陵之类。陆、颜诸人虽已转荼音，未尝辄改文字，惟陆羽、卢仝以后则遂易'荼'为'茶'。其字从艸、从人、从木。"《汉书·年表》注：荼音涂。《地理志》："荼陵之'荼'，从人、从木，师古注：弋奢反。又音丈加反。则汉时已有'荼、茶'两字，非至陆羽后易荼为茶也。"

　　"长沙国"系我国的行政区划，"《禹贡》有九州之说"。"春秋以前的地方制不可详考，大约分为国、邑、鄙三级，其后小国之被灭者及大邑渐化为县，边邑又渐化为郡。""郡"，在周代已有；"以郡统县之制始于秦"；"国"作为一个行政区划大约在春秋时期（前 770—前 476），秦统一后"以郡统县是制"，西汉（前 206—8）实行郡国并置之制，初为半独立状态（《编辑常用资料手册》，湖南省地方志编纂委员会，1988 年）。

　　从《中华五千年》查询可知，"茶文化"中涉及茶陵的记述有："我国现在以茶和茗命名的山、村、集、镇等地名约有 30 多处，在县名中出现'茶'字的是湖南省茶陵县。""茶陵的命名始于西汉，当初是荼陵侯刘欣的封地，所以又称茶王城。据古代《汉书·地理志》记载，当时长沙有十三个属县，荼陵侯是其中一个……""茶陵古称荼乡，今称茶陵，陆羽曾说'荼陵者，所谓谷生荼茗焉'。这证明'荼'字是'茶'字的初始写法。'荼、茶'两字甚至到唐代（618—907）还有通用的现象，从当时的大量文献中可见'荼'字已经基本确定,但在著名的《不空和尚碑》中,仍用了'荼'字。直到中唐后,陆羽的《茶经》一出,大行于世,'荼'字正式减笔而成'茶'字,沿用至今。"在长沙马王堆第四号墓里出土一枚"荼陵"官印,就与神农氏有关。宋代(960—1279)罗泌撰写的《路史》写得很清楚:"炎帝崩葬长沙茶乡之尾,是曰茶陵。"

《古汉语常用字典》在"荼"的释义中有:"chá(察)。荼,《尔雅·释木》郭璞注:'今呼早采者为荼,晚取者为茗。'这个意义后来写作'茶'。"

关于"陵",应为坟墓。秦代以后专称帝王的坟墓。《国语·齐语》:"昔者圣王之治天下也……定民之居,成民之事,陵为之终。"《后汉书·献帝纪》:"董卓遂发掘洛阳诸帝陵。"传说中的上古部落酋长曰三皇,三皇的名称有很多种说法,其中有神农的占大多数。罗泌《路史》曰:"荼为大皋时封地,炎帝葬于荼乡鹿原陂,荼陵故得名。"

《茶陵州志》明嘉靖(1522)版是明代文阁大学士张治奉知州夏良胜之命纂修,在"郡谱"中曰:"上世,按史,炎帝崩于长沙之荼乡。""宋析茶陵地,置酃县令、炎陵属酃。""成化十九年(1483)复为州。从地居荼山之阴,故曰荼乡。尔雅曰:大皋曰陵。""茶陵山川,是略弹丸南服。其在上世,已见于籍。史曰:炎帝崩于长沙之荼乡。"

《茶陵县志》(中国文史出版社,1993年版)县名考取"以地居荼山之阴,故曰荼陵"。何谓"荼山"?《辞海试行本·地理》(中华书局辞海编辑所修订、出版,1961年11月新1版)释为:①"山名";②"在江西上饶县北,唐陆羽居山植茶,号荼山御史,有泉名陆羽泉;一名'景阳山'。在湖南茶陵县东,以多生茶茗故名。相传炎帝葬于荼山之野,即此。"

茶陵地名源流考

文 / 彭雪开

一

　　茶陵，自先秦置县后，历有荼陵、声乡、茶陵、茶乡之称谓。前三者，是今茶陵县区划地名。后者，是对今茶陵县域的一种雅称，并非县名。

　　荼陵，为茶陵古名。上古属荆州地域。是否得名，实不可考。《尚书》列"九州"，始有荆州之名。但其时荆州，是以自然地理实体为界限的区域地名，并非区划地名。称之为"荆"，《释名》："取名于荆山也。"

　　荼，《说文》："荼，苦茶也。"源于《诗经·邶风》和《诗经·豳风》。荼字，在古文中，历有苦荼、苦菜、茅草等之类的释义。注家常将《诗经》中的"荼"，释为"苦菜"或"茅草"。苦菜，在古文中多指杂草或秽草。如将《诗经·邶风·谷风》："谁谓荼苦，其甘如荠"中的"荼"，释为杂草之意，这是说不通的。这里的"荼"，应是指苦荼。

　　苦荼为何物？《尔雅·释木》："槚，苦荼。"晋·郭璞注："树小如栀子，冬生叶，可煮作羹饮。今呼早采者为荼，晚取者为茗，一名荈，蜀人名之苦荼。"由此得之，槚、苦荼、荼、茗、荈，都是指茶的意思，是茶的不同名称而已。槚，《说文》："槚，楸也。"《尔雅·释木》中，第一次将"槚"，假借为"苦荼"，这是为何？原来它的读音，在当时与民间"茶"的读音chá近似，假借它的音符，寄托茶义，又用"苦荼（chá）"两字来直训，即用同义词解释"槚"，就是"苦荼"。周靖民先生认为，古代字少，到战国秦汉时，"荼"字已被假借，引申有10多种释义、8种读音，其中读荼、邪、蔡、阇等音，都是近似的。这时四川产茶，民间呼之为chá，但没有造出这个字。于是假借已读荼音的"荼"

字，作音符寄托茶义。

陵，《说文》："陵，大阜也。"《尔雅·释地》："大阜曰陵。"原指大土山；后又多引申为山、陵、丘、冈等。现在泛指土山；源出《诗经·小雅》《诗经·鲁颂》《诗经·陈》等篇；亦指坟墓。《广雅·释邱》："陵，冢也。"封建帝王的坟墓引申为"陵"。

地名，是随着人们生产、生活、交往、聚居，而发生的必然现象。以地得名，以名辩地，"名从实地、实物、实事、实人"等，是地名命名的一般规律。茶陵得名，亦不例外。最早应是一个聚落地名，以后才逐渐演变为地域地名，最后才形成区划地名。很有可能在春秋初、中期，现在茶陵县境内，有一个大的聚落，因它附近有一高大山脉，大土山上遍生苦茶，故得名茶陵。

茶陵，何时以地域地名，形成区划地名，因史料缺乏，难以稽考。但也非无迹可寻。中国置县，清赵翼说："置县本自周，盖系王畿千里内之制。"县字，原作寰。《谷梁传》："寰内诸侯，非有天子之命，不得以会诸侯。"范宁注："'寰'即古'县'字。"周王畿内置县，源于何时？《左传·僖公二十五年》记：当时（前635），晋文公勤王有功，天子赐予原、温县等。这说明在此之前，已置县。春秋时楚国，约在楚庄五十七年（前597）前置县。至于郡之置，当在春秋中期以后。最早见于《国语·晋语二》："公子夷吾出见使者曰：'……君实有郡县。'"此事发生在公子夷（晋惠公）即位的第一年，即公元前650年。晋定公十九年（前493），赵简子（鞅）率师伐郑，在誓词中说："克敌者，上大夫受县，下大夫受郡。"说明这一时期，县的地位比郡高。

春秋中期，楚庄王（前613—591）大败晋国，成为春秋五霸中第一强国后，逐步向东向南拓展国土。史载楚国开拓南疆，每灭一侯国，必置郡县。其时置郡，因面积较大，地处边远，地广人稀，其地位反而比县低，造成了郡小于县的局面。至战国中后期，这一局面才改变，形成郡辖数县的格局。战国时，楚国置县已普及。《史记·张仪列传》：秦国为了赎回张仪，愿"将以上庸之地六县赂楚"。《史记·春申君列传》："考烈王元年（前262），以黄歇为相，封为春申君，赐淮北地十二县。"可见战国后期，楚国置县，已相当广泛密集。

茶陵，古属荆楚，历为楚国咽喉之地。战国中后期，是否在此境内置县，史无载。但其时置县，也非不可能。从春秋、战国时期现株洲市辖五县、市的地下文物古遗址看，今湖南境内，春秋初期，多属古扬越势力范围。春秋中期以后，楚文化才逐步在湖南一带，占住统治地位。但古扬越文化，亦占相当大的势力。到春秋末，古扬越文化才退出湖南境地。茶陵得名，应与楚文化密切相关。1986年于今茶陵县秩堂镇晓塘村，发掘了晓塘古城遗址，据文物专家初步认定，系战国初军事城池遗址。有关史料记：战国末，楚国以吴起（？—前381）为相，变法图强。结果变法一年多，就南收百越，北并陈蔡，威震秦晋。约在这一时期，楚国经略湘江流域取胜后，在今茶陵秩堂镇吴楚要津，重筑军事城堡，以实施"南并蛮越"的目的。但吴起为相一年多，楚悼王一死，就遭楚国王公贵族的报复，受乱箭而亡。从此，楚国也无力越过今茶陵地域，经略吴国扬越之地。

晓塘古城遗址内，除出土楚国软陶类陶器文化器物外，还出土了汉代小方格纹陶罐、陶片等。这说明汉代城内仍有人聚居生活。这一战国初楚国军事城堡，是否是茶陵置县的县治驻地，有待考证。不过，根据当时强楚开拓南疆，尽取其地后，建郡置县的惯例，有可能为楚国立县的县治。

茶陵，由聚落地名，成为县级区划地名，始于何时？因史料遗缺，难以确定，但也有迹可循。东汉·班固（32—92）《汉书·卷二十八·地理志第八下》："长沙国，秦郡，高帝五年为国，莽曰填蛮（镇蛮），属荆州。户四五三千四百七十，口二十三万五千八百二十五。县十三：临湘，莽曰抚睦。罗、连道、益阳，湘山在北。下隽，莽曰闰隽。攸、酃、烝阳、湘南。《禹贡》衡山在东南，荆州山。昭陵、茶陵。泥水西入湘，行七百里，莽曰声乡。容陵、安成。庐水东至庐陵，入湖汉。莽曰思成。"南朝宋·范晔（398—445）《后汉书·志第二十二·郡国四》："长沙郡，秦置。洛阳南二千八百里，十三城，户二十五万五千八百五十四，口百五万九千三百七十二。临湘、攸、茶陵、安城、酃、湘南（侯国。衡山在东南）、连道、昭陵、益阳、下隽、罗、醴陵、容陵。"以上《汉书》《后汉书》都明确记载：秦代已置长沙郡，郡辖县，其时应已设茶陵县。

茶陵，成为茶陵县名，究竟始于何时。《史记·秦始皇本纪》记载：秦嬴政二十六年（前221），分天下为36郡。《汉书·地理志》也沿此说法。秦始皇三十三年，又攻击河南地、陆梁地，置九原、南海、桂林、象郡。至此时全国共置郡40郡。这是《晋书·地理志》的说法。后人又补入黔中、闽中、陶、河间4郡入数。又有学者加以考证，有46、48、49或51郡等说法。郡下设县，凡800余县。《茶陵县志·沿革》（1993）："茶陵，古称茶乡。春秋战国时期属楚地。秦王嬴政二十六年（前221），属长沙郡。"这里的"茶陵"应为"茶陵"，春秋中期以后，才逐步属楚地，春秋末至战国一代，楚国尽有其地。"秦王嬴政二十六年（前221），属长沙郡"，是可信的。说明这一年，今茶陵县已设置为荼陵县。

20世纪50年代，长沙魏家堆第十九号墓出土一方石章，为"荼陵"石印，呈长方形，规格为2.5cm×1.8cm×1.9cm，鼻钮，为滑石材质雕刻，印面装饰感较强。据专家推测，该墓主应是荼陵地方官。这是我国第一方与茶（茶叶）有关的古印。地下考古文物，也印证了秦汉时，已设置荼陵县。宋魏了翁《邛州先茶记》："茶之始，其字为荼。如《春秋》书齐荼，《汉志》书荼陵之类。"《史记·高祖功臣侯年表》："朱濞以都尉击籍、荼。"西汉高祖五年（前202）置长沙国。西汉元朔四年（前125），封长沙定王子刘欣为荼陵侯。两宋之交的王观国《学林新编》：西汉"古之封爵，多取县名"。这也明证今茶陵县，秦时已称荼陵县名。县治驻何地，至今无考。

事实上，秦始皇二十六年（前221），分天下为36郡，大致有三种来源：一是因袭战国时代各国的故郡。二是秦灭列国后以其故都改置为郡。三是在并吞六国过程中新置郡。在秦始皇时，在楚故地置泗水、长沙、琅邪三郡。秦郡下辖县，其秦县数目，目前史学界仍有争论，一般说来有1000余个。而长沙郡的设置，是将当时设置的黔中郡的东南部名为"湘川"的大块地域划出，设置长沙郡。宋《历代地理指掌图》记载：这一地域包括古代的岳、潭、衡、郴、连、邵、永、道、桂阳等州，即今之岳阳、长沙、衡阳、湘潭、株洲、邵阳、娄底、郴州、永州等九市，以及广东的连县等地。郡治驻临湘，即今长沙市。2003年，在湖南龙山县里邪出土的十几万片秦简中，有"洞庭郡"的记载。洞庭郡何时而设，《后汉书·南蛮西夷列传第七十六》："吴起相悼王，南并蛮越，遂有洞庭、苍梧。"可见"洞庭郡"实为楚悼王十三年（前397—前396）前后设置。

荼陵，又名声乡。声乡之名，源于《汉书·卷二十八·地理志第八下》："长沙国，秦郡，高帝五年为国，莽曰填蛮（镇蛮），属荆州……昭陵、荼陵。泥水西入湘，行七百里。莽曰声乡。"显然，王莽改制时，将荼陵县，改为"声乡"县了。

公元8年，王莽篡权称帝，国号"新"。"新"朝存16年。《汉书·王莽传中》记：王莽改制，因更改官制，首先从更改郡县地名开始，"岁复变更，一郡至五易名，而复还其故"。他乱改郡、县地名有如下几种：一是把原地名，改成带有"亭"字的地名。如改柴桑（今江西九江市）为"九江亭"等。"郡县以亭为名者三百六十，以应符命也。"所谓"符命"，即为"天命"，意为他做皇帝是天命，并非篡位。二是把原地名，改为带有治、安、宁、平、顺等字的地名，以求吉顺。这类改名，见之于记载有108例。三是取吉祥之名。其中以美、信、睦、昌字，用得最多。如将南昌改为宜善。这类改名有59例。四是用同义、同音字改地名。如改江陵为江陆。这类改名有40例。五是用反义字改地名，如改稒阳为固阴，改无锡为有锡。这类改名纯为文字游戏。六是使用对少数民族歧视、侮辱性的字眼。如改长沙郡为填（镇）蛮郡，广平县为平虏县。这类改郡名10例，县名26个。严重地影响了当时的民族团结。《茶陵县志》（1993）记：王莽"新"朝元年（9）改长沙郡为填（镇）蛮郡，"茶（应为荼）陵县改名声乡"。改茶陵县为声乡县。

王莽不顾地名命名的规律，乱改地名，使"吏民不能记"，结果乱象丛生，以致他本人下诏书时，凡碰到地名时，都要说明这个地名原来叫什么。

公元23年，绿林、赤眉起义，推翻了"新"朝，王莽被杀。之后，东汉王朝建立，又恢复西汉郡县制，东汉建武六年，声乡县又恢复茶陵县名。"声"，《说文》："声，音也。"后引申十几种意思，但大体皆与声音相关。"乡"，《周礼·地官·大司徒》："五州为乡，使之相宾。"是指古代地方行政单位，所辖区域，历代不同。后有多种释义，但其本义一直作为一级行政单位使用。汉代县以下皆设乡。"十亭一乡""声乡"，究竟何指，至今难考。

二

茶陵地名由来，史书不绝，今有四说。一说茶陵"因南临茶山，县以为名"。二说《路史》记：炎帝"崩葬长沙茶乡之尾，是曰茶陵"。三说《茶陵县志·总述》（1993年）："茶陵，因地居'茶山之阴'，炎帝神农氏崩葬于境内而得名。"四说《湖南地志》："茶陵，因中华民族始祖炎帝神农氏'崩葬于茶乡之尾'而得名。"以上四说之中，何者为准，至今颇有争议。

我认为第一种说法，比较接近史实。成书于唐元和八年（813）的《元和郡县志》谓茶陵"因南临茶山，县以为名"。很可能是引于唐建中元年（780）《茶陵图经》："茶陵者，所谓陵谷，生茶名焉。"说到茶陵之得名，前者是确指，后者是泛称。由此之故，明嘉靖《茶陵州志》云："以地居茶山之阴，故曰茶。"明《名胜志》也云："史记（非《史记》）炎帝葬于茶山之野。茶山，即景阳山，以林（作者注：为"陵"之误写）谷间多生茶茗，故名。"清嘉庆《茶陵州志》：
"景阳山在州东，接江西吉安永新县界，一名茶山。"即在今茶陵县秩堂镇东首、
小田、东坑、大和诸村境内。清同治《茶陵州志》："以地居茶山之阴，故曰
茶陵。"这就充分说明，茶陵是因茶山而得名。

当然，这一说法也不完全准确。因为东汉建安二十年（215）之前，"茶陵"
县为"荼陵"县。虽然"荼"为"苦茶"，"苦茶"即为"茶"，字义是相同的，
只是"荼"读作 tú，"茶"读作 chá，读音不同而已。

然而，从地名学角度看，又有些不妥。因为无论自然地名，还是区划地
名，地名学界普遍认为有"四要素"之说。即任何地名，有"读音、字形（汉
字拼写）、字义、指位"四要素。"荼"与"茶"义同音不同。因此读写上还
是有区别的。再说在先秦时，"茶"字古字，有多种读写法，槚、荼、荈、梗、
茗、莽、葭、椒等都泛指为茶。总不能将其中一字，都作茶陵县名。从这一
意义上说，"荼陵""茶陵"，至少在汉字读音与拼写上，是有区别的。因此，
考察"茶陵"县名由来，应是"南临茶山，县以为名"。这茶山，即唐代指
称的"茶山"，也即现在指称的景阳山；考察"茶陵"县名由来，应以唐《茶
陵图经》唯是。

第二种说法，即《路史》之说，是缺乏依据的。《路史》为宋·罗泌撰，
历来不为史家所重。清《四库全书总目提要》说："皇古之事，本为茫昧。泌
（罗泌）多采纬书，已不足据。"原因是此书中"纪三皇至夏桀之事，依据纬
书及道书，多不经之谈，喜出新意，好用僻辞古语"。这说得有些刻薄。但
记载多失史实，倒是真的。如明郭子章《郡县释名·湖广卷上》："枣阳县……
一本汉蔡阳县地，隋改枣阳县，以枣阳村名之。《路史》枣作棘。予过枣阳，
遍地种枣。"郭子章亲历以证《路史》之误。不过，《路史》说到茶陵时，也
不完全出错。《路史》："炎帝神农氏都于陈，盖宇长沙，是为长沙（湖南），
崩葬长沙茶乡之尾，是曰茶陵，所谓天子墓者。"在这里"是为长沙"，是引
用晋·皇甫谧《帝王世纪》记炎帝神农氏"在位一百二十年而崩，葬长沙"。
葬长沙何处，并未言及。《路史》则明确指出"崩葬茶乡之尾"，这是对的。
但由此得出"是曰茶陵，所谓天子墓者"则是大错。因为在这里，《路史》作者，
显然将"茶陵"之"陵"，作为皇陵之"陵"看待。这种不顾先前史籍考证、
确载之说，乱下结论，以致谬说流传。难怪典籍称作者"喜出新意"，不为枉。

"陵"，古文中有多种释义，其中也可释为坟墓。春秋《国语·齐语》："参

其国而任其鄙,定名之居,成民之事,陵为之终。"韦昭注:"以为葬地。"《论语》《孟子》中也有此类记载。张衡《西京赋》:"若历世而长存,何遽营乎陵墓。"后多指封建帝王的陵墓。《吕氏春秋·安葬篇》《七国考》《山海经》等史籍中,已有"墓设陵园"的记载。《水经注·渭水》:"秦名天子冢曰山,汉曰陵。"事实上,远在战国时,各国国君,都把自己的坟墓造得像山陵一样,故叫国君的坟墓为"陵"。已发掘的河南辉县魏墓和河北平山中山王墓,1号墓的封土东西宽92米,南北长110米,高约15米,自下而上有三级台阶。显然这是后人称为"陵墓"的形制了。降为秦汉,积土成山,依山为陵,成了帝王一生之大事。据1962年实测,秦始皇陵墓为方形,边长各约350米,高43米(一说76米)。外垣南北长2173米,东西宽974米。陵园里外,有大量陪葬墓,刑徒墓及规模巨大的兵马俑坑。

在封建专制时代,尽管皇陵显赫,然而清代之前,没有一个县是因皇陵而命名。《学林新编·扬》:"古人建立州县,或由山名,或因水名,或因事迹而为之名。非此三者,而以意创立,则取美名。"为什么?《学林新编·名讳》:"夏商无所讳,讳自周始,然而不酷讳也……秦汉以来始酷讳矣。"东汉应劭注《汉书》,涉及"避讳地名",就有东郡寿良县,应劭注:"世祖叔父名良,故曰寿良"(世祖指光武帝刘秀);河内郡隆虑县,应劭注:"避殇帝名,改曰林虑也。"秦汉酷讳地名,由此可见一斑,谁还敢以皇陵名县。

辛亥革命后,帝制推翻,民国始立,西风东渐,风气大开,地名命名也无避忌了。民国三十三年(1944)4月,因轩辕黄帝陵寝所在,遂将汉为翟道县,后秦设置的中部县,改名为黄陵县。1994年4月,因炎帝陵寝所在,遂将南宋嘉定四年(1211)设置的酃县,改为炎陵县。这都是为纪念中华民族炎黄始祖的义举,深得中华儿女的拥戴。全国除此两例外,无见他例。

以我观之,茶陵地名由来,实为两说:其一是因茶(荼)山而得县名;其二是因茶乡炎帝陵而得名。其余皆源于这两说。前者是对的,后者是缺乏依据的,纯是"另立新意"。以至共和国所著的国史、地志,无不受其影响。《茶陵县志》(1993年)采以上"两说",谓之第三种说法,貌似公允,实际上是将简单历史问题复杂化。而近十几年因旅游业大兴,各地纷纷从历史名胜、历史文化等资源中寻找最有价值的资源,助推经济社会发展。这本是件大好事,但有的置史实、史料于不顾,任意曲解,造成不良社会影响。更有甚者,一些地志竟将《路史》无据之说,奉为圭臬,作为茶陵得名的依据,这是所谓第四种说法，这是不可取的。

茶乡，应是茶陵地域之雅称，非县名。源于《路史》：炎帝神农氏"崩葬茶乡之尾，是曰茶陵"。因茶陵、茶陵历产茶，因茶（茶）山得名，故雅称茶乡。《路史》称茶陵为茶乡，是有贡献的。至此，茶乡便成了茶陵的代名词。这也是迄今为止，"以茶名县"的唯一一个县。但就目前产茶的规模与质量上说，远逊于湖南安化、新化等县。如何使茶乡名实相符，是值得思考的问题。好在这几年茶陵县有识之士及为政者已看到了这一点，正在采取得力措施，改变这一状况。据报载：2011 年该县已引进资金 20 亿，建"茶祖文化产业园"，目前中华茶祖印象主题公园，已在筹建之中。

在茶陵地名的源流探讨上，我主张还历史本来面目。特作"茶陵地名源流考"，抛一家之言，期待众家进一步探讨。

茶祖在茶陵

文 / 彭东明

　　唐代茶圣陆羽的《茶经》是我国第一部茶学专著。他在《茶经》卷六"茶饮"中说："茶之为饮，发乎神农氏，闻于鲁周公。"说明茶为国饮起始于炎帝神农氏。炎帝神农氏是最早发现茶和饮茶的人，是茶祖。而茶祖发现茶叶、利用茶叶的地方，就在茶陵，茶陵也因此成为中国茶祖文化和茶文化的发源地。

一、茶陵"茶山"是炎帝神农氏尝百草得茶之地

　　茶是茶祖炎帝神农氏在尝百草中发现的，这在《神农本草经》《神农食经》等历史典籍中记载得很清楚。而炎帝神农氏尝百草发现茶的故事发生在"茶山"。无论是唐代茶圣陆羽的《茶经》，还是清代陆廷灿的《续茶经》都认为

这个"茶山"就是湖南茶陵的"茶山"。茶陵"茶山"是历史文献典籍中记载最早的"茶山",因"炎帝葬于茶山之野"而出名,其"茶山"之名应始于秦汉时代。茶陵的"茶山"有的说是茶陵景阳山,也有的说是茶陵云阳山。如《名胜志》(明·曹学佺撰)云:"炎帝葬于茶山之野。茶山即景阳山也。以陵谷间多生茶茗,故名。"《续茶经》(清·陆廷灿)说:"长沙茶陵州,地居茶山之阴,因名。昔炎帝葬于茶山之野,茶山即云阳山,其陵谷间多生茶茗故也。"

其实,景阳山和云阳山仅仅是茶陵许许多多茶山的代表而已。在远古时代,炎帝神农氏及其氏族长期生息在茶陵这片到处是茶山的土地。《史记·五帝本纪》《帝王世纪》《后汉书·郡国志》《舆地纪胜》《路史》《读史方舆纪要》《湖南通志》等很多史书、方志对此做了明确的记载。

二、茶陵是炎帝神农氏的生活和安寝之地

炎帝神农氏生活在茶陵,崩葬于茶陵,至今茶陵还留有他许多生活的痕迹和遗存。从炎帝神农氏安葬在茶陵的"茶山之野""茶乡之墟"等记载,我们可以断定,炎帝神农氏南迁湖湘大地之后,最后的定居之地就是茶乡。

在茶陵茶乡,民间称炎帝神农氏为"神农皇帝"。在炎帝神农氏的封地之一茶陵云阳山还留有炎帝的雨师赤松子祭天求雨的民间传说和祈丰台、赤松仙、洗药池、晒药坪等历史遗迹遗存。在茶陵的潞水有神堂湾、天堂山、天子山等炎帝神农氏的遗迹。在茶陵境内流传着的炎帝榆罔氏遗言安葬露岭、檀棺随遇而安等一系列的神话故事,述说着人们把炎帝神农氏从潞水移葬到鹿原陂的史实。在历史上茶陵县境内先后有六座以纪念和缅怀炎帝神农氏为主题的陵庙,分布在康乐、潞水、八团、高陇、平水等地及茶陵老县城西郊的青云山。位于原茶陵县康乐乡鹿原陂的陵庙就是现在的炎帝陵。茶陵的炎帝陵民间称为"神农殿",位置就在现在的茶陵老县城西郊的青云山。南宋太平兴国年间到淳熙十三年的两百年间曾取代酃县(今炎陵县)的炎帝陵,是主祭炎帝陵的法定场所。古茶陵民间祭祀炎帝神农氏的建筑物潞水"神堂湾"神农殿至今尚存。茶陵作为炎帝神农氏故里,至今还留有米筛坪、狮子岩、坛子坑、兔子冲、太子坟等遗迹和炎帝神农氏尝百草发现茶、炎帝神农茶陵识"三宝"(生姜、白芷、大蒜脑)、炎居葬于兔子冲等民间传说。茶陵人拔草锄草、送火把定耕和舞火龙、元宵节做"鸡婆饺"等生产生活习俗,都留

有炎帝神农氏的印记。

三、茶陵是因炎帝神农氏崩葬茶乡之尾而得名之地

茶陵县名与茶陵的山、水、地名很多与"茶"有关。茶陵县名也是因炎帝神农氏而得名。茶陵县第一部县志称：茶陵古称茶乡，因炎帝神农氏崩葬于"茶乡之尾"而得名"茶陵"。这种直接表述茶陵县名源于炎帝神农氏的文字见诸许多历史文献中。如司马迁《史记·五帝本纪》载："炎帝葬于茶山之野。"罗泌在《路史》中说："炎帝崩，葬长沙茶山之尾，是曰茶陵，所谓天子墓者。"茶陵，就是茶祖的陵墓。

茶陵的县级建制始于秦汉。首于秦嬴政二十六年（前221）置县，隶属长沙郡。西汉元朔四年（前125），长沙定王之子刘欣改荼陵县为荼陵侯国，为纪念炎帝神农氏在茶乡发现茶，在今茶陵火田镇莲溪村修筑"茶王城"，明确尊奉炎帝神农氏为"茶王"。大初元年（前104）刘欣之子刘阳废侯国复置荼（茶）陵县。这表明，茶陵最早的城池也是因炎帝神农氏而命名。

从"荼陵"至"茶陵"之名沿用至今有两千多年的历史，是中国历史上唯一一个以茶命名的行政县，这已成为不争的历史事实。

茶祖在茶陵。千年国饮，始于茶陵。

茶乡和茶乡之尾

文 / 段立新

"茶陵"作为一个县名,最初是由"茶陵"这个村落名称演化而来的。作为一个村落,"茶陵"指的是现在的秩堂镇(包括原小田乡)及高陇镇的光泉、龙集两个村所在地。这个地区的五佛岭山在古时候盛产野生茶,是茶陵县历史上的一个产茶区,被称为"茶山"。大约在明清时期,茶山又被人称为"景阳山"。这一带属典型的山区,多高山深谷。从地理位置来看,这一个村落的主体基本上处在茶山的西侧,于是,人们就把这里叫做"茶陵"。所以,唐代建中年间所著的《茶陵图经》说:"茶陵者,所谓陵谷生茶茗焉。"嘉靖版的《茶陵州志》记载说:"或谓《尔雅》:'大阜曰陵。'以其地居茶山之阴,故曰'茶陵'。"

大约在战国中后期,楚国与杨越("杨越"又写作"扬越")在茶陵接壤,为了便于驻军作战,楚国在现在的秩堂镇晓塘村境内修筑了一座土夯兵城,这就是晓塘古城围。晓塘古城围修筑之后,茶陵成了楚国边境的一个军事重地,由此带动了茶陵及其附近区域的农业生产和经济发展、移民等活动,茶陵区位的重要性日益凸显。这个地区也被人叫作"茶陵",从此,"茶陵"由一个村落名称演化成了一个区域名称。这个区域包括现在的秩堂镇、高陇镇(含原湘东乡)、火田镇(含原八团乡)、腰潞镇(含原七地乡、潞水镇)。

汉武帝元朔四年(前125),长沙定王刘发的儿子刘欣受封为茶陵节侯,在茶陵(包括现在的炎陵县,在1211年之前,炎陵县属茶陵军)称侯立国。这是一个县级规模的袖珍小国,它的国都设在现在的火田镇莲溪村。刘欣把国都所在地的名称作为自己的王国的名字,于是,"茶陵"又由一个区域名称演化成了小王国的名字,也就是后来的茶陵县的县名。这就是唐代元和年间修编的《元和郡县志》说茶陵"因南临茶山，县以为名"的原因。

和茶陵这个村落一样，茶陵在历史上是一个有名的茶叶产地；出产茶叶成了茶陵县的一个地方特色。基于这样的认识，罗泌在《路史·卷十三·后记四·禅通纪·炎帝纪下》中说："（炎帝神农氏）崩，葬长沙茶乡之尾，是曰茶陵，所谓天子墓者。"在这里，罗泌所说的"茶乡"就是茶陵县。但遗憾的是罗泌并没有讲清楚"茶陵之尾"的具体位置，给后人留下了一个谜案。

在民国时期，茶陵下乡人（指后面所说的茶乡之外的茶陵县人）把腰陂、潞水、七地、火田、八团、高陇、湘东、秩堂等地所在的区域叫作茶乡。这个区域内除腰潞镇之外的地区，在新中国成立初期，一部分属三区，一部分属八区，合称"三八区"。直到现在，腰陂人和潞水人所说的茶乡是指"三八区"这个区域，而在"三八区"内，人们所说的"茶乡"，则是指秩堂乡（包括原小田乡）及高陇镇的光泉、龙集两个村所在地。

1992年，我在秩堂乡合户村一个叫"中和堂"的陈氏家庙里看岳飞的"墨庄"题字碑，碑文下面有文华殿吏部尚书朱轼写的跋，跋文中有这样的话："忠武王讨杨幺，道经茶陵茶乡陈姓处……"跋文中所说的"茶陵茶乡陈姓处"，指的是秩堂乡合户村。这又从文献资料的角度印证了上述称谓。

翻阅同治版《茶陵州志卷之四·城池》《茶陵州志卷之七·户口》可以找到有关"茶陵乡"的记载，茶陵乡辖第十三都、第十四都、第十五都、第十六都、第十七都、第十八都，包括现在的三八区及腰陂镇的部分地区。这个区域与作为区域名称的茶乡所属区域是接近的。再翻阅《宋史·地理志》，又可以看到有关茶陵乡的记载：南宋宁宗嘉定四年（1211）之前，茶陵军隶属湖南制置使衡州衡阳郡，境内有西阳、睦亲、茶陵、衷鹄、康乐、霞阳、常平七个乡。由此看来，茶陵乡这个行政区划单位是由来已久的。

综合我所见所闻的上述资料，我们不妨作出下面的猜测，以便推测罗泌将茶陵县雅称为"茶乡"的理由：

其一，茶陵县有茶山，在历史上一度是出名的茶叶产地。由此推测，所谓"茶乡"就是"产茶之乡"。

其二，茶陵县之名源于"茶陵"这个区域名称，这个区域所在地在当时属茶陵乡，简而称之，就是"茶乡"。古人以"茶陵"这个村落和区域名称作为茶陵县的名称。仿照这个做法，罗泌便用茶陵乡的简称之名作为当时的茶陵军的雅称。

讲完了"茶乡"之后，再来说一说"茶乡之尾"。

尾巴是动物身体的最末端。"茶乡之尾"是一种比喻的说法，意思是茶乡的边缘地带（或者"边远地带"）。潞水属于茶乡，它西邻攸县，西南与思聪、虎踞接壤，处于茶乡边缘地带（或者"边远地带"），说潞水是"茶乡之尾"是合适的。

《酃县志》（版本不明）记载说："茶陵睦乡有潞水溪，相传炎帝卜葬于此，弗吉，乃归栖鹿原。"在潞水，民间自古以来就有炎帝葬天堂山（潞水民间把它叫作"天子山"）不吉利而移葬酃县鹿原坡的传说，一部分老人还能说出传说中原本准备埋葬炎帝的墓坑的位置。《路史》及清代的《湖南通志》的有关记载则可以与上述记载及传说互为印证。

罗泌著《路史》的时候，曾经到当时的茶陵军实地考察过有关炎帝的史迹，他在《路史卷二十四·国名纪·炎帝后姜姓国》中记载"露"这个炎帝后裔所建立的国家（应该是"方国"）时说："茶陵露水乡有露水山，予访炎陵，稽其始封，字亦作'路'，盖商周间，衍于河东北尔。"罗泌在考察的过程中应该到过潞水。这一点，罗泌的儿子罗苹在注解《路史》时说得比较清楚："（路）亦作'露'。路，茶陵军露水乡有露水山，高与衡山等，初封盖在此。"潞水位处区域内的"茶乡之尾"，炎帝遗言安葬在潞水天堂山的传说应该在这一对父子的采访记录之内。

这些记载和传说与潞水处于"茶乡之尾"的位置结合起来，又证明古籍中关于炎帝葬"茶乡之尾"的记载所言不虚。由此，我们可以这样说：潞水地处区域意义上的茶乡边缘地带（或边远地带），是古籍中所说的"茶乡之尾"；古籍中说炎帝葬"茶乡之尾"，指的是炎帝遗言死后安葬在茶乡之尾的潞水天堂山。

茶陵秩堂古代社会历史探源

文 / 刘安生　龙雪哲　刘庆元

秩堂一个小小的偏远山区，宋元明清 300 年间竟出过 16 名进士，其中还有 3 位大学士（相当于宰相），究其原因何在？

这里就古代秩堂的生产关系状况与文化教育态势略作探究，以供人文爱好者通过秩堂现象了解古老茶陵，感受湘东人文历史。

一、生产关系

秩堂文明开启时期，是从居无定所转为开荒定居的时期，神农氏留在秩堂境内的后裔是屈指可数的，处于部落成员"共同劳动、共同享受劳动成果"的原始状态。后来有简单的种养定居，但仍存在很大程度的协作共享成分。

秩堂私有制农耕经济的蓬勃发展是在明代和清"康乾盛世"时期。据《中国通史·明·休养生息，开垦荒田》记载：朱元璋在"江西填湖广"中按"四家之口留一、六家之口留二、八家之口留三"的比例迁移人口。凡移民垦田，都有朝廷拨发的专资、耕牛和种子，可以"自便置屯耕种"，免税三年。于是这些移民到达目的地后有的跑马占地，有的以犁占地，这地就归其所有了。但是，历史上所有进入秩堂的移民都是自然移民，自愿开发移民即经济性移民，而非政治移民，是"一家一户"式分散移民而非成建制移民。秩堂经元末之乱后一片凄凉，大批田园荒芜无主。而当时江西经济文化比较发达，人多地少，一批江西人先后进入秩堂开荒造田，开渠引水，圈地占山。至明末，小田、大湖、金湖、锡湖的田垄也已初具规模了。清代特别是康熙、乾隆时期，是江西向秩堂移民的一个重要阶段。

历史上，江西人的工商意识强于湖南人，一些江西移民本来就是手工业艺人或商人，他们自称"吉安老表一把伞，走出家门当老板"。他们一进秩堂就开店开铺乃至办厂，烧砖瓦、制铁器、织布印染、竹木加工、缝衣理发等，并且招徒授艺；此外，还有一些江西工匠季节性被请来挨家挨户做手艺；至于在境内走村串户的江西货郎几乎天天都有，这种情况一直延续到1960年代。民国末期彭家祠街面十多家商铺都是江西人开的，也是他们促成了1948年彭家祠墟场开市，成为全县最早的墟场之一。20世纪50年代秩堂墟场曾被称为湘南最大墟场，被《湖南日报》报道。

二、文化变迁

秩堂处古吴楚之界的湘赣之界，其文化源于赣而化于湘。

先说独具一格的茶乡方言。首先是汉唐时期的土著居民自有的方言土语，然后是江西人隔时的一家一户迁入，他们被土语同化的同时，也逐步吸收赣方言的语音词汇。随着湖湘行政区域的逐步定型，加上湘南部分市县等外乡人的迁入，茶陵本县其他区域人的融合，秩堂人与湖湘人的交往日益广泛频繁，茶乡方言加进了大量湖湘方言和茶陵官话元素。这种非赣非湘而既赣又湘的语言现象在湖南到处存在，因为湖南人的先祖有60%来自江西移民。

再说器物文化。早期秩堂从民房建筑、衣食住行、各类器物到家居摆设风格，都是江西风貌。到后来，衣食住行就普遍"湖南化"了。秩堂古代民房建筑基本上是聚族而居，明清时代几乎每个村都有一连组三栋的大型民居，往往是两三代七八户人家从同一大门出入，清末以后才逐步走向"一户一宅"的格局。平民衣料与其他地方大体相当，流行于秩堂的布料，最早是粗细麻布，稍后是粗细棉布，再往后有源自湖南平江县的"平江布"，清末民国时期才有斜纹布如卡其布，20世纪60年代可见的呢绒有"春毛呢""华达呢"和"灯芯绒"，70年代有了尼龙化纤；家什器物无非是自己或工匠用竹木泥土所制，铁器常见用于农耕，锡器见于酒壶灯座，铜器见于门锁箱角，金银仅有富家人所佩戴的头饰衣饰。

饮食文化同样源于赣而化于湘。当今作为秩堂名特产的老冬酒、血鸭、酱品、酿豆腐，妇女待客的茶点，以及各种酒席宴会菜谱，大都来自江西吉州地区。其中"莲花血鸭"还有个很有意思的来历：传说宋末元初（1276），民族英雄文天祥挥师抵抗元军到莲花，准备与当地义军一起歃血为盟，当时找不到鸡，便以鸭血冲酒，火头军师傅刘德林在炒鸭子时，错把没喝完的鸭血酒当酱油倒入锅中，不料香味四起，菜呈紫红色糊状，色香味俱佳。文天祥一尝赞不绝口，问这是什么菜，刘德林将错就错，随机应变说"莲花血鸭"，后来世代流传。"莲花血鸭"传入秩堂后，陆续加进了湖南元素，如茶陵大蒜、生姜，味道更绝。

三、社会教育

古代秩堂人重视教育的程度与当今相比有过之而无不及。秩堂人的祖先基本上是晚唐以后特别是明清时期从江西移民过来的。迁入秩堂的江西移民大多数出自书香门第，具有深厚的家学渊源，而且还是一些头脑比较灵活、思想观念比较前卫、性格争强好胜的青年人。

当时秩堂人的办学热情十分高涨，从境内各家族族谱中可以看到，每个家族都留有一笔资产专门用于教育，他们的族规中都有奖励子弟读书成才的条款，有的家族甚至对接受启蒙、初级阶段教育的子弟实行免费教育。广大贫穷百姓往往是"铢积寸累，惟以兴学为事"。除了一些大户将家中的房子空出来办学外，一些家族还独办或联合兴建了学舍。各家各户对子女教育的重视更加感人：张治父母"为人佣绩、劬劳百茶"，刘说父母贫困到只能用盘箕晒谷，也要倾全部家当供孩子读书。从南宋岳飞于1136年正月到合户遇夜谭先生题"墨庄"，至清代1816年三都公建的雪江书院，700多年来"耕读之风"兴而不衰，足证秩堂学风之盛。

再说古代秩堂的教育水平。清咸丰进士、曾任两广总督谭钟麟当年将儿子谭延闿送到秩堂黄草去上私塾，虽说有姻亲关系，但如果这是一个一般的私塾，以谭钟麟的学识和地位及其对子女教育的重视程度，他完全可以选择最好的学校去培养子女，断不会把爱子送到这个山沟里去读书的，可见这所私塾的师资及教学水平在这位进士高官心中的地位。而就是这个偏于一角的深山小村的私塾，不负谭钟麟所望，同时送出了后来成为大才的谭延闿（国民政府主席）和刘说（国民政府长沙地方检察厅检察官）。

秩堂当地办私塾，在两宋时期出现第一个高峰，明代至清前期是秩堂教育最为繁荣的时期。境内自清末至民国后期创办蒙馆13所、经馆5所，私塾19所。那些高层次的经学馆，更是序庠相望、弦诵相闻。

我们的祖先，生于草泽没于蒿莱，筚路蓝缕以启农耕，留下了不朽的传奇。

清初湘东地区的客家移民潮

文/白 沙

沿湘赣边境蜿蜒的罗霄山脉北上，依次有桂阳（今汝城县）、桂东、酃县（今炎陵县）、茶陵、攸县、醴陵、浏阳、平江等县，这一广袤的区域到处是崇山峻岭、茂林修竹。明末，"棚民"活动其间，至清代初年，人数逐渐增加。他们以种植苎麻、蓝靛、药材为业。清朝宰相张廷玉在他的《请定安辑棚民之法疏》中说："有曰棚民者……其间失业之徒，沿缘依附，什百成群，刘苎沤麻，倚为生计。其始无屋不栖，遂依崖傍麓，缚茅为棚以居，人咸目之曰棚民。"

张廷玉所称的"棚民"，其实就是客家人，客家民系是汉族八大民系之一。历史学家认为，在东晋永嘉之乱和西晋五胡乱华时，中原汉族南迁至粤赣闽三地交界处，与当地土著杂居，互通婚姻，经过上千年演化，到南宋时形成了相对稳定的客家民系。此后，客家人又以梅州、汀州、赣州等地为中心，外迁到各省,有的甚至漂洋过海,迁居到台湾、南洋和世界各地。客家文化研究学者通常将客家人的大规模迁徙分为5次,而大规模迁徙到湘东地区当数第4次,即"西进运动"。其时,客家人因人口繁衍,生产资料贫乏,遂向川、桂、湘、台等地迁徙。

据《酃县志》(1994年版)记载,客家人迁徙到该县始于宋、元时期,明末、清初趋多,于康熙、乾隆之际形成高潮,一直延续到清末。其中"宋代迁入12支,元代迁入9支,明代迁入20支,清代迁入123支"。他们大多数从广东的梅县、兴宁、五华、乳源,或从福建的汀州、上杭、连成、武平等地迁入。同治年间统计,全县寄籍烟民10108户,占总户数的58.8%,寄籍人口91160人,占总人口的77%。这些所谓寄籍烟民,绝大多数是客家人。

无独有偶,据汝城县民国期间统计,清以前氏族为97族,清前期从江西和广东迁入36族(其中广东30族、江西6族),清后期从广东迁入的仅仅只有2族。这里所说的"族",与酃县的"支"同属一个概念,亦说明清前期移居的量比较大。在醴陵,间接有客家人迁居的记述,《醴陵市志》(1995版)的"大事记"载:"康熙十三年(1674),降清明将吴三桂反清,分兵仕醴陵,建木城。由闽粤经江西来醴陵,种麻棚民组织反清复明的麻棚军,配合吴三桂作战。"《攸县志》(同治版)记载:"迩来闽粤之民,侨居吴楚,自吉袁至楚南各邑县所在皆是。以为主户,而非土著,以为客户,则已无他涉。而其人又居山而不居泽,凿岗伐岭。"《浏阳县志》(嘉庆版)载:"据嘉庆二十二年编查保甲册稿,土著烟民46374户,大小男妇200019丁口,客籍烟民15960户,大小男妇67776丁口。"

这些记述清楚表明,当时的客家人涌入湘东地区已是普遍现象了。那为什么清朝初期,在湘东地区掀起一股客家的移民潮呢?

首先,湘东地区山地多,适合客家人的耕种习惯,为客家人迁入提供了先决条件。所谓"逢山必住客、无客不住山",从客家人的分布地域可知,客家人居住的地方一般是自然条件比较恶劣的山区。客家民系本是在闽粤赣三省的边境山区形成,受自然条件的限制,他们习惯于垦殖山地,具有同样生产条件的地方自然是他们迁往的首选之地。

其次,湘东地区长期的战乱,使得这里人口凋敝,为客家人迁入提供了空间。《酃县志》(同治版)记载:"(顺治)六年贼(指金声恒)据王镇,屠戮过半。八年复被粤寇十三营烹杀几尽……十一年大师恢剿,知县傅继说召集哀鸿,历年仅得老幼1200人,逐无留余,以待缺额";"粤寇十三营万余号红巾,贼陷城,知县徐鼎臣、于琨先后死之"。以万余兵力战一个山区小县，知县死之，平民死之，可见惨烈其程度。邻近的桂东县、桂阳县情况大体与酃县类似，《桂东县志》（同治版）对桂东和桂阳两县有这样的描述："顺治五年，江西南昌金声恒、王德仁猝变，自永宁入据酃县……余贼遁入桂阳、桂东，大肆杀掠。又有广东流贼王宗等聚众五千余人，裹红巾为号，入据桂阳县……饥贼杀人以食，屠割最惨，死亡过半。"茶陵县亦遭受"红巾军"铁蹄的践踏，只不过损失程度不及酃县、桂东而已。

醴陵"自崇祯十六年至顺治十一年，人民备受兵力、饥荒、厉疫诸劫，死亡过半，业荒无主"。康熙十三年（1674）发生的"三藩之乱"，对浏阳、醴陵影响甚为严重。居住在浏阳的朱益吾率众多"棚民"与吴三桂军联合，以浏阳、醴陵、萍乡一带为中心，盘踞在此地达两年之久，直到康熙十六年，吴三桂被清军打败。这场拉锯战带来毁灭性的打击，战乱造成满目疮痍、人丁凋零、田地荒芜。此时，"招民垦荒，以充国赋"自然是县衙的重中之重。这样的环境，为客家人的迁入提供了有利的条件。

平江县独善其身，明末清初的战火没有烧到这片土地上来。然而县境的东南有一大片没有利用的山地，土著对这些贫瘠的土地不屑一顾。于是，康熙四十二年（1703），"伍士琪招广东、福建民于东南山区开垦，立名广福兴，编在第二十里，雍正七年入籍"。像平江县这样有计划招募、成建制屯垦、整体解决户籍，是湘东地区客家移民的一个特例。

第三个原因是"摊丁入亩""和平安置"一系列政策的实施，为客家人的迁入扫清了障碍。朝廷税赋历朝历代均是按人头收取，康熙晚年将丁银并入田赋征收，这是税赋制度的一次改革，废除人头税，放松了对底层农民的人身控制。对于客家移民来说，意味着取得当地的户口变为可能。这项制度的各地实施时间尽管稍有差异，但基本在雍正年间执行完毕。醴陵是"七年（雍正），以额征丁银九百八十七两九钱四厘零摊入田粮"的，攸县则是"雍正元年二年覆准各省地丁摊入地粮，至乾隆四年遂诏摊地丁银入田亩，永为列"。

由于明亡时客家人纠集勇壮，头裹红巾，响应郑成功、金声桓以图复明，从此便与朝廷结怨。康熙十三年，吴三桂据长沙，朱益吾与之勾结，率客家人揭竿而起，取萍乡，攻宜春，惹得康熙大帝龙颜大怒。皇帝很生气，后果自然很严重，"棚民终康熙之世，不准编图立籍"，户口问题长期得不到解决，"至雍正、乾隆间，始弛其禁"。倒是雍正宽宏大量，对待湘赣棚民采取了"和平安置"

的办法，即不问造反之罪，凡是棚民都给予合法居民身份。至此，客家人才算取得合法的居住权。

大量的闽粤赣客家人移入湘东地区，带来了另一种生产和生活方式，有力地促进了该地区经济的繁荣。客家人沿袭原住地的生产习惯，带来苎麻、蓝靛、番薯、玉米、油茶、药材等作物种子，推动了种植业和养殖业的发展。如红薯（番薯）的种植，"番薯出西洋，闽粤人来此耕山者，携其泛海所得苗种之，日渐繁多，色黄味甘，食之疗饥，可以备荒"。"剪茎插土，稍施肥料，自然繁殖。根肥当粮，藤叶饲猪。"中国几千年以来，一直为粮食的问题纠结。红薯的推广，让千千万万的饥民得到实惠，这实在是一件大好事。油茶的引进与推广同样具有重大意义，据《攸县志》（同治版）记载："南山茶葩萼大，倍中州所产，结实如梨，大如拳，中有数核，如肥皂，子大，疑此油茶也。今攸东棚民栽种成林，树枝叶皆类山茶，秋末开白花，冬结实，次年霜降后收子，谓之木子，亦作木籽爆裂榨油，利较桐油更薄。"非常滑稽的是，志书将油茶归类于物产中的花属，排在山花之后，木芙蓉之前。一方面说明当时这些史官们还没有认识这一植物的本来用途，另一方面也说明，在客家人迁徙到这里以前，土著居民并没有种植油茶的传统。

在大力发展农业的同时，客家人的迁徙也促进了工业的起步。比如"雍正七年（1729），广东兴宁移民廖仲威在沩山（醴陵）发现瓷泥，租山开矿，招工传艺，创设瓷厂"。这仅是一个典型的例证。

客家人是一个充满颠沛流离、饱经风霜的苦难的代名词，客家人迁徙过程充满血泪和辛酸。一个移民潮对于一个区域来说，所带来的是一次冲击。移民与土著的融合，又会带来理念的更新以及生产和生活方式的改变，许多传统被颠覆。无论站在哪个角度来评价清初湘东地区的客家移民潮，其意义无疑是积极的。

《江右游日记》中的茶陵名胜及地名

文 / 段立新

崇祯十年（1637）正月初十，旅行家徐霞客由桥头（今江西省莲花县三板桥乡村里）沿西南方向的村道进入茶陵州。按徐霞客的计划，这一天，他要取道界头岭，经毗塘、光泉等地，抵达现在的高陇镇荔市村渡口，乘船南下游览茶陵州城及灵岩、云阳山、秦人洞等景点。不知道什么原因，翻过界头岭，到达如今的秩堂乡之后，徐霞客改变了计划，"命舆人迂道由皮唐南入皮南"，顺道游览了"黄霄仙"，"索饭于道士"，然后，才赶赴荔市村。徐霞客把这一天的游览经过写进了《江右游日记》，这是《江右游日记》中的最后一篇日记。

"黄霄仙"，现在写作"皇霄仙"，位于秩堂乡东坑村，是茶陵现存最早的道观之一，始建年代不详。明清两代的《茶陵州志》记载，这一座道观最初叫"霄仙"，是当地民间求雨的场所。孝宗时期（1163—1189）的某一年，浙江东部至江西境内久旱不雨。按惯例，朝廷派遣大臣到各地有"龙王潜藏蛰伏"的名山大川去祭祀求雨，但是，求而不应，旱情无法纾解。恰好，当朝驸马都尉、秩堂沂江人谭斗南回家祭祖，他知悉这个信息之后，马上将自己所作的《里居山水图》用快马驿递的方式进呈给孝宗。《里居山水图》画有霄仙，孝宗皇帝根据驸马的提示，知道霄仙是有名的求雨场所，于是，在宫中对着画上的霄仙祷告求雨，雨应时至。孝宗皇帝一时高兴，"敕建祠泉旁，遣官报祀"，钦封霄仙为皇家道观，曰"皇霄仙"，并还"赐以诗纪其灵迹，镌石尚存"，诗曰：

仙鹅飞去是何年，灵迹犹存古岭边。藤老龙蟠疑护法，山幽禽语似谈禅。手攀古木身忘俗，口吸清泉骨欲仙。邻叟不知唐世远，犹言谢母旧因缘。

徐霞客记载说，他从桥头出发，沿西南方向步行十里，"登一冈，是为界头岭，湖广、江西分界处也"。界头岭是一个大致呈东西走向的小山岗，位于现在的江西莲花县三板桥乡金家屋组与湖南茶陵县秩堂镇晓塘村塘下组之间。大约从战国中晚期开始，这一个貌不惊人的小山岗一直是湘赣两地之间的"分界处"，故而有"界头岭"之称。战国中晚期，荆楚势力用军事手段将南方原居民之一的扬越挤压到今江西境内，占据湖南全境，界头岭成为荆楚东南的边界之地。2014年湖南十大考古发现之一的晓塘越楚古城就是在这样的背景之下修建的。"界头岭"是三板桥、秩堂两地乡民熟悉的一个地名。界头岭还有一个名称："吴楚雄关"。其实，这是咸丰六年（1856）雷寿南、赵焕联修筑的城堡。当时，为了抵御太平天国军队由江西入境，他们在这里修筑了一座城堡，城堡上的匾额题名为"吴楚雄关"。五代十国时期，马殷建立的楚国与杨行密建立的吴国在这里交界，这是将此地命名为"吴楚雄关"的主要原因。

秩堂镇与江西莲花、永新两县比邻，是两者之间的分界岭，其主体部分大致呈南北走向，位于秩堂乡东面，在历史上，界岭的第一个名字叫"茶山"。到明代，茶山易名为"景阳山"，景阳山的主峰叫五佛岭，位于秩堂镇田湖村胡家坊与永新高溪乡店屋之间。大概是方言的原因，徐霞客把这座山写成了"午家山"。景阳山南起原小田乡黄草村的艾子龙，即徐霞客所说的"崖子垅"，折而向北，到今合户村茅竹坳一带分出一脉转而向西，成为一道近于东西走向的小山岗。

过了界头岭之后，徐霞客直奔"皮唐"。"皮唐"即现在的毗塘（又写作"毗塘"）村。《州志》在《传疑》部分记载说，毗塘有一处大水塘，水塘中有神龙潜伏，平时隐伏于水下，难得一见，一旦出现则波浪大作，风雨随起，云雾弥漫，竟日不散，当地人称之为"灵塘"。大约从北宋开始，谭姓居民自沂江大傅迁徙而来，在灵塘边择地安居，建立村庄；新建的村庄邻近灵塘，因此有"毗塘"之名。

来到毗塘之后，徐霞客一路向南直达皇雪仙。

从《江右游日记》的描述来看，徐霞客游皇雪仙的路线与20世纪七八十年代东坑水库修建（东坑水库修建的时间，最早可以追溯到1971年）之前民间朝香的路线一致，即由毗塘出发，向南经马首、圳边，进入东坑（今东坑水库库区），再沿山谷攀援而上，抵达皇雪仙。徐霞客描述的路线是这样的：

……遂命舆人迂道由皮唐南入皮南，去界头五里矣。于是入山，又五里，南越一溪，即黄雩下流也。遂南登仙宫岭，五里，逾岭而下。望南山高插天际者，亦谓之界山，即所称石牛峰，乃永宁、茶陵界也，北与仙宫夹而成坞。坞中一峰自西而来，至此卓立，下有庙宇，即黄雩也。

这一段描述中，徐霞客直接提到的地名有"皮南""仙宫岭""石牛峰"，间接提到的地名是"自西而来""卓立"于皇雩仙后面的"一峰"。这些地名有一说的必要。

首先说"自西而来""卓立"于皇雩仙后面的"一峰"。这座山峰叫"雩山"，这是一座独峰成岭的小山，形似螺髻，山色青翠。清代大学士彭维新为皇雩仙大门题写楹联，上联云"一峰纤绾青螺髻"，描述的就是这座山。再说"皮南""仙宫岭""石牛峰"。"石牛峰"即秩堂人所说的石人峰，位于皇雩仙东南方向；"石人峰"之名得之于它的形状。按彭维新的描述，此山"戴石插云，北向巨石十有八枚离立，肖人俯仰之容"。至于"皮南""仙宫岭"具体指哪一个地方，哪一座山，我们现在不得而知。从作者的描述来推断，"皮南"很可能是现在的马首圳边，而"仙宫岭"则有可能是皇雩仙西边的山岭。

游览皇雩仙之后，徐霞客于当天下午来到荔市。他的行走路线是这样的：

复由旧路登仙宫岭……下岭是为光前，又有溪自西而东者，发源崖子坬……渡溪又北行三里，过崇冈……又二里，复得一溪亦东向去，是名芝水，有石梁跨其上。渡梁即为勒子树下。

"下岭是为光前"，这里的"岭"，当地人叫"老鼠坳"，过老鼠坳即"光前"。在秩堂方言中，"前"与"泉"读音相同；"光前"就是现在的高陇镇光泉村。光泉之名，得之于岳飞。绍兴二年（1132），岳飞率领部队追剿曹成，天近黎明，岳家军在路边石壁下畅饮山泉，人马为之精神大振，岳飞一时兴起，以禾苑代笔，在石壁上题写了"光泉"二字，后人追慕岳飞，遂以"光泉"为当地命名。光泉附近有一条小河，河水自艾子龙而来，经过松江（方言读音 cong guang），河水也叫作"松江"，徐霞客依方言读音，把它写成"崇冈"。过松江，继续向南前行约一公里，就是荔市了。"荔市"，徐霞客写作"勒子树下"，这完全是依照当地方言记录的，直到现在，当地人仍然沿用这个名字。这个名字考证如下：

首先，"勒"字系方言读音，没有对应记载的汉字。在茶陵，"勒"指的是植物长的刺；"勒子树"一指金樱子藤，一指"cuo"（有音无字）树。而在高陇、秩堂等茶乡区域，"勒子树"又指女贞树。"勒子树"到底指哪一种植物，我们现在不得而知。

其次，"勒子树下"是当地的标志物。就是说，此地最初长有"勒子树"，故而用"勒子树下"作为其地地名。

最后，"勒子树下"旧为茶水上游的一个重要水运码头，明代弘治至清代咸丰年间，茶陵州在这里设有视渡巡检司，专事管理水上交通运输事宜。这个水运码头由此转而成为一个乡村集市，这就是"芳市"，即"勒子树下"的集市。据当地老人回忆，这个集市一直延续到了民国年间。

至于"芝水"，现在仍然叫芝水，它的名称并没有变化。

🔺 芝水桥

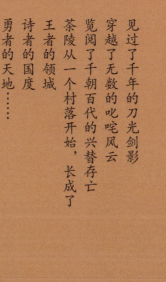

第三篇

古城春秋

风韵茶陵

见过了千年的刀光剑影
穿越了无数的叱咤风云
览阅了千朝百代的兴替存亡
茶陵从一个村落开始，长成了
王者的领城
诗者的国度
勇者的天地……

南宋古城与"南宋古城墙"

文／史　刚

　　残存的茶陵南宋古城，2002年被列入省级文物保护单位和"湖南百景"之一；2013年"茶陵古城墙"被列入国家级文物保护单位。南宋古城是南宋年间茶陵州治之地，并始筑其城，故名"南宋古城"。《我国古代筑城技术》介绍，我国筑城技术开始筑的叫"夯土城"，俗称"土筑泥墙"或"夯土泥墙"，与山区农村的"抖墙屋"的筑法是一样的。夯筑法筑城，在我国沿用了很久，直到宋代，用砖包砌城墙才逐步增多；不过用砖包砌墙，工费巨大，从它开始出现到全面推广，经历了很长时间。明初修北京城时，也仅在城墙外侧包砖，到了正统年间才在城墙内侧包砖。明中叶以后，砖城迅速增多。至清代，县级以上多用砖筑，只用夯土筑城的土围子则很少见了。

　　南宋时茶陵筑城，明嘉靖四年（1525）版《茶陵州志》上载有"宋刘用行""绍定五年八月记"的"筑城记"，记为"夯土城"。其记曰："乃农隙试事，众工云兴，万杵纷如，埏土攻石，竭蹶以趋。"刘用行记筑后的城墙："周为九百三十有五，址广为尺三十，颠广损之，高为尺二十有五。""趾广"，指城墙底脚之宽。

　　茶陵南宋古城之墙，由于是泥质，不能久经风吹雨打，时常加以修葺。茶陵四大学士之一的彭维新在其《重修州城记》中指出："距今四百年矣。石泐甓敝，颓堕几尽，跛牂羸豕之所狃出入"。这里的"泐"（lè），即"裂开"，"甓"（pì），即砖。"砖"之来历，可能是两种情况：一指历年之维修，尤其到明，是为在已堕之处的"侧面包砖"；二指"在城墙顶筑起的女墙和雉堞。雉堞就是城垛口"。"垛口上，砌有名叫'转射'的活动射孔，通过它向城外发射弓弩或观察敌情（见《我国古代筑城技术》)。"这种技术早在《左传》上就有记载，宋筑城时应该在使用，只是刘用行未记述，故全文未出现"甓"

字。也正因泥质城墙损坏，才会有瘸腿的母羊和瘦弱的猪习以为常地出入了。而重修是"卜吉兴事，遴匠庀材，酌法授式，分地程实；伐石于山，必修且厚；范土成甓，必致且坚，煅石作液，必胶且洽。造小艓，制轻艄，以运载；椎杵雷轰，畚锸云集"。此法筑成的城墙，就是今天所见的"茶陵古城墙"。

1993年《茶陵县志》记为："城墙系红料石浆砌，夯土其中。原墙体高8.4米、厚4.4米，周长2513米，设聚星、迎薰、通湘、紫微、朝天五门。城墙上有……垛堞2366个。"若从今洣江石良一带的粉红石山来看，可推断，这种重约半吨的粉红条石，是取自石良之山，"艄"运至洣水河边，再用"小艓"运过河，至筑城之处。

"茶陵古城墙"两侧都为石包，这在我国古代筑城技术中是不常见的；它饱经沧桑，直至今天，还有一城门保存完好，尚能见其城门名，并保留了护城河的入口一段约200多米。"茶陵古城墙"的筑墙技术，与"长城"或"万里长城"也是一致的。从长城史看，长城始筑于战国，秦统一后，连接原先秦、赵、燕北面的城墙，并加以增筑，长度超过1万华里，所以也叫万里长城。那时也为"土筑泥墙"，所以"秦长城的遗迹，在甘肃临洮等地还可以寻见……"正因是土筑，才有孟姜女哭倒长城的故事："泪水飞溅，冲塌了长城一道40里长的缺口。"我们今天能见到的明长城，全长13000多里，花了200多年时间才陆续修筑起来，"分别用土筑、石垒、木柱、木板或利用自然地形筑城，工程比较简单，但毁坏严重，现在仅存一些遗迹"（《中国历史》第二册，"教学参考书"，人民教育出版社，1983年版）。现在北京所见长城是明后用青砖砌包的。

恩格斯在《家庭、私有制和国家的起源》中说："在新的设防城市的周围屹立着高峻的墙壁并非无故，它们的壕沟深陷为氏族制度的墓穴，而它们的城楼已经耸入文明时代了。"城，这种永久性的防御工程的出现，标志着人们已告别"茹毛饮血"的野蛮时期，步入了文明时代。"文明史，就是人类进步的历史"，已成为历史学界的共识。茶陵古之筑城，按明、清两代《茶陵州志》载，从汉的"茶王城"到"南宋古城"共有6座，今能见到的"茶陵古城墙"就是茶陵人民推动人类文明向前发展的见证。

茶陵古城墙的文星门

文 / 张冬娇

茶陵古城墙建于南宋绍定年间，距今已近 800 年，当初只有五个城门。文星门是后来增设的，始建于清朝康熙年间，原名大成门，据说其增设与风水有关。

康熙年间，熊应昌任茶陵知州，他见城南山峰突兀嶙峋，洣水晶莹碧透，风景优美，再加上南边在八卦中为离卦，代表着美丽、有文采，与文教相宜，便认为这里的风水非常好，是建学校出人才的好地方。

但学校建成后，正对着南面的城墙，出入不便，于风水上还有封锁之嫌，因此熊应昌提议在正对着文庙的城墙处新开一门，言曰"大成"，叫大成门。大成，是赞扬孔子思想集古圣贤之大成，后世君主为孔子上尊号为"大成至圣先师""大成至圣文宣王"。而新开的城门正好与文庙里的状元桥、大成殿处同一轴线上。

这位知州有志于王政之本，把学校之兴废看作政治兴衰的重要标志。他告知茶陵士子，端正学习态度，读古人书，践行古人的品德，言行一致，这才是最根本的，比改换学校地址更重要。事实证明，他的主张是有道理的，一百多年后，这里就诞生了一位状元萧锦忠。

大成门后来叫作文星门，大概与附近城墙上建的魁星楼有关。魁星楼是用来供奉和祭祀主宰文运兴衰的魁星而建的楼宇，最初在城南空隙之处，后移到明伦堂内考棚门楼上。同治年间为了纪念状元萧锦忠而改建于此。人们常说，文星门对着圣门，大出贵人；圣门对着观门，大出贤人。这些主张和举措，都体现了当局重视教育、重视人才的思想，也反映了茶陵自古以来"士勤于学，农勤于耕"的优良传统。

文星门靠近洣水，门前设有码头。在陆运交通不发达的年代，茶陵的水运量很大，文星门与另一个南门迎薰门前的两大码头，成为连通南北的航运枢纽。特别是文星门，连着文庙、学宫，有两条马道出入，人流量大。官宦学子，行商走贩，大包小包，肩挑手提，来来往往，热闹非凡。码头上卸货的，装货的，搬运的，摆渡的，挑水的，洗衣的，洗菜的，跑运输的，忙得不亦乐乎。当地居民说，洣水河上运货的船只川流不息，长长的木排、竹排首尾相连，拉纤的号子，此起彼伏。白天码头上人员拥挤，他们只能靠边等待。到夜幕降临，人员渐稀，洣水两岸渔火点点时，他们才把木料竹子一一搬运上岸，一直要忙到深夜。

文星门建得迟，却毁得早。1958年，为配合茶严公路的修建，文星门附近约50米长的古城墙被拆毁，用于修建三七渡口，文星门也被拆得只剩下半截洞壁了。

漫话茶陵晓塘古城

文 / 段立新

一、晓塘古城围

晓塘古城围是茶陵县六大古城遗址之一，坐落在秩堂镇晓塘村瓦子坵、大屋场交汇处的一个叫"虎蛇鱼"的小山头，东面与江西莲花县田南村金家屋比邻，处在由湘入赣的交通要道当口。

在茶陵东区方言词汇中，作名词的"围"与"墙"是一对同义词，它们的区别在于"围"指环形的墙，"墙"指条状的墙，两者合起来称为"围墙"。古城围，字面意思就是古城墙。这是当地人的一种叫法，在《茶陵县志》及其他一些方志文献中，又有晓塘古城、茶陵战国楚城等不同的叫法。

长期以来，有关这座古城的名字、修建年代及其他相关问题一直是谜。1992年11月9日，我在编纂于民国年间的《茶陵毘塘谭氏族谱》上找到了一段有关这座古城的记载："古城围为一大环形，其中有塘，广可百亩。四周皆山，南缺二口，东、北各缺口，像系古代城门。西面之山，似属天然，其高处曰'寨里'，必立寨之所。东部之山有如半环，与西北相连各合，实则为一长堤，显然城墙遗址。城外皆绕田，城堤是古之潕河间断成者，一见了然，但不知始自何时。《州志》无可稽考，惟塘内处处瓦片层积，皆白色而有纵纹，瓦片之下常见灰烬，又似遭火灾而倒塌者，岂其昔日守斯城兵溃而被敌人纵火耶？村人掘土得一炮弹，其圆如球，重约斤许，至今尚存。又得铜镞两枝及铜官刀等件，惜未收存，已经散佚。又似秦汉以前物也。据《湖南通志·茶陵地图》所载有城塘关者适当其处，今以名义考之，此关无疑。盖城北有村曰塘下，非以城塘之下而为名耶？塘下有市曰'雄关'，以关名，非此而谁？湘赣交界处曰'吴楚雄关'，必指此关而言也，余此宁有它关耶？西南十里许有地名曰'关头'，是关临近之谓也，无关安有此名？由是推之，古城围即城塘关明矣。然年烟代远，真相莫明，姑志以俟博于古者考证焉。"

作者所描述的古城遗址概貌相当准确，文中所说的"寨里""塘下""雄关"（又叫"界市雄关"）、"吴楚雄关"地名至今尚存。至于它是否与作者所说的那样叫"城塘关"以及它的始建年代等则依然是个谜。在以后的调查中，我又收集了一些资料，似乎可以为考证此城提供一些信息：

（1）从现存的城墙遗址来看，这是一座夯土筑造的小土城，周长约1000米，面积约60000平方米，残墙最高处约6米，宽约2～3米。城墙西南一侧偏大屋场一带有一段水凼，约为100米×5米大小，当地人称之为"筑园塘"，挖土成坑，积水为塘的痕迹很明显，估计是取土筑城留下的遗迹，或者就是一段残存的护城河。

（2）古城围西北一侧与寨里相隔约200米远的山麓，有一个叫"将军庙"的地方，其标志是两棵百年古樟，与茶陵、安仁境内的坛官庙极其相似。在当地，这是一个极具神秘色彩、令人敬畏的地方。与将军庙相隔不远处，又有"号武冲"等冠以"武"字名称的山冲，谷深林密，隐秘性很强。据推测，这很可能是古人祭祀守城将士的庙宇及练兵、伏兵场所。

（3）20世纪70年代，当地人在城内取土制砖、打井，挖得7把青铜剑、一小捆青铜箭镞等兵器及一只青铜鼎和大量绳纹瓦片。1987年7月，茶陵文物部门在这里普查，收集了两把青铜剑及豆、罐等陶器。据鉴定，上述青铜器件和陶器具有很明显的楚式器物特征，可以推定为战国时期的遗物。由此推测，这是一座始建于战国时期的古城。

据《史记》《四库全书·百越先贤志提要》等史籍记载，楚国最初以今湖北西部山区及江汉平原一带为中心，以后逐步扩张到河南、安徽、江西、山东、江苏、浙江、湖南及四川等地区，时间集中在春秋中晚期至战国早期。在这一段时间里，楚、吴、越之间曾经在江苏、浙江及河南、安徽、江西、湖南进行过一系列争夺战。公元前473年吴国被越国战败而亡，越国吞并吴国后继续与楚国交战，一直持续到战国早期的楚威王时期，越王勾践六世孙无疆战败被杀，越国灭亡，越人臣服于楚国。《史记·越王勾践世家第十一》载："……楚威王兴兵而伐之，大败越，杀王无疆，尽取故吴地至浙江……而越以此散，诸族子争立，或为王，或为君，滨于江南海上，服朝于楚。"《四库全书·百越先贤志提要》载："自勾践六世孙无疆为楚所败，诸子散居海上……湘漓而南，故西越也。"这两段文字暗示：越人亡国后，越族和楚人之间仍然发生过小规模的战争。由此推论，晓塘古城围最初应该是楚国东面防御越国及其残余势力而修筑的一个军事据点。

（4）这座战国古城是否就是"城塘关"，到目前为止，我还没有找到确切的证据。由此又引出了另外一个问题：这座古城是否就是"雄关"或"吴楚雄关"呢？

春秋战国时期，吴国地处长江下游地区，在江淮地区与楚国接壤，这个时期的吴、楚不可能在此置关交战。在历史上，茶陵又有地处吴头楚尾之说，这应当如何理解呢？我认为这里的吴、楚与"吴楚雄关"之吴、楚应该是五代十国时期的吴、楚。

在晓塘与金家屋交汇的山头，至今仍然可以看到一条长达数里、宽约 5 米的壕沟，1995 年江西省莲花县在此立有"吴楚雄关"石碑，被确定为县级文物保护单位。这里叫作城隍界，在历史上曾经修筑过城隍界堡，堡头悬挂了"吴楚雄关"大匾。与城隍界堡相呼应的还有九渡冲堡，在今高陇镇九渡冲。这里也是连接湘赣两省的交通要道。从九渡冲堡沿 S320 省道南下，经马渡到高陇镇古城村一个叫"城背"的地方，它的对面有一座古城，这就是历史上的马王城。马王城系五代十国时期楚国国主马殷家族所筑，时间约在天成、长兴年间。当时，马氏家族割据湖南及广西部分地区建立楚国，杨行密割据淮南、江西建立吴国。吴、楚两国在湘赣接壤，形成了长达 25 年左右的对峙局面。如果把城隍界堡、九渡冲堡、马王城画在同一张地图上，就能看到三者刚好连成一个可以彼此呼应、相互依恃的倒三角形。由此推断，城隍界堡和九渡冲堡应该是马氏楚国以马王城为中心的两处子堡。当然，我们说在这个时期，晓塘古城围被当作与城隍界堡配套的军事设施也并不是不可能的事情。

（5）《茶陵毘塘谭氏族谱》记载说城内有炮弹出土，那么，这颗炮弹又是从何而来的呢？火药是我国的四大发明之一，火药、火器的发明和使用始于唐代，宋元时期才大规模应用于军事上。这颗炮弹的使用时间最早应该在宋

风韵茶陵

元时期。但是，联系宋元以来发生在境内的战争来判断，我们说宋、元、明时期在这里发生过激烈交战的可能性并不大，而最有可能的是清代咸丰年间。据《茶陵县志》记载，咸丰初年，清军将领赵焕联与茶陵知州雷寿南为阻击太平天国军入境，修复了城隍界堡和九渡冲堡。在这样的背景下，晓塘古城围和城隍界堡被重新使用，城隍界堡被命名为"吴楚雄关"，或者再用"吴楚雄关"这个名称，同时悬挂"吴楚雄关"大匾都是极有可能的事情。

综合上述意见，我认为晓塘古城围是一座始建于战国时期、在五代十国和清代咸丰年间修复使用过的小城堡。

二、越楚古城

晓塘越楚古城修建于战国中晚期，是茶陵历史上六座古城中修筑时间最早的一座，也是湖南省境内保存至今的唯一一座楚国战国古城。

1. 居民眼中及族谱记载中的古城围

在被考古工作者发现并正式命名之前，当地人把晓塘越楚古城叫作"古城围"，或者"晓槎古城围"。

古城围之所以叫古城围，是因为这里有一座夯筑古城。它位于秩堂镇晓塘村小槎片瓦子邱、大屋场两个自然村落后面的小山上，在当地人口授相传中，这座小山叫"后背坳上"。后背坳上是一个山环水隔的地方。民国时期，一个风水先生在这里察看山形地势，说是古城围西南一角的山盘踞如虎，后背坳上蜿蜒如蛇，古城围东面一带的山迎水伸展如鱼。这样一来，古城围所在之地的后背坳上又有了一个颇为新奇的名称：虎蛇鱼。

"虎"呈东北—西南态势两头延伸，"鱼"沿西北—东南走向扩展，两两交互，汇聚于"蛇"的北面，在"蛇"的东、西、北三面形成三道屏障，将"蛇"环护在其中。虎蛇鱼的南面地势开阔，坡道平缓，茶溪自东边的茶山蜿蜒而来，将南面山丘与对面黄泥坡、天马山等山冈丘峦一分为二。茶溪水清流急，横亘在这里，形成了虎蛇鱼南面的另一道天然屏障。如此一来，小小的虎蛇鱼便得了地利之先，易守难攻了。

大概是看中了这样的地利吧，古人在这个小山头上修筑了一座夯筑土城，当地人把它叫作"古城围"。在茶陵及秩堂方言中，"围"即圆形、方形及其他周边环合的墙。"古城围"兼具叙述和描述两方面的意义，它告诉人们：这里有"城"无"市"，只是一堵略呈长方形、大致为坐北朝南方向的夯筑城墙。

茶陵历史上先后有过7座古城：晓塘越楚古城、火田莲溪茶王城、唐代金州城、高陇马王城、思聪大兴金州城（或宋代金州城）、秩堂鄂王城、南宋古城。现存的嘉靖四年版、嘉庆二十二年版、同治九年版3部《茶陵州志》对其他6座古城均有过或直接或间接的记载，而对晓塘越楚古城则只字未提，尽管晓槎古城围至今残城尚存。对于关注这座古城的人来说，这的确是一个至今无解的谜。

　　现今能看到的有关古城围的最早记载也许是《昆塘谭氏族谱》，这可能是目前我们能看到的有关于晓塘越楚古城的最早文字记载。这一段记载，文字通俗浅显，没有做翻译、注释的必要。但其中有三个问题要略作说明：

　　其一，文中提到的"关头"即关头亭，秩堂民间俗称"官头亭"，今称"学士亭"，位于高彭公路石垄路段。清代道光二十八年，茶陵知州葆亨有感于此地明清两代一连出了三个大学士，援笔题赠"三大学士故里"。人们将葆亨的题字镌刻成碑，并特地建有凉亭对石碑予以保护，此亭门额题额为"关头亭"。

　　其二，关于古城围于《州志》无可稽考"而"塘内处处瓦片层积，皆白色而有纵纹，瓦片之下常见灰烬"的问题。首先，这里所说的"塘"，指的是古城围东南角地势低洼之处，这里自然积水成塘，并不是人工挖掘的水塘。其次，这里所说的"瓦片"并不是我们通常所说的用以盖房子的瓦片，而是指残破的陶器。陶器"皆白色而有纵纹"，提示为绳纹白陶，它的历史最早可以追溯到春秋战国时期。后面又说城区出土"铜镞两枝及铜官刀等件"，也就是青铜箭镞、青铜短剑，则更能证明古城围的建成历史可以上溯到春秋战国等使用青铜器武器的时期。这对于古城围的断代有极为重要的参考价值。最后，古城围内有炮弹出土，提示这座夯筑土城荒而不废，在城毁之后还被后人使用过。

　　其三，关于古城围是不是"城塘关"的问题。在明清两代的方志中，"塘"与"汛"并称，指的是县与县交界处的一种小型边防驻军机构。据《湖南通志·茶陵地图》所载有"城塘关者适当其处"，族谱据此推断这就是历史上的"城塘关"。这个"城塘关"是否就是晓塘古城围呢？

　　光绪丁酉年（1897），彭年孝作《湖南全省舆图说》记载茶陵境内的军事要隘，云："（茶陵）州东界江西，形险四塞。东北九渡，又东关城塘为边防唇齿，迤南视渡关；又东秩堂为屯营要地；城隍界（县东北）为吴楚重关……"这一段记载说明，清朝人对于茶陵境内位处湘赣边界的关隘是区分得十分清楚的。从作者的描述来看，文中所说的"关城塘""为边防唇齿"，也就是后面所说的"屯营要地"，它位于"秩堂"。由此推断，这个"城塘关"字面意思是濒临古城的塘汛、关隘；指的是今秩堂镇晓塘村的塘下组。塘下组位于界头岭，清代同治年间，赵焕联为了阻击太平天国军，曾经在这里深挖战壕，高筑关隘。这座关隘就是《毘塘谭氏族谱》记载的"吴楚雄关"。

2.考古工作者眼中的晓塘越楚古城

1986年10月27日，文物普查工作人员在晓塘村境内发现了一座古城，这就是前面所说的"古城围"，或者"晓槎古城围"。

在工作人员眼里，这是一座残破的夯筑古城，东南段残存的城墙长300米左右，城墙最大宽度为10米，内外护坡最宽4米，残墙最高处约6米。城墙上窄下宽，部分墙体切面明显分为上下两层：上层由单一的红土夯筑而成，下层由灰土与红土混合夯筑而成；上下两层之间夹着灰褐色泥灰缝层，里面掺杂着陶片。

城墙残缺不全，其中相对完整的为东南段。城内东南角地势最低，积水成鱼塘，残存的城墙被人当成了鱼塘堤坝。但是，整个古城的轮廓却清晰可见：古城呈长方形，城基东西长约300米，南北宽约200米，古城面积在6万平方米上下，隐约可见东、南、北三面的城门模样。当时，在丛生的杂草小树中，依稀可见东面的门洞。城墙外，在城墙与农田房舍之间，有数段彼此分隔、大小不一的水凼环绕在古城东、南、北三面城墙之下，当地人称之为"塘"，最大的一处叫"竹园塘"。在考古工作者眼里，这些"塘"是古人挖掘的护城河。

在城内，工作人员发现了不少陶器碎片。陶片烧制的火候不一致，火候低的软陶，全部为泥质灰陶，有筒瓦、豆、钵几种器形，其中绝大部分是厚胎压印绳纹筒瓦碎片，豆、钵均素面无纹饰。火候高的硬陶，有的为泥质灰陶，有的是泥质红褐色陶，依稀可以辨别为罐、鼎等器形，上面带有明显的蕉叶纹、米字纹、米字方格复合纹、小方格纹等拍印纹饰。其中的小方格纹拍印陶片是汉代遗留下来的。这些小方格纹拍印陶片用无声的语言告诉两千多年之后的考古工作者：一直到汉代，这座古城还是一个人烟袅袅的场所。

在走访调查过程中，当地居民向工作人员提供了这样一些信息：20世纪70年代，当地有人在城内挖出了7把青铜剑、一只小青铜鼎，还有一小捆铜箭镞。据此，工作人员在走访中收集到了两把带有明显越式风格的青铜短剑。2014年10月至2015年2月，株洲市文物局会同茶陵县文物局对这座古城及以这座古城为中心，包括黄泥坡1号楚墓、荒塘坳2号越人古墓在内的考古发掘对象进行了为期 4 个月的考古发掘。

早在发掘之前，被当地人称为"烟橱上"的黄泥坡 1 号楚墓已经被人盗挖，古墓破坏严重，荒塘坳 2 号越人墓也在建烤烟房时被挖去了一角。对这两座古墓而言，这是一次抢救性发掘，勘探发掘集中在两个区域进行：

● 晓塘古城考古图片

一是城墙北段，勘探发掘北城城门附近的墙体及城墙护坡；二是开挖探方，勘探发掘城区东北角生活区的古井群及相应的文化层。

勘探发掘显示，晓塘越楚古城墙体是用夹板夯筑而成的。夯筑的时候，先在地上按设计好的尺寸立好柱子，再把夯筑夹板安放在柱子中间，然后逐板夯实泥土。从第二板开始，在夯筑之前，先要在夹板下面安放好支撑的横木梁。就这样，古人一板接一板夯筑成了古城城墙。

探查表明，每一板城墙约 60 厘米厚，各夯筑层泥土约 6 厘米。为了增加城墙的牢固性，古人特意在泥土中加放了竹条木片，就好像现在浇筑水泥构件时加放钢筋构件一样。

在城墙护坡中，考古人员发掘出了不少破碎的陶器，有的属于软陶，有的属于硬陶。这样的发现有明显的断代提示作用。考古工作者据此断定：这是楚国于战国中晚期修筑的古城。

在城区探方内，考古人员发现了 3 口井，这 3 口井中，有 2 口分布在同一个探方内，彼此相隔约 1.6 米，井下有洞口相通，井底出土了大量残破陶器，主要是古人日常生活中使用的普通陶器，还有一块完整的砺石。

而在城外黄泥坡 1 号楚墓，考古工作者发掘出了一座中型楚墓，墓中残存的文物以礼器及墓主生前的生活用品为主，其中有提示墓主身份的金丝楠木棺椁及随葬的玉璧、青铜带钩。据此，考古工作者推断，墓主很可能是一个身份不低的文职官员。这座古墓因此被命名为黄泥坡 1 号楚墓。

荒塘坳 2 号是一座合葬墓，也是迄今为止湖南省境内发现、发掘的最大的一座越人墓，出土文物以青铜剑、青铜箭镞、青铜戈等武器为主，此外，还有原始青瓷罐、青铜肖形印章等少量生活用品。据此，考古工作者把这座古墓命名为荒塘坳 2 号越人墓。

综合古城及城外古墓的勘探发掘，考古取得以下成果：一是弄清了城墙的结构及古人夯筑城墙的方法。二是找到了战国中晚期楚国的东南边界，确定了这一时期楚国统治和疆域已经深入到了罗霄山区的事实。三是了解到了这一时期楚国境内民族、文化分布状况，肯定了当时茶陵境内楚越民族及楚越文化共处、共存的社会生活现实。四是初步认定了这座古城为这一时期楚国东南边境的一个重要治所的史实，这个治所承担了在军事上维稳一方，在政治上治理一方，在经济上开发一方、发展一方的重任。据此，这座古城正式定名为"晓塘越楚古城"。

三、晓塘越楚古城的几个问题

1. 两千多年前楚国人修筑晓塘越楚古城的原因

战国中晚期之交，楚悼王任用吴起变法（前 386—前 381）。吴起变法"要在强兵"，颇有成效。变法自强之后，楚国的军事势力进一步加强了，它继续往南侵占扬越之地，在原南方扬越之地设立了苍梧郡。

在楚悼王之后，楚威王于公元前 333 年灭掉了东面的越国。这时的楚国"地方五千里，带甲百万，车千乘，骑万匹，粟支十年"。这段话的意思是楚威王在位时期的楚国，疆土达到了 5000 里，拥有百万人之多的陆军部队、4000人之多的车战部队、10000 人之多的骑兵部队，国家粮仓储备了可以供应 10 年之久的战备粮。

《史记》等典籍还记载说，当时楚国"南有洞庭、苍梧"。就是说，楚威王当政时期，楚国已经占据了今湖南全境及两广北部部分地区，并在这里设置了洞庭、苍梧两个郡，楚国的东南边陲延伸到了罗霄山区。

也可能是在楚威王当政时期，古茶陵所辖区域被全部纳入了楚国的版图。在远古时期，茶陵和湖南及其他位于长江中下游及其以南地区的地方属于"百越之地"，生活在这里的先民被中原地区的人统称为"百越之民"。其中生活在今湖南以东地区的属于百越之民中的扬越人。在楚国进掠湖南、占据茶陵之前，生活在茶陵的扬越人和百越之地的其他越人一样，还一直处于"无君长"的松散氏族部落社会状态之中。

在强大的楚国进逼之下，世代生活在茶陵的扬越人，一部分留下来，与

第三篇 古城春秋

楚人一起，继续生活在茶陵这块土地上；一部分被迫退出茶陵，他们循着茶水古道向东越过现在的湘赣边界，进入江西境内，再向东到达现在的福建东南沿海地区，联合江西及东南沿海地带的其他越人部落，形成一股不可小觑的越人势力，随时准备着骚扰、进犯楚国东南边境。

在这样的情境之下，楚国在茶水古道茶陵路段与江西路段交接之地的界头岭一带设置军事据点，长期派军驻守边境。为了便于驻军，楚国在界头岭附近修筑了一座夯筑土城作为军事据点。这座作为军事据点的夯筑土城就是我们现在所说的晓塘越楚古城。

值得注意的是，从黄泥坡 1 号楚墓发掘的结果来看，晓塘越楚古城还可能兼具地方行政职能。周代实行的是封建制，它的行政区划由"国"和"野"两部分组成。"国"是周王朝的直接统辖百里之地，在这里，周王在王城之外，把其余的领地一一分封给了大小不同的宗族及诸侯去建立自己的诸侯国。

受封的宗族与国王同属一个部族，而诸侯则是与王室关系亲密、牢靠，在政治上拥护、忠于王室的各部族。他们所统治的区域称为"国"。除此之外，其他部族生活的区域则统称为"野"。

各个诸侯国也仿照"国""野"的形式来划分自己的政区。任各自的诸侯国内，各个诸侯又把自己的封地进一步划分成大小不一的领地，分封给自己的宗族功臣作为食邑。这些食邑所辖区域与诸侯王国都所在地可以视为诸侯国的"国"，其他领土区域可以视为诸侯国的"野"。

从春秋时期开始，各诸侯国之间兼并之战纷起，实力强大的诸侯国通过一系列的兼并战来消灭实力弱小的诸侯国，扩大自己的领土。在这样的情境之下，作为战胜国的诸侯国面临了一个新的问题：怎样分配新得的领土，并且有效统治和管理这些新得的领土呢？

对此，南方地区的楚国和北方地区的晋国分别给出了相应的答案，就是在封建制之外尝试实行郡县制：通过兼并战争吞并的土地不纳入"国""野"的范畴，不分封给宗族，也不分封给诸侯功臣，而统属于国家，国家在这些新辟的土地上设置"郡""县"两级地方行政区划单位，统一委派文职官吏对郡、县行使行政管理职能，对郡、县进行全面综合治理。

中国历史上最早设立作为地方行政单位的县是在春秋时期的楚国和晋国时期，而在县之上建立郡这一级地方行政单位的则是晋国，楚国约在楚庄王时（前 613—前 591），每添一侯国，必置郡。在楚武王熊通时（前 740—前

690）灭权国置权县，史称"春秋第一县"。

战国中晚期，楚国进掠茶陵之后，在茶陵边陲之地修筑晓塘越楚古城的时候，楚国设立县已经行之有年，积累了丰富的设县经验，在新占土地上设县已经成了楚国一条例行制度。

楚国占据整个湖南之后，在湖南境内设立了洞庭、苍梧两个郡。湖南北部、西部属洞庭郡，东部、南部属苍梧郡。楚国洞庭郡、苍梧郡的设置很容易让人产生这样的联想：茶陵很可能是楚国苍梧郡下的一个县，它的县治很可能就是晓塘越楚古城，再联系黄泥坡1号楚墓墓主，还有晓塘越楚古城城区散见的汉代陶器，这个墓主是一个等级不低的楚国贵族，生前担任过楚国的文职官员。这样一个楚国贵族和文职官员仅仅是因为军事的需要而被委派来的吗？直到汉代还有人居住在这座城池里面，这仅仅是因为晓塘越楚古城曾经是楚国的一座边境军事据点吗？这些还都需要一一考证。

2. 晓塘越楚古城与聚落及区域意义上的茶陵

茶陵县定名为"茶陵"，这与晓塘越楚古城有很大的关系。

从零星的文字记载来看，茶陵最早的地方志应该是《茶陵图经》，此书大约修纂于唐代建中年间（780—783）。《茶陵图经》中有这样一段文字对"茶陵"做了解释："茶陵者，所谓陵谷生茶茗焉。"茶陵指的是长有野生茶叶的山峦岗丘。这原本并不是指称某一个具体山峦岗丘的名词，在《茶陵图经》中则指的是一座具体的山，这就是后人所说的茶山。茶山大致呈东南—西北走向，横亘在今秩堂镇东部东首、小田、田湖、合户几个村境内。其中，西北一段是茶陵县与江西永新县的界岭之一。大约在宋朝时期，茶山更名为景阳山，清代同治九年版的《茶陵州志》记载说："景阳山在州东，接江西吉安永新界，一名茶山。"现在，当地人把这一段山岭笼统地称为"五佛岭"。据秩堂人介绍，民国时期，当地人有在本地山头岭垴采摘野生茶叶的习惯，在虎蛇鱼山头至今还能找到零星的野生茶叶树。由此说来，《茶陵图经》对茶陵的描述是不虚的。作为具体的山峦岗丘，它指的是包括茶山在内的今秩堂镇所有山峦岗丘。

《茶陵州志》中有这样一段文字似乎是解释茶陵县得名的原因："《尔雅》：'大阜曰陵'。以地居茶山之阴，故曰茶陵。"这里所说的"茶陵"是地域意义上的茶陵。古汉语中的"阴"指的是山的北面和西面。"地居茶山之阴"就是在茶山西面。以村落而论，它指的是今秩堂镇茶山周边的田湖、合户、晓塘等村落。以地域而论，"居茶山之阴"的茶陵应该是今秩堂、高陇、八团等乡镇所在的区域。在明清两代，这个区域的大部分隶属于"茶陵乡"，简称为"茶乡"。这可以视为区域意义上的茶乡，即历史上最初意义上的茶陵。在建国之前这个区域意义上的茶乡，其范围还要大一些，它指的是茶水流域的茶陵乡及睦亲乡的大部分地区，包含今天的原尧水乡北部及腰陂（今东山村以北）、潞水（仅指潞水方言片）等几个乡镇在内的广大区域。

成书于唐代元和年间（806—820）的《元和郡县志》是这样解释茶陵县得名原因的："因南临茶山，县以为名。"茶陵县是因为它位于茶山之北而命名为茶陵的。这就引出了一个问题：一个原本仅仅是分布于茶山周围的村落的名字，为什么就发展成了地理意义上的茶陵和行政区划意义上的茶陵呢？概括地说，这得益于晓塘越楚古城。

楚国在茶山西面的小槎片新建军事据点之后，必须有相应的政治、经济、交通运输设施为它提供生存保障。结果是这个军事据点拉动了它周边地区的政治、经济、运输，乃至商业的发展，此前仅仅是山间村落的茶陵也就渐渐地变成了楚国东部边境一个集政治、军事、经济、商业活动为一体的中心地带，因此，这里也就有了作为楚国边境的地标的条件；茶陵这个村落于是就成了楚国东部边境的军事要地和政治、经济中心。

西汉时期，长沙定王刘发把他的儿子刘欣分封在今茶陵、炎陵两个县县界上当茶陵侯，这个侯国定都于地理意义上的茶陵，这就是今火田镇莲溪（旧称"莲卿"）村境内的茶王城。刘欣以地理意义上的茶陵之名作为自己的侯国之名，这是将茶陵之名扩大化的结果。从这个意义上来说，《元和郡县志》对于茶陵县得名的原因的解释是正确的。

茶陵，作为一个村落的名字，它因为晓塘越楚古城的修筑而具有地标意义，她和现在茶陵所在的东北部区域，从战国早期到西汉时期，后来成为了"茶陵"侯国的名称，最后，又成为这个侯国所在县的名称。

3.晓塘越楚古城与茶陵地方建政

从现在能找到的文献资料来看，茶陵建县始于汉高祖五年，即公元前202年。但这个结论历来是为人所怀疑的。彭雪开老师在《株洲古今地名源流考释》中认为：茶陵晓塘（北塘）古城遗址，"根据当时强楚开拓南疆，尽取其他后建郡置县的惯例，有可能为楚国立县的县治。"嘉靖四年版的《茶陵州志》中的"郡谱"表明，茶陵在春秋战国时期属于"楚地"，这个说法得到了古人的认可。顾祖禹在其《读史方舆纪要》卷八十"湖广六""茶陵州"

条目下说"（茶陵州是）春秋时楚地"。

从《左传》等文献记载来看，大约从楚庄王（前613—前591）时期开始，楚国先后向南、向东掠占土地，扩充领土。它每灭掉一个诸侯国就在这个诸侯国的领土上设立郡或者县，委任上大夫、下大夫等行政官吏予以治理。在一段时间内，楚国设立郡的速度不及于设立县的速度，以至于出现了县大于郡的反常现象，出现了下大夫治郡上大夫治县的现象。在2014年10月开始的晓塘古城考古发掘中，考古工作人员在黄泥坡1号楚墓发掘清理出了一座中型古墓，一棺一椁的葬制及其他相关文物表明，墓主是大夫一级的文官。晓塘战国古城遗址与黄泥坡1号楚墓考古发现并存的事实提示，晓塘战国古城很可能既是楚国东面防御扬越的军事据点，又是楚国东部边境新设立的一个县的县治，黄泥坡1号楚墓墓主很有可能就是这个县的县令。

前面说过，晓塘越楚古城很可能是楚悼王任用吴起变法这个时期建立的。这个时间约在楚悼王去世前一年，即楚悼王二十年，也就是公元前382年。换一句话说，茶陵县首次建县的时间很有可能是公元前382年。

漫谈茶陵金州城

文 / 段立新

  历史上的茶陵金州城位于今茶陵县思聪街道大兴村，是茶陵历史上的六座古城中的一座。现存最早的《茶陵州志》（嘉靖版）卷之《城池第三》及《古迹第十一》等篇目对此分别作了记载：

  北十里曰金州城，为宋（大中）祥符年间（1008—1016）邓宜筑。

  金州城在州北九里。旧志云：宋（大中）祥符（年）间邓宜所筑。

  较之嘉靖版《州志》，同治九年版的《茶陵州志》对金州城的记载要略为详细一些：

  今治（即现在的南宋古城）北十里曰金州城，为宋（大中）祥符邓宜所筑。在今治者为宋刘子迈所筑。（《卷之三·城池第三》）

  金州城在州城北五里。《祥符（茶陵）图经》《城壕记》记载："（金州城）在州北十里。"今属左二都。（《卷之十二·古迹一》）

  至宋（大中）祥符（年间）邓宜续筑者，曰"金州城"。其故址悉湮废。（彭维新《重修州城记》）。

按照《州志卷之四·地界七》记载，清代的左二都辖"良陵、走马陇、胡家垇、吴家觜、栗子坪、升塘、老黄山、大陂冲、马泥铺、陇上"等村落，其中至少有"吴家觜、升塘、老黄山"三个村落属现在的思聪街道，这三个村落中的"吴家觜"就是现在的"吴家里"，位于金州城遗址东北方向，离金州城遗址所在地大兴村城门组并不远。

《州志》在记载有关金州城的信息的时候，给后世读者留下了一桩谜案。它在前面所引的条文之外，又在第十五卷《官守·宋二》"邓宜"条目下作了如下记载：

邓宜《长沙府志》："邓宜"之"宜"作"宣"。（茶陵）入唐所建（县）治名"金州城"。（邓宜）大中祥符间任（茶陵县令）。

这就提出了一个问题：这金州城到底是唐代修筑的还是宋代修筑的呢？

从文献记载来看，茶陵历史上先后编纂有 16 种地方志，现存的地方志一共有 5 种，为明清两代的作品，普通人能够查阅到的是本文引用的两个版本的《州志》。除上面这一段引文之外，其他有关金州城记载的条文均将金州城修筑的时间定为北宋大中祥符年间。但是，这一条看似有误的条文绝对不是编纂者的疏忽所致的，因其他文献对此有佐证。

唐代编纂的《茶陵图经》是已知最早的茶陵地方志。唐王朝十分重视地方志的修纂，从文献记载来看，唐代皇帝曾经为此而专门颁发诏书，规定各州府要每三年（一度又改为五年）一造图经。《茶陵图经》就是在这样的情境下出现的，这一部方志至少保留到了南宋的乾道年间（1165—1173）。赵宋王朝也很重视地方志的编纂。据《宋史》记载，宋太祖赵匡胤建国后不久，曾下令："凡土地所分，风俗所当，具古今兴废之图，州县之籍，遇闰岁造图以进。"宋真宗在位时（998—1022），下诏由李谔等负责，撰修《祥符州县图经》，共计 1566 卷，《祥符茶陵图经》也因此而玉成。因为同样的原因，此后到宋孝宗乾道年间，茶陵县又续修了《乾道茶陵图经》。遗憾的是，这三部图经均没有留存下来，我们现在只能在《茶经》《衡州茶陵图经》（似乎又写作《衡图经》）《舆地纪胜》等古籍中找到部分条文。这些条文经清代学者陈运溶搜集之后，汇入《荆湖图经三十六种》，收录于"麓山精舍丛书"之中。《荆湖图经三十六种》收集《祥符茶陵图经》四条条文，其中一条是记载金州城的，内容如下：

金州城在（今）县治（茶陵南宋古城）北八十里，旧经云邓宜所筑。（今）

未见。

据陈运溶介绍，这个条文是从王象之的《舆地纪胜》中收集而来的。《舆地纪胜》成书于嘉定至宝庆年间（1208—1227），是南宋一朝编纂的地方总志，其引用文字的准确度和可靠性都是很高的。我们比较它与嘉靖四年版《州志》的相关记载，发现两者的区别在于是否有"未见"一词。

王象之说金州城在茶陵南宋古城之北"八十里"是错误的，实则约为八里（4千米）。有研究者据此认为这里所说的"金州城"是"马王城"之误，因为马王城正好在茶陵南宋古城以北八十里的位置。马王城建城时间是五代十国时期，其残迹到清代及民国时期还能看到，不可能是"未见"的。还有研究者认为，金州城可能是后唐时期（923—934）的遗物。这似乎并不符合五代十国之后的人对这个特殊的历史时期的表述方式：人们往往要特别用"五季""五代"这样的词语来标明时间；这里没有这样的标示。即便真的是后唐时期的遗物，到大中祥符年间（1008—1016），前后不过几十年，金州城也不可能"未见"。为邓宜主持修筑、在南宋古城之北而在大中祥符年间"未见"的金州城，其最有可能的始修时间应该在唐朝。这与隋唐至五代十国时期茶陵县治变迁而导致县治选址的变化有直接关系。

隋代之前的茶陵或为县，或为县级侯国，其县治或国都一直在茶王城。据《州志卷之三·沿革四》记载，隋开皇九年（589）平陈之后，茶陵撤县并入湘潭县，茶王城作为县治的历史由此而结束。唐武德四年（621），茶陵恢复县置，与攸县等几个县组成南云州，州治在今攸县网岭镇罗家坪。贞观元年（627），茶陵撤县并入攸县，县治仍然在今攸县网岭镇罗家坪。到武后圣历元年（698），茶陵从攸县析出，恢复县置。从开皇九年到圣历元年，茶王城不再为县治的时间已有100多年，到圣历元年茶陵恢复为县的时候，不再以茶王城为县治是极有可能的。从《州志》记载来看，在茶王城和南宋古城之间，马王城一度是茶陵的县治，时间在五代十国时期。这里面的具体记载，这里略去，不作引用。据《茶陵云阳马氏族谱》记载，后梁开平元年（907），马殷之孙马宏芳从长沙南下到茶陵，在吴楚交界之地的今茶陵县高陇镇古城村主持修筑一座集军事防御与地方治理双重功能于一体的城池，这就是马王城，又称古城。由此推断，金州城作为茶陵县治应该是在后梁开平元年中止的，其原因是它地处云阳山麓，远离马楚边境，具备作县治的行政功能而不具备东面防御劲敌吴的军事功能。到大中祥符年间续修《茶陵图经》时，金州城已经被废弃了两百多年，城垣破败几欲不可见是有可能的。从这个意义上来说，《祥符茶陵图经》说大中祥符年间金州城"未见"并不有违于事实。

由此可得几点结论：

（1）金州城是继茶王城之后，茶陵历史上的第二个县治。

（2）金州城很有可能是圣历元年茶陵恢复县治时修筑的。《州志》引用《长沙府志》说金州城是唐代修筑的茶陵县治；彭雪开教授在《株洲古今地名源流考释》中说"金州城遗址很可能为唐时所筑"，是有其历史依据的。

（3）《州志》引用《长沙府志》记载，说明金州城为唐代遗物而又特地交代邓宜为大中祥符年间的县令，似乎是录而存疑，这也说明在编纂者之中是有持"金州城为唐代遗物"观点的。

下面再谈谈唐代与宋代金州城的几个问题

第一，金州城得名的原因

唐代首建金州城时为什么要将它命名为"州城"？从明清两代的《茶陵州志》记载来看，茶陵称州始于元元贞元年（1295），显然，这个"州城"与茶陵是否为"州"无关。《康熙字典·寅集中·巛字部》"州"字条下有这样一个义项："又与洲通。按《说文》引《诗·周南》'在河之州'，今文作'洲'，古通"。唐代金州城与南宋古城均建在河流冲击而成的沙洲上。在古代，"州"与"洲"相通，"洲城"即是"州城"。如此看来，所谓"金州城"，意思是建在沙洲上固若金汤的城。换一种说法，唐代首建金州城而将它命名为"州城"，这是就它的位置而言的。另外还有一种可能：唐武德四年（621）至贞观九年（635，一说贞观元年）设置的南云州，州治在茶陵，唐代的茶陵金州城是一座州城而不是一座县城。

第二，西汉至唐代之前的茶陵县治设在火田莲溪的原因

唐代之前，茶陵县为什么要选择在偏僻闭塞的火田莲溪设置县治呢？这是由下面几个方面的原因决定的：

首先，与扬越最早开发茶水中上游有关。远古时期，扬越人最早开发了茶水中上游即古茶乡地区，茶水中上游成了当时茶陵境内经济文化发达的地区。战国中晚期，楚国打败扬越进掠湖南，继扬越之后全面经营茶陵。当时，楚国为适应在其东南边陲防御扬越人骚扰边境的需要，在茶水上游的今秩堂镇境内修筑了晓塘越楚古城，并在这里派驻了由文官构成的管理机构。晓塘

越楚古城兼具楚国东南边陲的政治、军事中心的功能。到战国晚期，茶水中上游还是茶陵境内的军事政治中心地带。这样的格局一直延续到了秦汉至隋代之前，这是当时人们选择把茶陵县城设置在茶水中游地带的火田莲溪的主要原因之一。

其次，与茶陵县早期人口分布有关。在嘉定四年（1211）之前，茶陵县所辖地域包括今茶陵县与炎陵县两个县域在内。《株洲文物名胜志》（1991年9月第1版）附载的《株洲地区主要古聚落遗址一览》及《古墓碑》所载的资料显示，商周至东汉时期，古茶陵境内已知古村落相对集中于今茶陵县北部地区，尤其是茶水流域的古茶乡。这个区域最早被扬越人开发，经济发展水平优于其他地区，人口相对集中。在经济发达、人口集中的地方设置城市，这符合设置城市的基本要求。

最后，与当时的交通有关。这个时期茶陵境内交通形式主要是陆路而不是水路，这条陆上重要通道叫永遊大道，它起于火田莲溪茶王城，终于今虎踞镇高水村。这一条始于汉代的通道至今仍然是今火田、腰潞、虎踞三个乡镇之间往来的简易通道。在历史上，它向东可以辐射到江西、福建沿海，向北延伸到了株洲、湘潭、长沙及其以北的省市，一度是湘赣两地北上东返的交通要道。

第三，唐代茶陵恢复县置之后为什么要把县城迁入城关镇（今云阳街道）境内

简单地说，这主要是由当时的社会经济发展决定的。

其一，从三国时期开始，茶陵经济进入了全面开发时期。据《三国志》等史籍记载，三国时期，孙吴集团先后派出步骘、吕岱于延康元年在茶陵汭口（今洣江欧江）前后驻军达19年之久。驻守部队采取军屯与招徕农民垦种相结合的方式，开发农耕之地。在农业为主的自给自足经济时代，这意味着茶陵地方经济进入了有序的大规模开发时期。嗣后，晋代五胡乱华，大批北方流民南迁，北方先进的农耕技术与流民一道流入茶陵等地区，这进一步助推了茶陵经济的发展。到隋唐时代，古茶乡地区开发已久，可供继续开发的土地空间已经饱和，而洣江河和文水流域，开发的潜力非常大，这就决定了茶陵地方的经济发展区域由茶水中上游向洣江河、文水流域南移。

其二，产茶业的兴起，改变了此前以陆路交通为主的交通方式，水路交通运输日显重要。《茶经》记载，唐代，茶陵以产茶出名。茶陵的茶叶买卖

与贩运由此而兴起。茶陵境内洣江河流域、文水流域所覆盖的区域，其面积和出产的茶叶量远比茶水流域的大得多，这个区域内汇聚起来的茶叶可以直接经洣江河起运到境外，洣江河岸自然而然地就成了新的经济中心。

其三，以县治为中心社会治理的需要。当时的茶陵县地域广大，在客观上要求县治处于一个中心位置，以便于加强与辖区各地之间的联系，有效地行使其治理功能。今（云阳街道）位于洣江河与茶水、文水交汇之地，处于这三条河流所覆盖区域的中心位置，在这样的地方设立县治是最为合适的。

第四，宋代金州城与南宋古城之间的关系

茶陵南宋古城修建于绍定四年至五年（1231—1232）之间，建城的根本原因是宋代金州城南迁到唐代金州城旧址（今城关镇前进村），而唐代金州城早已破败不可用。对此，我们可以从三个方面来展开叙述。

首先，在南宋古城建成之前，茶陵知县启用了唐代金州城旧城。《州志》卷之四《城池》记载说："茶自宋迁今治，初未有城。"南宋初年，茶陵县治从唐代金州城南迁到现在的县治所在地，这里最初是没有城的。卷之十六《循良》部分介绍刘子迈时则说："茶旧弗城，垒土为城"，"垒土为城"是说有城而城池极其简陋，有如乱石堆积而成，形同如无。

其次，南宋时期，茶陵县城南迁到唐代金州城旧址适应了当时茶陵社会经济发展的需要。《州志》及王先谦的《湖南全省掌故备考》记载，早在北宋熙宁九年（1076），应茶陵主簿彭友方之请，茶陵获准就地制造漕粮船，运送漕粮北上至湘潭等地。《宋史·文苑第二百零三》记载，倪涛"再徙茶陵船场"，担任茶陵造船使。茶陵造船业由此而兴起，在今云阳街道、湖口镇形成了两个造船中心。茶陵北输漕粮并形成了两个造船中心，说明从熙宁年间开始茶陵经济已经有了相当的发展并由此助推了茶陵的水上运输业的兴起。《舆地纪胜》卷六十三记载，绍兴九年（1139），茶陵县设有七个乡、四个镇，其中，茶陵县治设置在今云阳街道。古籍记载显示，镇的设置始于北魏，原为地方驻军机构，镇的首脑或为一方军事将领，或者还兼任地方行政长官。这样的格局延续到唐代，引发了唐末藩镇割据局面。宋代吸取唐代的教训，仅在经济较为发达、人口相对集中的地方设置镇，专事地方驻军及治安事宜。至少在南宋早期，唐代金州城旧地已经是茶陵境内经济发达、人口聚居之地，这是茶陵县治设置在这里的主要原因。

因为地方经济的发展，茶陵从北宋熙宁年间开始水上运输兴起，这在

客观上要求作为县治所在地的县城应该修建在水上交通便利的地方。显然，宋代金州城已经不能适应交通形势变化的需要。再加上绍定年间（1228—1233），茶陵人的筑城工程技术有了提升（明清两代的《茶陵州志》对此有过相关记载），足以保证在唐代金州城旧址顺利修筑新的县城，这也是宋代茶陵县城南迁到唐代金州城旧址的原因之一。

 南宋古城

茶陵鄂王城

文 / 段立新

一

1. 鄂王城之谜

茶陵历史上的六座古城，其中的五座，即秩堂晓塘战国古城、火田连溪茶王城、高陇古城马王城、思聪大兴金州城、云阳南宋古城，或残迹尚存，或有古墓、地下文物、庙宇等实物佐证，或有《茶陵州志》记载为证，只有鄂王城是一个例外。

嘉靖四年（1525）修纂的《茶陵州志》记载说，鄂王城在"二十五都"。清代编纂的《茶陵州志》第一卷所附的茶陵行政区域图中明确标识鄂王城毗邻"湖口墟"，人们由此确定，所谓"二十五都"就是当今的茶陵县湖口镇。建国以后编纂的《茶陵县志》及其他方志材料中记载鄂王城都在湖口镇，龙书化等民间人士则认为鄂王城在"湖口、浣溪之间"（见龙书化《消夏谈丛》之《第一辑·茶陵五城考略》，以下引文出处同）。但是，新中国成立以后，有关单位组织了多次田野考古调查，令人遗憾的是大家始终无法在记载地找到鄂王城的蛛丝马迹。鄂王城成了一座有记载却无法考证的古城。

2. 鄂王城溯源

据《宋史》记载，孝宗即位（1163—1190）之后，南宋朝廷先后给予岳飞"忠烈""武穆""鄂王"等三个钦封名号和爵位，这些名号和爵位成了岳飞的代名词。明代《茶陵州志》"鄂王城"条目下记载说："鄂王城在二十五都，宋岳忠武屯兵之所。遗址尚存。"这就是说，鄂王城是岳飞主持修筑的一座屯兵之城，大致相当于我们现在所说的"兵站""后勤补给站"。

明嘉靖版《茶陵州志》并没有记录鄂王城修筑的时间、原因等细节，而相关的旁证文字又一直没有引起后人的注意。

20世纪90年代，龙书化先生通过考证之后对《茶陵州志》的记载作了一定的补充。他说："鄂王城系南宋绍兴二年（1132）岳飞追击曹成屯兵贮粮之所。遗址在今湖口、浣溪间。确切地点待考定。"如此说来，鄂王城修筑的时间是1132年，筑城的目的是"屯兵贮粮"，为追剿曹成的军事行动提供后勤支持。

龙书化先生所说的"绍兴二年岳飞追击曹成"于史有据，但是，说鄂王城修筑的时间是绍兴二年，这是值得商榷的。

成书于同治九年（1870）的《茶陵州志》，综合此前修纂的几部《州志》，对历代入志资料做了一个系统整理和记载，在该《州志》第二十四卷"杂志"项中有一条颇有神话色彩的记载：

岳忠武督师过茶乡之秩塘（现为"秩堂"），向有冬青树，大数尺，横生梗道，过者难之。忠武师至之夕，树忽植立。

"忠武师至之夕"其"夕"字值得大家注意："夕"者，晚上也。也就是说，岳飞和岳家军是在夜色苍茫中匆匆路过秩堂的。

与这条记载相呼应的是有关合户村"墨庄"石刻题字的传说。传说当年，岳飞的部队经由江西永新县与合户村之间的茅竹坳山间小道到达合户（当时的合户村名叫"麦灶"）时，天早已黑了，岳家军就地安营扎寨。在夜色中，一个晚归的私塾先生主动给岳飞当向导，岳家军夤夜起程离开秩堂；岳飞题"墨庄"一词酬赠私塾先生。岳飞一路南去，于天亮之前在今高陇镇光泉村境内留下了"光泉"题字及"落更亭"地名。民间关于这两者来历的传说也说明岳飞追剿曹成而途径秩堂是在一晚一早之间发生的事情。

由此看来，这是一次急行军。在这样的情境下筑城屯兵贮粮似乎是不可能的事情。

与秩堂镇田湖村一山之隔的是江西省永新县高堪乡梅花村店屋组。茶山蜿蜒其间，在田湖村境内的湖家坊附近耸立着一座高高的山头，这就是秩堂人所说的"更鼓寨"，它与附近的山间小泉"马脚迹"都是岳飞在平定农民起义时留下的遗迹。

这涉及了一个民间传说。当年，在梅花村一带活跃的以梅花为首的"强盗"团伙偷袭了岳飞的辎重部队，岳飞便在今秩堂镇彭家祠村一个名叫"天营盘"的山头上安营扎寨，指挥军队在茶山一带平定这支"强盗"武装。据说，"更鼓寨"是当年岳飞的前沿指挥所或者哨所，"马脚迹"则是岳飞擒杀梅花之地。

风韵茶陵

这个民间传说有一个值得大家注意的"尾声"。据说，当时岳飞与天营盘附近一个名叫彭可安的"读书人"交往甚密，彼此成了朋友。岳飞平定梅花班师回营时，彭可安"已逝矣"，岳飞不胜其悲，以一首七绝相悼。《叙伦堂彭氏族谱》（2000 年三修族谱）载录了岳飞的悼亡诗及诗序：

前，师师讨贺（州）贼曹成，道经秩堂。彭公可安犒军三日，返旌时公已逝矣。正值归窆，不胜感悼，题此以赠。

曾历南疆复驻旌，

万人扶柩助哀声。

可安若不舆情恰，

归窆焉能得此荣？

"曾历南疆复驻旌"包容了两个值得注意的信息。一个"曾"字，说明"历南疆"之事是"过去完成式"而不是"现在进行式"。"历南疆"者就是到南国的土地上征伐。《宋史》记载，岳飞追剿曹成，最远到达了今广西壮族自治区的贺州市。"历南疆"具体所指的应该是岳飞道经秩堂南下直至贺州追剿曹成。"复驻旌"，剿灭曹成后返赴秩堂驻兵打仗。"曾历南疆复驻旌"全句说的是：去年奉命追剿曹成，我率领军队途径秩堂，今年领旨出征，我再一次来到了秩堂。

岳飞七绝中的"复驻旌"引出了另一场战事。《宋史》记载说绍兴三年（1133），岳飞奉命"捕虔贼"，就是平定今江西赣州、吉安地区的农民起义，战事集中在农历的四月初七（壬辰）至六月二十六日（己酉）之间。当时，活跃在今永新境内的是尹花八领导的农民起义军。这一支武装约有三千人马，上述民间传说中的"强盗"应该是其中的一部分；平定梅花战事则是平定赣州、吉安地区农民起义战事的一部分。

我们把《宋史》《叙伦堂彭氏族谱》及岳飞平梅花的传说统合起来梳理之后，可以这样推测：鄂王城系南宋绍兴三年岳飞平定赣州、吉安地区农民起义的屯兵贮粮之所。

3. 鄂王城觅踪

2005 年，重印出版的嘉靖版《茶陵州志》第六卷《古迹》项记载了鄂王城："鄂王城在二十五都，宋岳忠武屯兵之所。遗址尚存。"

第九卷《惠政》"津梁"项记载了"小水雷公陂"："……小水雷公陂……已上在廿五都。"

小水雷公陂是茶溪上的一座小水坝，坐落在今秩堂乡晓塘村境内。"小水"

是该村的一个自然村落，名称至今未变。晓塘村有两座古老的小水坝，上者茶湖陂，为小槎（晓塘村的另一个自然村庄）贮水灌溉，下者"雷公陂"，为小水贮水灌溉，两者互为印证，其坐标和名称、位置及功能至今未变。

第七卷《食货》子项《图籍》记载，洪武初年茶陵县有"茶陵、西阳、睦亲、衷鹄"四个乡，"第上廿都、第下廿都、第廿一都、第廿二都、第廿三、第廿四都、第廿五都已上属茶乡"。

这里所说的"茶乡"乃是"茶陵乡"的简称，在地域上包括现在的秩堂、高陇、火田、八团四个乡镇，新中国成立初期分属三区、八区，合称"三八区"。茶陵县有"茶陵、西阳、睦亲、衷鹄"四个乡的地方行政区划格局一直持续到了清朝。清朝初年，地方行政区划沿承明代旧制，清顺治十二年（1655），地方行政区划制度改革，重新规划县级以下地方行政区划布局，设置里、都等基层行政区划单位。按同治版《茶陵州志》的记载，清代的茶陵乡统辖第十三至第十八6个都，现今的秩堂镇及高陇镇的龙下、光泉分属十六、十七、十八3个都，而现今的湖口镇属于二十五都。

厘清了以上行政区划的演变轨迹之后，我们可以还原这样一个事实：清代的《茶陵州志》编纂者似乎给后人开了一个玩笑，将明代的茶陵二十五都讹传为清代的茶陵二十五都，鄂王城便静静悄悄地"玩笑"到了"二十五都"湖口镇。而事实上是，鄂王城坐落在今秩堂乡境内，就是秩堂人所说的天营盘。

4. 鄂王城今昔

2013年9月9日，我们一行三人来到秩堂镇彭家祠组天营盘实地考察鄂王城遗址。当地热心人士彭先生给我们当起了现场解说员。彭先生介绍说，在20世纪80年代之前，这里零零落落存有内外两重夯土城墙，墙体下宽上窄，高约两米，上面有明显的城垛痕迹；外墙以村主干道为界，长约1500米，内墙以自家屋后的菜园为界，长约800米，内外城墙之间直线距离在200米左右。清朝咸丰年间，太平天国将领阮七率军进驻茶陵，这里一度是阮七部队的驻扎地及其与清军统军赵焕联部的交战地。民国时期，这里一片荒芜，是通往真言堂、九甲陇的必经之路。1970年代前后，外墙以内划归原列宁中学，成为学生勤工俭学基地，而内墙之内则是原秩堂公社的民兵训练基地。约从1980年代开始，本地居民先后在天营盘辟地建房，古老的鄂王城逐渐成为第三组、第九组、第十组所在地。开挖地基时，人们在内外城墙之间挖出了不少乱葬尸骸及少量太平天国钱币。几年前，在开挖通道的时候，最后一段残存内墙毁于邻居之手，现在能看到的只有自家屋后菜园边杉树下面的一个小土堆。自此，天营盘的城池痕迹彻底消失。

二

从鄂王城遗址及见证者的叙述中，我们知道鄂王城是一座用土夯筑而成的小土城，筑造得极其简陋，这多少有点让人感到意外，甚至有点失望。古籍之中描述的"城"，一般要与"池"并列，合称为"城池"。一座完整的城，至少有内外两重城墙，里面一重叫"城"，外面一重叫"郭"；至少是外面一重城墙，上面有重楼、月楼、敌楼、角楼、堞、甏等配套设施。池者，环列于城墙之下的壕沟也。《谷梁传·隐公七年》记载说："城为保民之为也。"修筑城池的目的是为居民提供安全保障，在战时发挥防御功能。《礼记·礼运》说："城郭沟池以为固。"在筑城时要力求"城"与"池"完美结合，这才能"固若金汤"。

《山海经·海内经》记载了鲧盗取息壤治水不成功而被天帝杀于羽山之郊的神话故事。这个神话所反映的史实是鲧采用夯筑的方法来修筑城墙，抵御洪水，没有成功而遭受了应有的惩罚。这个故事提示我们：夯筑的方法可能是古人最早采用的筑城方法，我国最早修筑而成的城都是夯筑土城。从这个意义上来说，鄂王城不仅是一座城，而且，还是一座用最为古老的方法修筑而成的城。

结合鄂王城的筑城背景来看，这座供岳飞"屯兵"之用的城只是一座临时性的土城围，它因为临时性的"屯兵"之需而快速修筑，战争结束之后随即废弃不用，因此，鄂王城是一座一次性的土城围。从这个意义上来说，鄂王城与战壕、碉堡一样，只是一种特殊的军事设施而不是真正意义上的城。数百年之后，太平天国将领阮七率部进驻茶陵，选择在这里驻军，这是对沉寂已久的军事设施的再利用。然而，这一座临时性的城到底叫什么名字呢？

据史料记载，宋孝宗即位之后及时平反了岳飞的冤案，岳飞也因此获得了追封的殊荣：宋孝宗淳熙六年（1179）追谥岳飞为武穆，宋宁宗嘉定四年（1211）追封岳飞为鄂王。这样说来，"鄂王城"这个名字至少是嘉定四年以后才出现的，而在此之前，这座城叫什么名字，或者有无名字，我们现在无法知道。阮七再利用这座城之后，一定对这座城进行了修复加固，他对外宣称这是"天营盘"——太平天国建造的营盘。

这就是说，鄂王城始终只是一座方便屯兵驻军的临时性土城围，它的名字因筑造者和续用者的不同而不同，当后一个名字取代前一个名字的时候，它的"前身"也就渐渐地被人遗忘了。

1. 鄂王城的建城原因

鄂王城的建城原因，概括地说有两个：一是湘赣边特殊的经济条件，二是岳飞追剿曹成过程中遭遇的困难。

从魏晋时期开始，北方移民先后涌入南方地区，先进的农耕技术也因此带到南方地区。南方地区地域辽阔，发展农业的条件得天独厚。北方先进的农耕技术与南方地区发展农业的潜质结合，促成了南方地区农业发展后来居上。到宋代，这里成了封建王朝重要的粮食基地。宋人曾安止说过：有宋一代，"漕合岁贡百万斛，调之吉者十常六七"。上缴国库的十万斛漕粮税银中，有百分之六七十是来自于江西吉州的。在战乱连连的南宋初年，湘赣两地受战乱的影响较小，社会相对安稳，农业生产遭受的破坏也并不严重。岳飞在茶陵筑城屯兵屯粮，设置后方基地，充分利用了茶陵的经济优势。

岳飞奉命追剿曹成的时候，他的身份有点儿尴尬。从史料记载来看，当时岳飞经营的中心在江西，南宋朝廷授命岳飞去追剿曹成，给予的职务是"权知潭州兼权荆湖东路安抚使"，潭州知府也好，荆湖东路安抚使也好，都是"代理"的。岳珂收集其祖父遗存的作品，编纂成《金佗粹编》，书中有文字暗示，曹成流窜湖南之后，湖南境内有曹成、李宏、刘忠三股势力在"做"，危害湖南地方安靖，均有待岳飞去剿抚，其中又以曹成的危害为大。因此，此时的岳飞要兼顾江西、湖南两地的军务。南宋朝廷希望岳飞速战速决，在湖南境内将曹成剿灭或者招抚过来，以便兼顾江西、湖南两地的平乱事宜。至于后来曹成流窜到广西贺州，这似乎有点出乎南宋朝廷和岳飞意料；南宋朝廷和岳飞都不愿意看到这样的战局。

南宋朝廷这样的战略预设使岳飞兼任代理职务，他的政令难于在湖南及两广境内通行，他在这里调兵征粮并不顺畅。《金佗粹编》收录的家信和奏章中有这样的文字：

韩京元屯兵衡州茶陵县，吴锡在郴州，两项所管官兵，多是老弱及湖东土人在内充数，其实堪出战人各不满一千。又缘不经战斗，久在州县屯泊，全无纪律。今来飞已将上件人马除拣选不堪披带人给据放散外，将实堪披带人数拨付诸将收管使唤讫。谨具申尚书省并枢密院，伏乞照会（卷十七之《家集》卷八《公牍上》）。

臣所统本男官兵一万二千余人，除留存二千入吉州看管老小并随军辎重火头占破外，实出战者只有七千余人。吴权二千人，除辎重火头外，实出战一千五百人。韩京三千人，除留看寨辎重火头外，堪出战只有一千人。吴锡约二千余人，堪以下原缺补出战有一千人。张中彦人马现在广东未到。今来共计见有实出战官兵一万余人。所有曹成贼寇仅十余万众，臣已竭力措置外，伏望圣慈速令并进后援，庶使臣无后顾之忧，得以有济，伏乞睿照。（卷十之《家集》卷一《奏议》）

……飞欲深往追赶（曹成贼兵），又恐二广不曾得朝廷指挥，不肯应力钱粮，必致缺误。兼近据潭州申：刘忠掩杀马友，统制王成大溃。窃恐马友见飞已入湖东，及曹成遁走，又不能捍御刘忠贼马，以此心怀疑惑，别致生事。飞欲往潭州安抚马友讫，先次措办剿杀刘忠等贼了当，即乞前去收捕曹成。除已具录奏闻外，伏望特降指挥，付飞遵依施行。

……曹成贼马经由全、永、贺界逃遁，已不住关报广东西安抚使，请为统率遂路军马照应把截，无使侵入二广外，伏望特降指挥下遂路帅臣，更切火急严紧把截施行，伏望指挥。

……飞出自寒微，望轻才薄，今权令一路，窃一作切恐不能称任，止乞依旧统制名目，前去追杀曹成。仍乞先次行下二广路，令应付一切钱粮，仍乞一才干官充随军运使，专一措置钱粮，遮得常不缺误。（卷十七之《家集》卷八《公牍上》）

上述文字均出自绍兴二年岳飞追剿曹成过程中所写的家书、奏章。在这样的境地中，岳飞选择在湘赣边境的秩堂设城囤积军粮兵员，一是因职务之便，可以就近从江西随时征调军粮，收集兵员；二是此地粮源充裕，征集起来比较便利；三是这里相对安宁，屯兵屯粮较有安全保障。

2. 鄂王城在平定曹成之乱中的作用

《宋史·岳飞列传》中记载了这样一个故事：有一次，岳家军俘获了一个曹成派来的间谍；岳飞将计就计，故意向这个间谍透露军中缺粮，要立即退兵回茶陵的"情报"，间谍带走了这个"情报"，曹成信以为真，放松警惕，在岳家军的突然袭击中大败了一场。

这个故事包含了下面的信息：其一，茶陵是岳家军的大后方，担负着后勤补给及兵员休整、补充的重任；其二，茶陵为岳家军提供的后勤保障十分充足，岳家军退守茶陵有允分的安全保障；其三，对于岳家军来说稳固茶陵即稳操了胜券，反之，意味着失去了获胜的把握。由此，我们也可以体会到作为岳家军屯兵屯粮之所的鄂王城在岳飞平定曹成之乱中有多么重要的作用。

茶陵火田莲溪茶王城

文 / 段立新

　　现今所知的茶陵县最早县治之所是西汉时刘欣父子在今火田镇莲溪村所建的都城，大约在东汉时期被称为"茶王城"。

　　《城冢记》对茶王城作了简短的记载："在州东五十里。汉元朔中，节侯所筑，盖即茶陵节侯刘欣也。"这是文献中关于茶王城的最早记载。

1. 位于火田莲溪的古城

　　茶王城在哪里呢？

　　同治九年版《茶陵州志》卷之十二《古迹一》对此做了明确的记载："茶王城在州东五十里。"《寰宇记》：汉茶陵故城在攸县东一百四十里，俗名茶王城。《城壕记》："古茶王城在州东五十里，汉节侯欣所筑。"

　　"汉节侯欣所筑"的记载与《史记侯表第六》的叙述吻合，比照记载中关于茶王城"东五十里"这个位置的描述，研究者认为茶王城在现在的火田镇连溪村境内。

　　莲溪，在同治九年版《茶陵州志》中记录为"莲卿"，与当地方言十分接近。

莲溪村在火田镇原镇政府驻地西南约 4 千米处。

在 20 世纪 80 年代的文物普查中，考古工作者在这里发现以汉墓为主的古代墓葬数百座，主要集中在村南约一千米处的窑背岭地势平缓的山坡上。1985 年 8 月，湖南文物考古研究所会同茶陵文物部门在这里进行了为期十天的考古发掘，一共发掘了六座古墓。墓葬出土了陶器及铁质、铜质文物及石器共计 121 件。根据其中的陶器的式样、形制、花纹等要素判断，考古工作者认定这些文物均为汉代之物。其中有一块墓砖，上面有篆书"元嘉二年造大吉"字样，直接证明这些墓葬为汉代遗存。

考古工作者从当地部分老人的叙述中了解到：墓址北面的山岭中曾经有一段残存的夯筑土城墙，这里三面环岗，一面临河，残存墙体约 100 米长、3 米宽，墙外有明显的壕沟痕迹，在 1975 年"园田化"改造过程中，人们填平了壕沟，挖掉了土城墙，昔日的古城遗迹从此完全消失。

莲溪村所处的位置比较偏僻、闭塞，即使是到现在，这里的交通也并不怎么发达，西汉时期的刘欣父子为什么选择在这里筑城安国呢？

汉武帝推行"推恩令"，这与后世所说的"削藩"有异曲同工之处。史籍记载，汉武帝推行"推恩令"之后，"诸侯王不得复治国，天子为置吏，改'丞相'为'相'"。诸侯王只能做名义上的王，无权任免王国境内的官吏，不能干预王国内的政务。

就刘氏长沙国来说，它所受到的朝廷制约还不止如此。它的疆域缩小了，它的南部领域被朝廷收归，设置为桂林郡、零陵郡。在这样的情境之下，刘氏长沙国国主可以理直气壮地叫穷：孩子啊，我真的是拿不出更多、更宽的领地来分封给你们。

史籍记载，汉武帝元朔四年（前 125），西汉朝廷在封长沙定王之子刘欣为茶陵侯的同时，又封长沙定王子刘则在今攸县为攸舆侯，汉武帝元光六年（前 129），再封长沙定王刘发次子刘苍在今江西莲花、安福一带为安成侯。刘发的这三个儿子的封地呈掎角之势，夹杂在南部相对偏僻的闭塞之地，"臣国小地狭，不足回旋"的境地。不过，这也有一个好处：三兄弟的封地毗连，彼此浑通一气，可以相互照应。

2. 出土文物再现西汉茶陵社会生活图景

1985 年 8 月，文物部门在火田莲溪发掘清理了六座西汉中晚期到东汉初年之间的古墓。出土文物有铁器、陶器、铜器、石器，达 121 件之多。

出土的铁器一共有24件，其中15件为四种样式的刀具，它们的刀身呈长条形或者三角形，与欧美国家厨房使用的刀具颇为神似。

铁质文物中的4件釜是厨房炊具，与之配套使用的是3件釜架：三个外撇支脚固定在圆形铁箍上，铁箍与支脚接口下面用铁环扣得紧紧的。

除此之外，还有一件叉形器，也是汉代茶陵人的厨房用具。做饭的时候，人们把陶制的或者铁质的釜放在釜架上，拿着叉形器往釜架下面加柴火，在釜架下面旺旺地烧起火，煮饭，炒菜。

陶器是出土文物中的大宗器物，有96件之多，有鼎、盒、壶、罐、碗、卮、樽、甑、釜、钵、盆、器盖、灯、双沿坛、坛、盘、纺轮、冥币等18种器物。

除冥币之外，其他陶器都是汉代莲溪人日常生活中常用的器具。其中，鼎和釜、甑属于炊具。5件鼎都带有三个矮足，有4件配有弧形顶盖，一对附耳，鼎身装饰有波浪纹、弦纹组合纹饰，另一件鼎无顶盖，它通体装饰方格纹，口沿的半环形双耳左右对称，与后世使用的平底锅颇为相像。出土的釜圜底浅腹，口沿上有一对对称的环形耳，比无顶盖的陶鼎更接近现代厨房使用的炒菜小铁锅。两件甑圆圆的，带有数目不等的镂孔，很像现代厨房使用的圆形小屉笼。

像现代人一样，汉代莲溪人也会喝茶饮酒，也会收存零食和粮食。他们的茶装在陶壶或者陶樽里面，他们的酒装在陶罐、陶卮或陶坛里面，喝茶、喝酒的碗放在茶水、酒水一旁。要吃干粮零食揭开套盒，要洗手洗菜就拿陶盆。倘若家里来了客人，就办一餐盛宴，用陶钵、陶盆盛汤盛菜。

入夜时分，点起一盏陶灯，一家人坐在灯火下休息，女眷们拿出陶纺轮，就着灯火纺线……

3. 刘欣父子身后哀荣事

在茶陵县有一种地方神灵庙宇，俗称"灵孚庙"，祀奉的神灵叫"灵孚老爷"。

有意思的是，原来属于茶陵军的炎陵县（1994年之前叫"酃县"），民间也祀奉灵孚老爷。同治十二年编纂的《酃县志》卷之五《营建》记载说："灵孚庙米泉书院右，士民捐建，所祀神灵未详。咸丰年间重修。"

嘉定四年（1211）之后，茶陵军一分为二，其中，当时的上三乡（康乐、霞阳、常平三个乡，在汉代称为"茶陵东南乡"）和霞阳镇升级县级单位，这就是酃县，到20世纪末，酃县又改称为炎陵县。

被茶陵民间祀奉的灵孚老爷不是别人，正是茶陵节侯刘欣。古茶陵地区民间立庙祀奉刘欣由来已久。元代茶陵人尹谦孙的《福济庙记》介绍，刘欣"在国宽慈"。他去世后，古茶陵地区"吏民追思，请崇庙以祀"，经朝廷许可之后，茶陵人开始修造庙宇祀奉刘欣。

茶王城在刘欣父子之后的西汉至隋代开皇九年（589）之间一直是茶陵州（县）治，从唐武德四年（621）开始，州（县）治南迁。《福济庙记》介绍说，唐僖宗广明年间（880—881），茶陵地方政府曾经重修和拓建过庙宇，宋崇宁四年（1105）经礼部额准，刘欣的庙宇匾额题为"福济庙"，宝祐年间（1253—1258），"福济庙"建筑在今南宋古城北部。崇宁四年到宝祐十一年（1263年，实则是景定二年）之间，南宋朝廷对刘欣屡加追封，赐予刘欣"宣昭侯""广利侯""广利公""明灵威护仁惠公""孚佑王""昭应王""英惠王""广泽王"等封号。也是从这个时期开始，茶陵民间开始广修庙宇，祀奉刘欣。民间从刘欣获得的一系列封号中选择"明灵威护仁惠公""孚佑王"两个封号，用嵌合缀连的方式给晋升为神灵的刘欣取了一个十分通俗的名称："灵孚老爷"。民间建造的灵孚庙一般矮小而十分简陋，通行的楹联是"灵通万里，孚佑百姓"。但从茶陵民间祭祀灵孚老爷的习惯来看，灵孚老爷似乎是一个社神加主管家禽家畜饲养的神灵，这是刘欣和他儿子刘阳，怎么也意想不到的事情。

4. 茶王城与茶陵建政

清光绪版《湖南通志》记载云："茶陵故城在州东五十里，汉置县，属长沙国，晋属湘东郡，宋齐因之，隋省入湘潭而此城废，唐复置即今州治。"

刘欣父子受封到茶陵之后，茶陵是刘氏长沙国属下的一个小侯国——茶陵侯国，他们死后一个被封为茶陵节侯，一个被封为茶陵哀侯，都是侯爷，而不是茶陵县的县令。《通志》称茶陵在西汉时期为长沙国的一个县。在吴氏长沙国时期，茶陵县的县治在哪里？这是一个于史无记载、于田野考古无证据的事情。以情理推测，吴氏长沙国时期的茶陵县县治很有可能在秩堂镇晓塘越楚古城一带。这里是历史上的一个茶陵村落，自战国早期以来很可能就是古茶陵边境上的军事、经济、商业、交通、政治文化中心。在20世纪进行的两次文物普查过程中，晓塘越楚古城城区发现有汉代陶器遗存，表明直到汉代，晓塘越楚古城还有人居住，这似乎暗示这样的推测有一定的合理性。

关于茶陵置县的时间，已知文献记载为汉高祖五年（前202）。而彭雪开老师和谭定祥先生考证之后则认为，茶陵建县的时间可以提前为秦王嬴政二十六年（前221）。如果真的是这样的话，因前代的政治、文化、经济中心为中心，将县治建置在晓塘越楚古城一带也是有可能的事情。遗憾的是，这样的推论于史志档案无记载，还不足以为史实。

问题再回到《湖南通志》的上述记载上来。同治九年版的《茶陵州志》卷之三《沿革四》记载说，隋代开皇九年（589）平定陈之前，茶陵称县，隶属湘潭总管府衡州，平陈后撤县并入湘潭县，茶陵县县治不复存在，茶王城随之而废弃不用。这个记载与《湖南通志》中的记载互为印证和补充。

同一部《茶陵州志》的卷之三《沿革四》又记载说，武德四年（621），茶陵恢复县置，隶属湘潭总管府衡州衡山郡。在这样的背景条件下，茶陵县重新选择了城址，另辟新的县城县治。明清两代《茶陵州志》的相关记载提示，武德四年茶陵恢复县置之后所建的县城就是后世所说的金州城，位置在今南宋古城一带，与我们现在所说的南宋古城位置一致。

说了这么几层意思之后，回过头来再说茶王城与茶陵建政的关系。简单一点，这个问题可以这样表述：已知史志档案记载和田野考古发现两方面资料表明，火田莲溪茶王城是茶陵县最早的县城和县治所在地，茶陵建政是从茶王城开始的。

那么，茶陵建政从茶王城开始，这与茶陵县命名为"茶陵"有什么关系？从什么时候开始，茶王城不再为茶陵县治所在地？

这个问题涉及了几个地域概念，我想从介绍这几个地域概念入手来解答问题。

（1）茶陵。最早提出这个地域概念并作出解释的是唐代建中年间（780—783）编纂的《茶陵图经》。原文是"茶陵者，所谓陵谷生茶茗焉"。这是对"茶陵"的宽泛解释。它符合古人对"茶陵"地域的解释，指的是以晓塘越楚古城为中心的地带，主要是指今秩堂镇田湖、合户、晓塘三个自然村所在区域。

顺便说两句，陆羽写作《茶经》的时候，辑录茶人茶事，其中辑录有"茶陵者，所谓陵谷生茶茗焉"一句，这并不是说这是陆羽所写的，它的知识产权属于《茶陵图经》的编纂者。

（2）茶陵乡和茶乡。从《舆地纪胜》卷八十一记载来看，"茶陵乡"之名始于绍兴九年（1139年，《读史方舆纪要》记载为绍兴七年，即1137年）。当时，茶陵军辖有茶陵、睦亲、衷鹄、西阳、霞阳、康乐、常平7个乡以及茶陵、永安、船场、霞阳4个镇。嘉定四年茶陵军分设为茶陵、鄜县两个县之后，茶陵、睦亲、衷鹄、西阳四个乡与茶陵、永安、船场三个镇分属茶陵县。嘉靖四年版的《茶陵州志》提示，在茶陵，上述4个乡依次简称为茶乡、睦乡、衷乡、西乡。

同治九年版的《茶陵州志》记载，清代茶陵乡辖十三都至十八都，包括现在的秩堂镇、高陇镇全境及火田镇芙江以北（包括原八团乡一部分）地区。

如此说来，所谓"茶乡"，一指茶陵历史上的茶陵乡，一指茶陵乡所辖区域。新中国成立之初，茶陵乡所辖区域一度划归三区、八区，两个区合起来称"三八区"，指称历史上的茶陵乡所辖区域。这个"三八区"包括了今火田镇全境，比茶陵历史上的茶陵乡所辖区域要宽一些。

由此观之，茶陵县之名是从"茶陵"这个村落开始的。在从村落之名演化为一个县的名称过程中，经历了由村落之名扩大为以这个村落为中心的地域之名的变化。之所以是这样，是因为茶陵先民扬越人最先开发了茶水中上游一带，战国中晚期，楚人继之而来，在历史上的茶陵村落修筑了兼具边境军事维稳与地方行政治理双重功能的晓塘越楚古城，由此确定包括茶陵村落在内的广义茶乡成了茶陵最早的经济、文化、政治中心。以茶陵最早的经济、文化、政治中心之地的名称作为它所在的县的名称，于是，茶陵县就被命名为"茶陵"了。

对于"从什么时候开始，茶王城不再是茶陵县的县治"这个问题，前面引用的《湖南通志》已经做了回答。但是，我们翻开建国后茶陵县编纂的第一部《茶陵县志》之后，就会发现对于这个问题还有第二种答案。《茶陵县志》的编纂者在解释茶陵县得名的原因时引用了两部宋代方志：一是《太平寰宇记》，一是《舆地纪胜》。两处引文依次是这样的：

隋平陈省（茶陵县建置），以城入湘潭县。唐武德四年，又于故城立（南）云州。

（茶王城）在长沙国攸县东一百四十里。茶陵本汉县，至隋废。唐武德四年即故城置南云州，仍复立县。

引文中的"故城"是茶陵的代称。但是有人认为这两处"故城"指称的是茶王城，上述两种记载叙述的史事是武德四年，茶陵从湘潭县析出，恢复县置的时候，茶王城被起复为南云州州城。

高陇马王城

文 / 段立新

一、马殷和马楚政权

五代十国时期的楚国是马殷家族创建的，历史上称之为"马楚"。

马殷，字霸图，许州鄢陵（今河南省鄢陵县）人。唐朝末年，马殷应募从军，因为骁勇善战，屡立战功，在军队中享有崇高的威望；马殷从淮南转战到湖南，由一名普通的士兵升为副将，在894年受封为潭州刺史、判湖南军府事，898年升为武安军节度使。从这一年开始，马殷正式割据湖南，经营湖南。

当时的湖南强敌环立，比较起来，北面的割据政权势力强大，南面的割据势力相对弱小。面对这样的军事态势，马殷在军事上采取结交北方，专取南方的策略。后梁建立之前，马殷"上奉天子"，接受唐朝一系列的封号，后梁建立之后，马殷迅速派人前往祝贺，并因此受封为"楚王"。龙德三年（923）后唐建立，马殷又派人前往祝贺，向后唐宣示自己无意于北方的领土，对此，后唐庄宗和明宗父子十分感念，后梁开平元年（907）主动封马殷为楚国王。就这样，五代十国时期马氏政权正式建立，这就是人们所说的马楚。

在结交北方的同时，马殷集中全力攻取南方。在谋士高郁的辅佐之下，马殷一点一点地吞并敌对势力，扩大自己的领土，最终占有今湖南全境及广西、广东和贵州一带。

势力范围扩大之后，马楚政权逐渐稳固，马殷开始将主要精力放在内政建设之上。在经济上，马楚政权采取兴修水利、奖励农桑、提倡纺织的政策，使国内经济得到了迅速发展；在商业上，马楚政权注重"招商引资、购物返券"，利用境内盛产茶叶的优势发展对外贸易；在文化上，马楚争取建造开福寺，设"天策府十八学士"，在湖南境内形成一种地方特有的文化氛围。经过 30 多年的治理，湖南发展成为当时最为富足的地方之一，一个富庶、繁荣的楚国逐渐出现在了五代十国的历史之中。

二、因吴楚之争而起的古城

唐朝末年，杨行密在平定农民起义军及军阀混战中占据淮南 28 州，因功晋升为淮南节度使，到天复二年（902），他的领地由淮南 28 州扩大为今江苏、安徽、江西及湖北一部分的广大地区，唐昭宗封他为吴王，建都广陵（今江苏扬州）。到他的孙子杨溥即位时，丞相徐温等在 927 年拥立杨溥为天子，号称吴国，改元武义。这个吴国存续了约十年，到 937 年，杨溥被迫让位于徐知诰，吴国宣告灭亡，徐氏齐国成立，简称徐齐。939 年，徐知诰宣称自己是唐王室的后裔，改名换姓为李昇，改国号为唐，史称南唐。

吴国及其继承者南唐位于马楚东面，在湘赣边境的茶陵和莲花、永新之间接壤。据文献资料显示，马楚与吴国、南唐之间在这里持续了长达 25 年以上的军事对峙局面。在这样的情境下，马殷的孙子马宏芳受命独当大任，南下茶陵，在两国交界处修筑军事据点防御劲敌，这个军事据点就是我们现在所说的马王城，又称古城。这是马楚政权东面抵御吴国及南唐的第一道防线。

据《茶陵云阳马氏族谱》记载，马宏芳南下茶陵的时间是后梁开平元年（907）。这可能就是马王城开始修筑的时间。马王城在今 S320 省道的马渡至古城段之间，东依长达 5 千米的山地为险，西面为田畴村庄，北面濒山，南面地势开阔，是一片村庄田野；从城墙残迹来看，马王城也是一座夯筑土城。

从地理位置来看，马王城可能并不是吴国与马楚、南唐与马楚交战的最直接的前沿阵地所在地；最直接的前沿阵地可能在九渡冲（在今高陇镇境内）、塘下（在今秩堂镇境内）。这两个地方位于由赣入湘、由湘入赣的当口，为了阻击太平军进入茶陵，清代咸丰年间，这里修筑了九渡冲堡和城隍界堡。这说明九渡冲、塘下在湘赣两地之间的军事斗争中有着特别重要的意义。由此溯源到五代十国时期，似乎可以这样推论：九渡冲、塘下也有过相应的军事设施；两地的军事设施与马王城互为犄角，同时以马王城为中心，共同构成马楚东面御吴、御南唐的军事据点。

三、古城残照，马楚子孙

后唐长兴元年（930）马殷去世。马楚政权的继任者令人失望：第一任继任者马希声在任仅仅两年就去世，第二任继任者马希范纵情声色、挥霍无度而又大肆搜刮民脂民膏，致使马楚国内民怨沸腾。马希范在这样的境况中于947年死去。在第三任继任者人选的问题上，马氏家族内部与马楚将佐之间意见相左，将佐们排斥马希萼而拥立马希广。对此，马希萼大为不满，950年马希萼率兵攻打长沙，打败马希广而自立为楚王。但马希萼继任后志得意满，纵酒荒淫，部下王逵、周行逢趁机举兵反抗，占据朗州，拥护马殷的嫡长孙马光惠当节度使。数月之后，将领徐威等兵变，拥护马希崇为武安留后，南楚大乱。马楚政权的这一场内部纷争，在历史上称为"五马争槽"。

"五马争槽"使马楚政权陷入内乱而无暇他顾。保大九年（951），东面的南唐趁势而起，派大将边镐率军进攻湖南，占领长沙。几乎是与此同时，南面的南汉也乘机出兵北上，一举夺取马楚在岭南地区的11州及岭北地区的郴州。在这样的东、南夹击中，马楚政权迅速瓦解灭亡，湖南境内再次陷入混战局面，马宏芳在东面苦心经营的马王城也随之荒废。在随之而来的宋、元、明、清及民国、中华人民共和国的历史更替中，马王城一带由最初山野林间的孤城逐渐演变成南北两个紧邻的村庄；南边的村庄最大，囊括了整个马王城，村庄的名字就叫古城，隶属于高陇镇，北边的村庄小且并不引人注目，叫长兴，原属湘东乡，现在归并到了高陇镇。而马王城的城垣、烽火台则在村庄的演变过程中一点点地被挖断、推倒、填平，慢慢地、悄悄地消失在人们的视野之中，到现在，漫步马王城故地，人们只能在古城街一角、城背组山头、果子岭的野草藤蔓中依稀看到三段残墙、一座破败的烽火台、残墙边地面上一小块用乱石镶嵌成的图案，在夕阳的余晖之下，无声地叙说着一个遥远的家族曾经有过的辉煌和荣光。

据文献记载，马楚政权瓦解之后，楚王马希萼向南唐称臣，南唐国主李璟借口马希萼兄弟争夺国王之位，彼此之间不和睦，下令将马楚王室强行迁入金陵。由此一来，马楚政权也就不再存在了。南唐大将边镐奉命将俘获的马氏家族及马楚将佐共计1000余人强行迁往南唐都城金陵（今南京）。当这个一千余人的东迁队伍在长沙湘江岸边登舟东行的时候，送行的人都放声大哭，哭声悲惨凄切，在河谷发出一片片的回声，情景之凄切可以想见。曾经因"雄于列国"而显赫一时的马楚政权就这样在一片悲泣哀号声中黯然结束。

值得庆幸的是曾经受命南下，在马楚政权东部边境的茶陵立城筑寨防御杨氏吴国的马宏芳，他的子孙还能幸免于强行动迁的悲剧，他们就地安居，隐身民间，居住在马王城北面的山地之间一个后来叫"马渡"的村庄里，经过数百年的繁衍生息，这一支的马氏后人发展成为茶陵境内一个家族，对外号称茶陵云阳马氏家族。约在元代，这个家族由马渡外迁到今腰陂镇的马加及枣市乡的东岭、西岭一带。这是马殷家族留存在茶陵的子孙。

四、方志记载中的马王城

嘉靖四年版的《茶陵州志》是现存最早的《茶陵州志》，该志卷上之《古迹卷之十一》对马王城作了如下记载：

马王城一名"古城"，在州西八十里，五季马氏所筑。旧址尚在。

同治九年版的《茶陵州志》是编纂时间最晚的一部《茶陵州志》（以下简称《州志》），该志记载马王城的文字与上面的引文一致。不同的是，《州志》卷之二十五《官守·汉唐五季一》还记载了与马王城有关的另一条信息：

马，名缺，建治曰"马王城"。（有关马王城的信息见《古迹卷》）。

这条记载一向被研究茶陵文史的人特别是研究茶陵建政建制的人所忽视，这里有一说的必要。这条记载隐含了下面三个方面的信息：

第一，马王城是五代十国时期茶陵的县治。前面说过，马王城是马楚政权东面防御杨氏吴国和南唐的第一道防线，也就是通常所说的军事据点。这条信息则补充说明，马王城还是马楚政权辖区内的一个县治。

第二，马王城兼有军政合一的功能，它的军事首脑与行政长官应该是合二为一的。联系《茶陵云阳马氏族谱》的记载来看，《州志》卷之二十五《官守·汉唐五季一》所记载的那个缺了名字的县令应该就是马宏芳。

第三，马王城军政合一的功能决定了它是因军事的原因而兴，又因军事的原因而消亡，这是马王城最终衰败的主要原因。通俗地说，当南唐把马楚政权灭掉之后，马王城也就自然衰败，最终彻底废弃。

《州志》卷之二十四《杂志》辑录了一个与马王城有关的有趣的故事："江南有芒草，茶陵民采之织履。伊用昌题诗县门云：'茶陵一道好长街，两畔栽柳不栽槐。夜后不闻更鼓漏，只听锤芒织草鞋。'官及胥吏怒逐界。系五代时事。"

伊用昌的这一首诗是一首典型的打油诗。明代杨慎在《升庵诗话》中论及打油诗中的覆窠体时，选用的例子就是这首《茶陵一道好长街》。他解释说："江南呼浅俗之词曰'覆窠'，犹今'打油'也。杜公谓之俳谐体。"覆窠体打油诗最主要的特点是语言浅近通俗，诙谐幽默，杜甫称它为俳谐体打油诗。这一首诗先铺陈叙述，营造气氛，给人以似是而非的假象，调动起读者兴奋、高扬的情绪，到读者被假象所迷而亢奋的时候，用"只听锤芒织草鞋"突然轻轻一转，直陈真实主题，将此前的假象彻底颠覆过来：茶陵的民生问题还没有解决，茶陵的老百姓还穷困潦倒啊！这是一语道破真相，在幽默之中予人以嘲讽、调侃，不由得让人狼狈难堪，心生恼怒。"官及胥吏"自然要勃然大怒，把伊用昌逐出茶陵境界了。

⬟ 马王城遗址

茶陵的状元桥

文／王薛刚

昔日茶陵有座石拱状元桥，在"文革"中与文庙一道被毁，由于此桥当时为茶陵县二中校门的唯一通道，所以桥的石栏杆被推倒于泮池中，桥梁用土填平仍作通道。如今县二中校门已改在状元路边，状元桥体沉睡在学生宿舍之下。

一、被人讥讽设学后终于出了状元

古代茶陵何时办学，依最后一次所修同治九年（1870）版《茶陵州志》"学宫"篇记："茶学五季（指907—960年的"五代"）不可考，仍旧志断自宋始"。"旧志"指明嘉靖四年（1525）存刻本《茶陵州志》记："学在州（指今称南宋古城）西二里许，旧志（指张治修志搜集的残缺不全的宋、元时的手抄本）曰：宋宝祐（1253—1258）中，在紫微（指与天空相对应的紫微地区，即今茶陵一中及所在后山的紫微街）。"但该志在"杂志"篇中记载，五代时江西有一名叫伊用昌的游学者来到马王城（今高陇镇古城村），不见有学校，就写一打油诗贴于县城门上，"茶陵一道好长街，两畔栽柳不栽槐；夜后不闻更漏鼓，只听锤芒织草鞋"。这是讽刺茶陵人穷得夜晚无须打更，提醒人防火防盗，这激发了茶陵人的设学之举。

南宋时期，茶陵开始兴学，州官们"教民以学"（同治版《茶陵州志》），不久就有谭用式释褐为状元，湖北提举"官名"。南宋出进士71人。进入元朝，州官们"政尚宽简，尤加意学校"，又有李祁中状元，但被降为殿元。嘉靖版《茶陵州志》记："元统癸酉（1333），廷试，始参议张起岩、尚书宋诚夫、监丞揭曼硕，请祈对策，拟甲。是科启缄、则南士也，遂改次李齐。"茶陵人不服，仍称李祈为状元。元代茶陵仍有进士22人。

茶陵官学起步晚，但出人才多，正如元代湖南道监司赵天弼在《进士题名记典》中云："江南三省，湖广得才，为近古湖广省湖南得才为最多。茶陵隶湖南，得才比各郡县尤为多。"（同治版《茶陵州志》）

二、状元不再后找风水原因

进入明代后，茶陵不仅久久与状元无缘，而且科举榜上也籍籍无名。州官们心急如焚，认为是学校的风水出了问题。据嘉靖版《茶陵州志》载："成化（1465—1487）中，知县俞荩（浙江人）来曰：茶陵何科第之乏也？无乃学之地弗利欤？乃迁城中，去州治西三百步。其科第之乏犹故也。"后历三位知州，至"弘治乙卯（1495）李永珍（广东人）来曰：学之址，弗若旧壤垲签阳，抱山而抱水，复徙以往，其科第之乏犹故也"。6年后，"丁巳（1496）知州董豫（江苏人）来，作士之意比二子为勤"。其"勤"，嘉靖版《茶陵州志》作了长篇详叙述，概括起来有三个方面：一是深入观察，研究风水，得出学之地"是谓索封"也（指粗绳捆住状）。二是广集"诸耆老"询问：茶陵"在宋元为文献之邦，人才甲湖南，何今之久汩汩也？"（"汩"，gǔ，此处为"沉沦"）诸耆老告知："去州西二里许，曰狮子口。……有狮子口衔万卷"之谚。三是去该地考察，认为风水好，但地多荒芜，且为民居，再"拨他地以居其民，拓隘夷荒"后，立即大兴土木建学宫，在任七年后调离，不仅工未毕，也未解决遗留与民争地问题。后经六任，至正德十四年（1519）赵以敬（贵州人）"乃以乡之旧仓地易之。夏公（指江西夏良胜，嘉靖四年即1525年任职）继增之以价，池乃复"（池：指广业斋后所凿三泮池，为与民相争之地）。即使这样，也才至"辛酉（1557）乡贡举二士。科第继起不绝。作兴之功，公（指，董豫）实肇之"。

明朝长达271年之久，存在时间比宋、元合之还长，茶陵虽打破了"科第之乏"，且能"继起不绝"，但状元不再，这就成了州官们一心病。若进一步从《清志》看办学情况，清代茶陵人延续了明代补救风水的做法，并另辟蹊径，终再圆状元之梦。

三、状元桥再圆状元梦

清代茶陵官方办学，再圆状元之梦的措施颇多。从"嘉靖志"（嘉庆二十一年，即1816年版）和"同治志"的记载看看，其既重风水，更重尊孔，也隐讳其追梦状元。现笔者仅就迁学宫、建文庙的一些关键事件叙述如下：

风韵茶陵

▲ 文庙

"嘉靖志"因修于嘉靖四年（1525）止，清代两志，续记了"科第继起"后为圆状元梦的风水补救措施，即学宫前左"临大江"（指文江），"盖下沙低陷，云万历九年（1581）……欲建文明塔于隔江朝山，未果……十六年（1589）知州陈情（云南人）遂其成。二十五年（1598）知州盖梁（山东人）建文昌阁于学之前左以补下沙之缺。天启二年（1622）知州何起龙（四川人）建望江楼于阁前，关锁重叠，意也缘江水自鄙（县）下，狂奔沸腾难遽回岸脚，城根日益冲刷为患"。在进一步补救时，"而时事孔迫（指农民战争），以未毕工为憾"。"经明末戎马之后"，狮口山学宫几废，顺治间，才一进士。康熙十年（1671），将学宫"由西郊徙入南城内"。康熙六十一年期间，虽有一大学士彭维新出现，但仍非状元。又将学宫于乾隆二十六年（1761）迁入"城外旧址，久为民家，有不可复得，遂建狮口山上。迎风生蚁，墙栋欹斜，势难垂久。五十七年（1792），复改建南城内"（州志下记再建文庙），此乃为学宫因风水折腾之迁。

康熙十年（1671）学宫"徙入南城内""始而规画"，工程浩大，完成多半。但"工未毕，十三年（1674）以来，吴逆（指吴三桂起兵叛清）窃据湖南"，攻入茶陵，"兵卒往来，取薪宫墙，饮马泮池，几就荒废。"十六年（1677）我师恢复"一年后，才又"乃鸠工庀材，举未造"与"复损者被缀之工"。在士民捐助之下，可谓"无废不举"。但学宫五十七年（1718）"复改建城南内"，又"复议改建"。按风水中的尊卑，"遍相城内外，靡有吉壤（指没有吉祥之地）。乃就大成门内原基退后培高，中为大成殿（文庙主体工程）……最前为泮池，殿后为崇圣祠（祭奉孔子父母用）……以上均随文庙工程一并移建"（"移"指改变或变化。两处省略为建筑布局与功能说明）。若计至"嘉庆二十年（1815）以修志余资，修葺大成殿，又考棚内桌凳……易木为石为永久"止，前后折腾历时144年，才修建成这一组以文庙为中心的办学建筑群，即"文庙工程"，其占地之多，以至"中坝街"也消失，而独居古城中央，存至"文革"中被毁。

"最前为泮池。"辞书只有"泮水""泮宫"。"泮"本为学宫前水池，半月形，缘于周代诸侯贵族子弟学校，学校称"泮宫"。科举时代，生员入学称"入泮"。明、清时州、县学也叫"泮宫"。茶陵称"泮池"。从州城示意图与文庙平面图和保存至"文革"时的实物看，池深约2米，独具立桥于池上，桥两边立石栏杆，再用石构半圆式围墙合抱连接棂星门前左、右"四大学士祠"和"李文正（指李东阳）专祠"外侧边沿。"围墙正门和两侧门，镌有'德配天地，道贯古今'联语，门外两侧各竖'文武官员，到此落马下轿'的牌坊。围墙高约2.6米，为红料石浆砌，镌以花卉、鸟兽浮雕图案。"（《茶陵县志》，1993年版，中国文史出版社）中门与桥同宽，为2.5米，正对桥头，两侧门宽约2米，进入要拐走，才至桥头。当时规定，中门要候新举状元才开启入内经桥至文庙内谒圣，生员每月初一日、十五日谒圣只准从侧门入，以示激励，进军状元。事也凑巧，后来"萧锦忠，字黼平，道光乙巳（1845），恩科状元，官翰林修撰"。他"家贫力学，经史手录成帙，日罄数十纸（指无钱买书，只有抄书学）。乡荐后留京师十余年，刻自奋励。工诗赋，经其指授，皆有法，词翰精妙，都（指京都）下名流，率以鼎甲期之，果以乙巳廷试魁天下"（《同治志》）。

从"状元桥再出状元"的历史看，茶陵因崇尚状元而崇尚风水，实际上也就是崇尚知识，就是重视环境育人。因而，状元桥建桥再出状元，既为偶然，也为必然。

风韵茶陵

茶陵三总桥

文 / 张冬娇

从茶陵古城西门迎湘门出来，前面有一座桥，叫三总桥。

宽不过 6 米，长不过 12 米，没有坡度的水泥路面，老旧沧桑的石杆石栏，如果不留心，很容易忽略这座桥。很多人来来往往于此，并不知道，眼前这座古朴的单孔石拱桥，就是明清时期老街最为热闹繁华的三总桥。它建于南宋古城展筑时期，至今有 600 多年的历史。它曾有过三元桥、三总桥、恢公桥、工农桥等名，如今仍叫三总桥。

《茶陵州志》记载，南宋古城建于南宋绍定年间，东南因江为险，西北挖成壕沟，亦称护城河（便河），河深 1 丈 5 尺，宽 65 尺，至今在状元路西边仍可看到壕沟。护城河从南引入洣水，流经北面再汇入洣水。洣水与护城河如同一条水晶带一样环绕着州城，美丽、温暖又安全。明洪武二十二年（1389），南宋古城向西扩展4里，西北仍用护城河（淀河）环绕，淀河的深度、宽度和以前的便河一样。三总桥就建在淀河上，以连通古城内外。

三总桥最开始时叫"三元桥"，"三元"意思如同"多元"，这是一座三孔石拱桥。为什么是石桥？据说从风水来看，掘通护城河，就等于挖断了自云阳山延伸过来的龙脉，而用石桥连接，就可以不妨碍龙脉的连通。清朝时茶陵老街沿街以总计，城内为一总、二总街，出大西门外为三总街，直达七总街，全长2华里，是一条麻石铺成的古老街道。三元桥因划属三总街，久而久之，人们习惯称之为三总桥。

明清时代，三总桥处在老街中心，是连通古城内外最重要的通道。《茶陵州志》"州境城铺部分墟市全图"里标示，三条驿道分别从北、西南、南三面经十三铺汇合于九总街，再经六总街直达三总桥从大西门入城至总铺。出城，则反之。三总桥上每天人来人往，熙熙攘攘，热闹非凡。有坐轿的，有骑马的，有挑担的，有赶毛驴运货的，有推独轮车的……三总桥两侧布满棚式店铺——从桥下护城河底打好木桩再搭成的木板铺，鳞次栉比，傍桥成街。店铺主要经营油货、面点及米粉、米豆腐等地方特色小吃，供行人饮食或小憩。

往东经过三总桥，有一撇一捺形成的"八字街"（撇捺街）。一"捺"捺到大西门口进城；一撇撇到南面水坝口，老街人常来往于此挑水洗衣等。从水码口向东沿着护城堤经过铁牛亭可从南门文星门入城。八字街均为半面街——面朝古城墙，背倚护城河，也是用木柱在桥下竖起搭建的木架小铺房，主要经营地方特色小吃。

往西经过三总桥，右边分出一条小巷叫高基巷，也叫交际巷。交际巷沿着护城河，呈南北走向，至洣云电影院门口处往前进入八总街，再往前通入今农林村。交际巷一边商肆林立，民居密集；一边竖木搭铺，傍河成街。小巷窄窄，石板青青，流水潺潺，杨柳依依，风景迷人，因而有人称之为"花街柳巷"。明清时代，这里商业繁华，游人如织。每到夜晚，三总桥区域灯火通明，倒映护城河中，流光溢彩，神秘浪漫，充满诗情画意。昔时，整个老街只有这里夜间营业，改革开放后才普及全城。

三总桥的南边约百米处，有一道与桥平行的河堤，即洣水与护城河的河界。河界长达约300米，高度与洣水上游的狮子桥持平。河对岸的瑶里人认为，江界高一寸，涨水时瑶里水淹范围就会宽一丈，因此修建河界时彼此达成协议，河界不加高，瑶里也不修河堤。历史上有过大大小小的水灾，河界、护城堤、古城墙都起到了重要的防洪作用。尤其是1929年（己巳年）农历六月发生的那次特大水灾，洪水越过河界，冲决河堤，冲垮三总桥左右两孔，沿桥搭建的木板铺子全被洪水冲走，水码口、三总街、交际巷以及八总街一带，共倒塌房屋70余栋，城中的居民全都爬在城墙上逃命。

三总桥被冲垮两孔后，联系城内外的交通要道由是中断，行人出入，只能改为船渡。两年后，县人经集议决定修复三总桥，但由于倒塌的两桥孔底座被洪水铲得太深，基脚难以搭根，无法按原貌修复桥孔。经专家勘定设计，改用条石沿中间幸存的桥孔左右砌成八字形的石堤，这样，既美观又增强了桥受水流冲击时的耐受力。于是，三孔桥变成了单孔石拱桥。此后，三总桥更名为"恢公桥"，并在桥东城墙上建了一座名为"恢公亭"的八角飞檐的两层楼亭。1944年夏，日军侵入茶陵时，我游击队夜袭日军，一把火将恢公亭烧毁了，而恢公桥至今安然无恙。

中华人民共和国成立后，茶陵县人民委员会将"恢公桥"更名为"工农桥"。修街委员会重修了石拱桥面和护栏。栏高1.6米，桥栏上嵌有石刻碑文，记述其维修及更名概况。

如今，人们仍习惯称其为"三总桥"。历经600多年的单孔石拱桥，桥面铺上了水泥路面，红条石砌成的护栏苍苔斑斑，栏上的石碑刻文依稀可辨，桥北栏杆北面，还有清晰的"恢公亭"三字。"八字街"的建筑独具一格，古香古色。其房屋十分矮小，门面很窄，全部是一层式建筑，至今未变。原三总只有几户居民，其余房屋空着无人居住，成片保留了历史风貌，也因而更显沧桑。

站在南边的河界望过去，三总桥宛如轻灵的音符，高高拱起于垂柳掩映的护城河上。桥头垂柳轻拂，人在桥上漫步，似有悠扬深远的琵琶声轻轻传到耳畔。坐在桥旁的清音阁内，可聆听泉水发出的清越之声，赏看琵琶泉的秀美风姿。站在桥上，淳朴的民风和醇厚的乡情迎面而来，游人仿佛看到居民们闲话家常、喝茶纳凉的情景。

三总桥单孔带栏，简洁朴实，水波粼粼的护城河在桥下熠熠生光。风起时，水面上连成线条挺拔的几何形图案，仿佛给桥镶了道道银边，成为茶陵古城一道无比优美的风景。

走过界化垅

文/彭运南

　　界化垅是个隘口，位于茶陵高陇的九渡村，与江西莲花神泉乡交界，历来为兵家必争之地。或许还真是地理位置独一无二，百度找不出第二个。历史上的界化垅，既是军事重镇，又是商贸重镇，还是文化重镇。

一、浓烈的火药味

　　自古以来，界化垅战火不断，其战备工事的修筑可以上溯到后唐时期。《茶陵县志》载：后唐长兴年间（930—933），楚王马殷为安武节度使，封武穆王镇守湖南，为防外患，"以备不虞"，令其孙儿马宏芳于吴楚交界处筑城戍守，史称"马王城"。马王城实际地址在今高陇镇马渡村的钵山上，西距界化垅九里许。当年的马王城并非一座孤城，而是以马王城为大本营，在界化垅修筑了"吴楚城墙"。不过，随后的宋代大一统相对太平，且年代久远，防御功能渐失，城墙逐步毁损坍塌。清咸丰丙辰六年（1856），太平军驻江西吉安，欲攻茶陵，为防太平军，驻茶统军赵焕联商署知州雷涛南招募民工重修堡垒，是为九路冲堡。井冈山斗争时期，这里是国民党军重点把守的地方，湘赣游击队多次与之争战。1934年，国民党军共修筑炮楼5座，号称铜墙铁壁，但最终还是被湘赣游击队智取摧毁。

二、繁华的商贸街

　　既然是兵家必争之地，强化军事防御是很自然的事情，这样一来，驻军也就成为常态化，尤其在战争年代。加上"交通要道"这一特点，往来客商很频繁。还因为边界缘故，许多物质不能直接过境，必须在这里中转。一代文学大师钱钟书在《围城》中有这样的描述："明天上午到了界化垄，是江西和湖南的交界，江西公路车不开过去了，该换坐中午开的湖南公路车……"这一现象催生了以商贸为主的多元的服务型经济体繁荣发展。许多人看中界化垄的特定环境，不远千里来此开店做生意。20世纪三四十年代，这里商铺、饭庄、烟馆、青楼等鳞次栉比，虽然只是一条街，却不失繁华，被誉为"小南京"。

一般的自然村庄多数带有宗族痕迹，同姓人较多，但在界化垄这一现象并不明显。界化垄街市上近80个住户中，姓氏达15个之多，这些姓氏源流也比较复杂，祖籍遍及湘赣皖粤川五省十多个市县，多数为祖辈因经商来这里落户的，这无疑是"小南京"留下的结果。

三、馥郁的文墨香

其实，界化垄不只有火药味和铜臭味，也还散发着文墨香。或许也是因为"必经之地"的缘故，历史上许多名人在这里留下足迹。当年的徐霞客就是从这里开始楚游的。《茶陵历史人物简介》之"外籍名人与茶陵"介绍："明崇祯十年（1637）正月初十至十七日，著名地理学家、旅行家徐霞客自江西经过界化垄进入茶陵，游览了茶陵的皇雩仙、灵岩山、云阳山等名胜。"除徐霞客之外，蒋经国也值得一提。1938年，蒋经国担任赣县县长，其后5年均在江西任职，当时国府在重庆，因工作需要，他曾三次过境界化垄，这对界化垄的繁荣发展起到了很好的促进作用。不过，对界化垄留下深刻印象的要算钱钟书先生了，他把界化垄写进了他的名著《围城》，界化垄也因此声名鹊起，闻名海内外。

界化垄只有一条街，且被一块不太起眼的"吴楚界碑"从中分割，而今还泾渭分明：湖南段是水泥路，江西段是柏油路。虽然界限分明，但住户却并未因此心存隔阂，两地居民相处和睦。据说这还得益于一次文化比武：乾隆十六年（1751），界化垄有湖南、江西两个饭庄老板，为生意常发生一些争执，各自夸耀自己的菜好，炫耀本省的人物如何了得，互不相让。适逢一过路先生闻之，出主意说："你们这般斗嘴没意思，何不比试一下见个高低？江西人出个上联，看湖南人能否对出下联。"二人觉得在理，于是江西老板遍访名人雅士筹备上联，几天后挂出："中国圣贤我省多半"。限三日要湖南人对出下联，否则就算输。

湖南老板不甘示弱,派出多路人马访贤对对联,但所得对联多不如意。其时,已经赋闲在家的彭维新闻听此事,于第三日上午假装算命先生,来到界化垄湖南老板的饭庄吃中饭,见大家激情议事,焦急万分,对老板说:"不知大家所急何事,不如让老夫算一卦,或许能有解救之法。"老板闻听,起初不以为然,细看老者气色不凡,或许有些来头,于是指着江西人的对联说:"老先生若能对出下联,而且要压过上联,我将重谢你。""好,请给文房四宝,我也是茶乡人,不用你谢,但有一个要求,须待我走出三里之外,方可挂出去。"于是老板磨墨展纸,老人奋笔疾书,写完后悄然离去。老板稍后挂出下联:"当朝御师本乡有余"。

　　下联贴出后,湖南人大喜,江西人惊讶万分,忙问何人所写。这时人群中有雅士幡然醒悟:"此乃当朝协办内阁大学士彭维新大人,雍正、乾隆二帝御师也。"

　　于是江西老板认输,再也不提湖南、江西了不起的事了,从此湖南人、江西人互敬互让,相安无事,直到现在。

🔴 界化陇街道,九渡冲堡城砖

明清时代茶陵的"十三铺"

文／王　刚

"铺"即古代的驿站。顾炎武《日知录·驿传》："今时十里一铺，设卒以递公文。"我国的驿传为旧时供官员往来和公文邮递的交通组织，其差使也为封建制下平民百姓的一种徭役。宋始"邮驿军事化"并建立"急递铺"，起初是日行四百里，后提高至五百里。"急递的驿骑在路上奔驰，白天鸣铃，夜间举火把，撞死人不负责任。"这种接力传递要"铺铺换马，数铺换人，风雨无阻日夜兼程"（《中国古代史常识》，中国青年出版社，1980年版）。

"铺"，茶陵明代称"铺舍"，清代叫"铺递"。据清同治九年（1870）版《茶陵州志》载，"铺递元朝阙"。今仅知明清茶陵的"十三铺"。

一、"十三铺"分布构成古代茶陵三驿道

明嘉靖四年（1525）版《茶陵州志》载："州前总铺、山口铺、文坊铺、寒婆铺、黄石铺、蓼塘铺、珠玑铺，已上达攸县；板桥铺、界桥铺、大乐铺、管塘铺、龚下铺，已上达永兴；牛路铺，达酃县。"

清同治九年（1870）版《茶陵州志》载："总铺，州治前；山口铺、文坊铺、寒婆铺、黄石铺，左十里至衡州府安仁县界；右走蓼塘、蓼塘铺、珠玑铺，北至攸县界；板桥铺（即头铺）、界桥铺、大乐铺、管塘铺、耷下铺，西至衡州府安仁县界；牛路铺，南至衡州府酃县界，共十三铺。"

从以上两代州志所载可获如下信息：（1）两代均按宋制，每隔十里设一铺，保持了"十三铺"，仅地名有所变化。这些铺的地名，多数沿用至今，且处交通要道，如虎踞镇的珠玑为106国道从攸县进茶陵的入口；黄石铺，在公路管理体制改革前，攸茶线上设"黄石铺汽车站"；浣溪墟至牛路铺的公

路可至酃县（今炎陵县）县城；头铺、管塘铺沿用其名，是茶陵县城至安仁县公路必经之地。（2）两志明显划分茶陵明清时驿道是三条，即分北路、西路、南路，而非1993年《茶陵县志》所记："西南两路"。（3）若把州志文字所记与"清志"所绘"州境城、铺、都分墟、市全图"对照，图例用带锯齿形绘三条驿道方位指向和分线标上铺名，也为"十三铺"，且出入茶陵古城会合于"九总街"。茶陵古城街道为"终九总"格局，即一条弯弯曲曲长达近2000米的古街，从州衙门前起划分为七段，分别称："一总""二总"……"七总"，是为"沿街以总计"（《清志》），另分支两条往东为"八总"，往西为"九总"，"全图"上仅绘出并标示"九总街"，就因为三驿道于此会总出入古城。"清志"载，异地官员来茶陵上任，在"总铺"下榻，且"先住崇福寺，谓之宿山，至日吉时朝服乘舆至仪门下舆，先祭仪门……"，举行"上任"典礼，后才能"升堂"办案。

二、驿站的经营与应差

驿站的经营管理和协济派差由地方官员负责，茶陵"总铺"以外都归"里长"负责。"里"为旧时县以下基层行政单位。顾炎武《旧知录》："以县统乡，以乡统里。"《明史·食货志一》："至明代改名里长。洪武十四年（1381），诏天下编赋役黄册，以一百十户为一里，摊丁粮者十户为长，余百户为十甲。甲凡十人。岁役里长一人，甲首一人，董一里一甲之事，凡十年一周。"故里长也董驿站之事。

在茶陵，"明初里长金报客民（"客民"即移民）殷实，买马轮流拨差；隆庆年间（1567—1572）亦照丁粮（人头税）银雇募应差；万历二十四年（1596），议载，荷塘、郢东、均阳、潼口、鄢城各驿夫马银优免，复设脚马额二十匹，每匹岁编身价、草料、工食、正闰（农历12个月以外的月份）银两，兼派征银储库，招募诸民买马应差。至崇祯（1628—1644）末年，兵贼（指农民起义，清军入关）交加，不论官民，槽厩（养马的棚）匹无遗种"。

"国朝（行文者书面时称本朝）定鼎以来，将原额夫马银两或搞充兵饷，改协长、善、阴、潭，或除荒征熟节（荒灾年或丰收年）年水旱，流抵减免不一。自康熙元年（1662）奉文将前项各强夫马银俱改拨协济沅州、怀化、善化、湘阴、湘潭各冲繁县驿。"（清《茶陵州志》）

马是中国古代交通运输与军事战争必不可少的工具，驿站经管均围绕马的饲养。马喜干冷，无法忍受高温，盛于北方，对茶陵而言应差是件不易之事，急时，"不论官氏，槽厩匹无遗种"，即使"康乾盛世"也要协济其他驿站。

到了清朝末年，现代的邮政在我国逐渐发展起来，但茶陵古代修志终于同治版。民国二十二年（1933）何培基上任县长，恰恰省司教处下令交志，人力财力不足，只好"以教育局局长陈子达璋董其事，搜集原版（指《同治志》），摹补散佚"，才以应付。故茶陵如何废驿站，发展现代邮政就缺乏文字记载了。

明清茶陵"十三铺"分布构成古代茶陵三驿道与今之公路交通线多数相吻合，多数铺名沿用至今地之称，既保存了历史的记忆，又延续交通史的发展，成为茶陵交通的根。

茶陵古城街道格局的"终九总"

文 / 王薛刚

　　"茶陵古城"街道"终九总"的格局至今未变。2013年，茶陵古城被省文物局批准为"湖南省历史文化名城"，其古街称"历史文化街"，已多方加以保护，并被打造成为文化旅游景观，但其格局形成鲜为人知，现就这一格局的形成概述如下：

一、从街四到街五的变迁

　　茶陵古城之筑，见诸文字记载始于明嘉靖四年（1525）《茶陵州志》，其街道之记在"城池"篇中有"街坊附"，记为"东街、南街、北街、西街、中坝街"，此应视为从街四到街五的时期。

　　古代城市称为"城池"。"城"指城墙，"池"指城濠，又曰"护城河"。城池在冷兵器时代是一种设防，以拱卫地方政权和城中居民的平安。为便于修筑，多为方形，故茶陵古城始筑于南宋绍定四年至五年（1231—1232），沿城墙修有东南北西四街，城墙设五门，以供防守和出入。元代才"名其门，东曰聚星、南曰迎薰、北曰朝天、西曰紫微，又西曰通湘"。该城西为二门，是因城筑于三面为洣水环流之中，仅西部与陆地相连，则掘护城河，称"南导江流，灌注其中，北复会于江，环绕若带，邑用保弗忧"。明代"因元万户府置为卫……于城西展筑之，视旧之广加四里"，是为军事设防升级、驻军之需，而展筑其城，故出现了街道的变迁。

　　明洪武二十二年（1389）古城展筑，是为向西部陆地扩展，其城墙、护城河均向西移。原护城河——"汴河"，又曰"便河"的引水与出水处被堵，成为了"坝"；原西街就位于城中央，街名被命名为"中坝街"，排序在尾。

从现状看，"中坝街"的位置为今状元路和州衙路旁，"汴河"由于被废时所堵，后又淤塞，今为"汴湖"和塘若干，有的则成为了宅地或菜地，遗址尚存，与状元路、州衙路平行。展筑后的护城河名曰"淀河"，也为"南导江流，灌注其中"，冷兵器时代结束后，也已淤塞。今位于三总桥下一段较长，称为"淀湖"，遗址仍依稀可见。西街仅存星星学校校门口至过路街一段，约长30米的街道，呈直角左拐接过路街，出通湘门，今门上为"迎湘门"，系民国时嵌入的门牌名。

二、从街五到"终九总"格局

"从街五到终九总"见于同治九年（1870）《茶陵州志》的"城池"篇，附有"铺市、乡都、村落、地界"几个类别。其相关古街记为："中坝街、东街、南街、北街、西街（自治前起，沿街以总计，出紫微门外起三总，迤西至九总而止）。"在"地界"中记有："城内东为一总，西为二总"，"城外起三总，终九总"。这一记载应视街五格局存在至清乾隆甲申（1764）至丙戌（1766）古城重修前。重修"马道七"出六城门（其中出大成门为二，该门为康熙年间增开）。马道影响街道，原街五的格局，仅剩西街，志书上在讲到西街时才注解。今则是一至七总街全长1790米，八总690米，九总140米。但这一变迁鲜为人知，是因"城池"仅记"乾隆甲申城圮过半，知州戴保豫修之"，不见"重修"二字。而大学士彭维新为之作《重修州城记》，曰："城身表里皆石。"但研究古城者从未查阅到，1993年修的《茶陵县志》"古城址"目中也未记述"马道七"。据考，古代茶陵经济自宋得到发展，至明末清初呈现"本末相资，城乡互济"的局面。工商业发展，到茶陵经商移民者不断增多，街道也不得不向城外延修。经商的移民一批批来，街道也就一段段延建，至今屯下山脚处，只好再分支建二条，在统计其数中出现"以总计"之说。"终九总"格局至今未变，其分"总"如下：

一总为自州衙门（今茶陵县工农兵政府旧址）至大成门左（仍埋在地下的状元桥对面城墙一缺口处）。二总为大成门右至今星星学校内后的城墙转角处，即民国时被封闭的紫微门。三总出紫微门外起，经三总桥过约五六米处止（卫校处）。四总自"卫校"起，止丁"福音堂"。五总自福音堂起，止于"茶亭巷"。六总自茶亭巷起，至于今洣水街居委会办公楼左拐一楼房止。七总自居委会房至今一中校门正对一巷道的出口处，"文革"时存二贞节牌坊，已为山脚下。八总为三总街右一分支街，起于分支街口，止于与今州衙路相接口处，民国时称"高基巷"。九总为洣水街居委会斜对门一巷道，是"清志"州城图上唯一标出的"九总街"，因明、清时茶陵三驿道出入古城均在此街汇合。九总起于巷道入口，止于今进士长廊入口。进士长廊为原"学门前"街，2005年被茶陵一中征收建标准田径运动场，余下的砌成了进士长廊。

茶陵古城街道"终九总"的格局至今未变。从现状看，不仅古街的走向、长度未变，而且一总、二总、八总、九总的宽度也未变。城里街道两旁清末式的青砖灰瓦砖木结构的一层或二层店（坊）铺，一层式为前店（坊）后宅、二层式为下店（坊）上宅，参差不齐仍有135户，古香古色，像件"百衲衣"，真乃名副其实的历史文化街，是茶陵独具性文化景观之一。据有关媒体报道《中国明清城墙"申遗"文本》中介绍，全国至今仍存这种古城街的古城不到10个了。

风韵茶陵

▲ 七总街

湖湘第一衙的前世与今生

文 / 谭平娇

　　茶陵至今还完好地保存着享有"湖湘第一衙"美誉的州衙遗迹，毛泽东曾在此缔造了中国第一个红色民主政权，点亮了革命黎明的曙光，如今它被称"茶陵县工农兵政府旧址"。

历尽沧桑的古代州衙

　　茶陵地处湖南东南边陲，公元前 221 年置县，经过茶陵县、声乡、茶陵军、云州、茶陵州等数次建置沿革，建政中心也历经茶王城、金州城等多次迁徙，最终盘踞于今天的南宋古城。

　　据明嘉靖《茶陵州志》记载，南宋古城筑成于南宋绍定四年至五年（1231—

1232），州衙随城筑而建。清同治《茶陵州志》也记载："茶自宋迁今治，初未有城。绍定中，刘子迈知县事，湖南安抚余嵘命子迈城之。"元、明、清州衙及民国时期公署均设立于此。

元至正二十七年（1367），茶陵知州吴聚在旧址上规划设计施工，建造治所。明洪武二年（1369），知县成麟建起署衙；弘治十年（1497），知州董豫集全茶陵"之能"，拓宽州衙占地，大搞土木建设，把衙门修得十分完善。但是，州衙使用至清朝初期已坍塌所剩无几。历经一百多年的规划建设，清代茶陵州衙的规模开始定型。

在清朝乾隆至同治期间，历经风雨，又因天灾、战乱等因素，茶陵州衙或圮或毁，出现过屡次扩建维修。清同治《茶陵州志》卷一"绘图"中收录了一张平面州治图，图旁配注"旧志图说"，即"茶来龙自西兑而降，山势雄峻，如万马奔腾，右手昂矣。故州治建于城东，趋吉也……"这不仅是对明嘉靖《茶陵州志》记录州衙建在"聚星门"附近位置的缘由的阐释，也说明了封建统治阶级在选址兴建州衙时笃信风水法则以求吉利的心态，凸显了古代茶陵州衙文化的内涵。

茶陵州衙作为封建社会统治者在茶陵的守护体，是和茶陵官吏、封建政权紧密相连的，是茶陵封建政权兴衰的标志和象征。特别是它经历宋、元、明、清四个封建朝代的更替，数百名州（县）官曾在此政治舞台上"表演"过，历尽沧海桑田。茶陵州衙不仅是一座建筑博物馆，也是一座历史博物馆，更是一座茶陵地方历史文化的宝库。

星火燎原的红色摇篮

清末民国初，茶陵州衙成为县知事公署之所。井冈山革命根据地创建之初，这里还点燃了革命的烈火，肩负起新的历史使命。

秋收起义失败后，毛泽东率领起义余部沿着湘赣边界向罗霄山脉南移。1927年10月，工农革命军落脚茅坪后，毛泽东派前委委员宛希先率部攻占茶陵县城，直捣县署衙门，张贴革命标语布告，砸开监狱，救出80余名在押待毙的工农运动骨干后，又迅速返回宁冈，这就是历史上的"一打茶陵城"。随后，为进一步扩大政治影响，解决部队供养问题，毛泽东鉴于茶陵地处湘赣要冲，有着重要战略地位和良好的自然条件，更有较好的群众基础，便萌发了"经营茶陵"的战略思想，于是组织工农革命军第二次攻打茶陵城。

1927 年 11 月 18 日，工农革命军第一军第一师第一团团长陈皓、政治部主任宛希先率军进逼茶陵城，击溃敌军，占领县城和县署衙门。茶陵作为工农革命军进军井冈山之后占领的第一座县城，在缺乏执政经验的情况下，成立了一个"升堂审案，纳税完粮"、一切按旧政府样子的县人民委员会，革命群众意见很大。毛泽东得知情况后，立即去信批评陈皓等人的错误，指示撤销县人民委员会，成立工农兵政府，发动群众开展革命斗争。

茶陵县工农兵政府成立后，派出工作队深入各乡村，帮助恢复农民协会，建立区、乡工农兵政权，组建工人纠察队、农民赤卫队和暴动队等地方武装，提出"打土豪、分田地"的口号，准备解决土地问题等。然而此时宁汉战争停止，国民党调派吴尚独立团于 12 月 26 日进攻茶陵城。因寡不敌众，工农革命军连夜撤离茶陵县城，拂晓抵达湖口。在湖口墟上，团长陈皓、副团长徐庶等人，企图将部队拉往湘南，投靠国民党第十三军军长方鼎英。毛泽东闻讯及时赶到湖口，命令部队停止南移，果断处理企图叛变的陈皓、徐庶等人，把部队带回井冈山，这就是历史上有名的"湖口挽澜"事件。

此时的茶陵城再次陷入国民党白色势力的黑暗统治，旧县衙作为茶陵县工农兵政府诞生地也难逃厄运，于 1928 年初被国民党军队用一把火烧成灰烬。至此，县衙作为茶陵民主革命武装斗争史上一个特殊的存在，伴随着茶陵县工农兵政府的撤离而结束了历史使命，但它所孕育的红色政权在井冈山斗争时期乃至湘赣革命根据地创建中都具有独特的历史地位和作用。

茶陵县工农兵政府是中国革命和井冈山革命根据地建立的第一个工农兵政权，是建立红色政权的伟大尝试。其建政经验为毛泽东思想的红色政权理论初步形成、井冈山道路开辟、人民民主专政创建等提供了最初的实践依据和理论素材。这个红色政权点燃了井冈山"中国革命摇篮"的星星之火。

传承文明的历史丰碑

茶陵县工农兵政府旧址虽在新民主主义革命时期被无情的战火付之一炬，然而它所承载的历史是厚重的，所蕴含的文化是丰富的。为纪念那段红色建政的光辉历史，茶陵县人民政府于 1971 年在遗址上修建了一座纪念碑；2004 年启动"旧址"修复工程，于 2007 年 11 月 28 日对外开放。至此，茶陵县工农兵政府旧址终于以崭新的"旧颜"屹立于世人面前。

修复后的茶陵县工农兵政府旧址，除沿用了原有的州衙基本建制和布局之外，还加入了丰富的红色文化元素，成为古代州衙文化和红色建政文化的融合体。"旧址"分衙门实体展示、政权建设、将军纪念馆三大板块，内设吏、户、礼、兵、刑、工六部，大堂、二堂、三堂、廨舍、内宅等州衙基本形制，工农兵政府秘书、民政、财经、青工、妇女等部门工作室，开设毛泽东与茶陵、工农兵政府纪念馆、茶陵籍将军馆、茶陵历史人物等八个红色政权摇篮展厅，陈列了大量革命实物与图片资料。每个展厅门口的标识牌，既标识了红色政权摇篮展厅内容，又注明了州衙部门形制。州衙大堂更是别具特色，它既是州衙主体建筑，又是茶陵县工农兵政府的第一次工作会议旧址。正中摆放着三尺公案，知州（县）坐堂后面的背景不是一般州（县）衙的"海水朝日图"，而是马克思、列宁两人的画像和工农革命军军旗，两边不是分置仗、刀、剑、戟、刑具，而是陈列了茶陵建政时期游击队使用的红缨枪。所有这些陈设，无不展现了茶陵县工农兵政府旧址凝重深厚的文化底蕴。

在和平盛世的今天，茶陵县工农兵政府集聚着喷薄欲出的文明力量，犹如一座历史丰碑，引领茶陵文明的薪火一路传承。它不仅是古代官衙建筑的经典之作，更是孕育革命红色政权的摇篮。它作为茶陵历史发展中的一个人文符号，"前世"与"今生"并存，见证了茶陵历史的变迁和发展，是镶嵌在茶陵地方历史文化长廊的一颗璀璨的明珠，无论是其历史还是文化，都承载和蕴含着厚重的生存价值。

书院儒风

灵岩夜月犹在
书声在月光中无止无境
一经堂，一字千金
硕儒墨香千年不绝
飘荡在这文献之地

洣江长流，狮山毓秀
学林振翼，文风吐芳
三十八所书院，数百寒门琼林
是茶乡千年不衰的胜境

"文献之地"洣江书院

文/陈 科

山云水月，天然真乐，无往弗在，亦奚以功名为哉？吾见为臣皆忠，为子皆孝，民风士习必为丕变。他日祀享于祠，以骈诸贤多矣。若但呻吟佔毕，图应取以徼利达，而于道漫不究心，固非圣贤著书教人之盛心，亦非书院创建之意也。

——明弘治十七年茶陵知州林廷玉《洣江书院记》

茶陵一中校园狮子山下，古樟苍柏掩映中，一组宫殿式古建筑群，檐牙金碧，古朴端庄，诗韵淌流，儒风熏飘，这就是被明朝华盖殿大学士、"茶陵诗派"领袖李东阳称为"文献之地"的洣江书院。

洣江书院背靠狮山，远眺洣水，山水相映，交拱环抱，犹如百里画屏，翰墨之香飘逸而来。浸润于湖湘文化的儒风诗韵，在500余年的琅琅书声和春风化雨般的德化中，洣江书院伴随着滔滔洣水，一路沧桑、一路荣光地走过了播迁办学、敦厚民风士习的辉煌历程，如丽日繁星般闪耀在荆楚大地。

——

走进洣江书院，感受到的是一股浓厚的湖湘文化之风。

茶陵置县治于秦，是湖湘文化的发祥地之一，因神农氏炎帝"葬崩于茶乡之尾"而得名。这里地处江南腹地，水丰米足的富饶，"农勤于耕、士勤于学"的"耕读文化"，为茶陵地方教育和文化的发展提供了坚实的物质基础和浓厚的文化氛围。从唐到清，茶陵建有书院38所，呈现了"湖湘学校，茶陵为盛"的文化盛况。其"入学门槛仅限于'学优和文优'，其招生范围跨地域、跨宗族，贫寒士子不乏其人"的平民化办学方式，让茶陵学风蔚起。

茶陵书院雏形于唐，兴于南宋，经元、明发展至清达到鼎盛，历时近千年。创办于南宋绍兴二年（1132）的明经书院是茶陵最早的书院，岳飞以"当以一经教子"相赠，宋高宗赐其名为"明经书院"。到了元朝，书院被纳入官学体系，茶陵书院迅速发展，书院之数位居湖南第二。茶陵第一所州立书院紫微书院、私刻书院东山书院、宗族书院杜陵书院都曾在历史留下了辉煌的瞬间。元朝末年，因战乱，百姓离乡背井，无家可归，大量田地荒芜，茶陵书院几乎化为灰烬。明朝初期，元气一时难以恢复，但明经书院、南溪书院仍在顽强地维持。到了明代中后期，经济开始复苏，社会趋于稳定，文化名人开始聚集江南，阳明心学兴起，讲学之风日盛，茶陵书院雄风重振，创建了明道、西畴、洣江、云阳、云崖、旌忠等6所书院和一社学。其中，州立洣江书院是当时规模最大的一所官办书院。

洣江书院创建于明弘治十七年（1504），由当时茶陵知州林廷玉倡建。书院屡遭兵火，多次旷废，三易其址，最终依弘治旧制建于原址。书院几经改造扩建，规制完整，规模宏大。整个建筑群分为前、中、后三排。前建头门，门前为二堵八字墙，两边各有一门，一个叫"礼门"，一个叫"入路"。自大门而进，是大堂，内边建乡贤祠三间，乡贤祠左右各有一门，一个叫"准绳门"，一个叫"规矩门"，意为"修学、修身要以儒家学说、经典为准绳，按儒家规矩办事"。最后排是大讲堂，由五组大楹柱支撑。在其前后两旁，建有主敬、行恕、修德、凝道四排斋房，后又增设御书楼、大成殿、山长宅、崇道祠等建筑，总共 21 间。建筑是清一色的青砖黑瓦，飞檐斗角，雕梁画栋，红木琉璃，典型的宫殿式建筑风格，气势非凡。书院后面的"吸秀亭"与云阳山上的"吸秀园"遥相呼应。林廷玉在《吸秀亭记》一文中记载："云山耸兮洣水清，环抱拱揖兮向背有情，龙盘虎踞兮鸠精灵，彼美肤敏兮胥孕生，斯文在天兮丽日繁星，千秋万古兮吾道明，魑魅嗫栗兮潜遁形，神物撝呵兮卫吾亭。"这里天地入怀，幽然真乐的意境，让洣江书院散发着迷人的魅力。

林廷玉撰文的《洣江书院记》中，"山云水月，天然真乐，无往弗在，亦奚以功名为哉？吾见为臣皆忠，为子皆孝，民风士习必为丕变。他日祀享于祠，以骈诸贤多矣。若但呻吟佔毕，图应取以微利达，而于道漫不究心，固非圣贤著书教人之盛心，亦非书院创建之意也"，这些清词丽句，充分表达了"阐明儒学之理，笃行理学之道，提倡经世致用之学，端正民风士习"的主张。与他所撰写的"四斋铭"（《主敬铭》《行恕铭》《凝道铭》《修德铭》）中所弘扬的"关洛濂闽"（张载的关学，二程的洛学，周敦颐号濂溪称濂学，朱熹系福建人称闽学）四大学派的理学精神同出一辙。其中所提"太虚中涵、湛然止静"的治学之风，对后世影响较大。

洣江书院大讲堂是最能体现茶陵书院文化特色的地方。一副"天地入怀，言犹在耳；古今成趣，理亦传神"的对联最容易把人带进青灯黄卷的读书声中。面对那把空空的太师椅和那排排桌椅，揣摩着几百年前这里书声琅琅的意境，仿佛面对的是一部智慧的大书，静静享受着思想的盛宴。大讲堂正中孔圣人的雕像和蔼可亲，谆谆教诲之状，不由让人肃然起敬。很容易让人想象出当年的学林士子们在这里挽袖长歌，慷慨陈词传授儒家经典，宣扬明德、亲民、至善，讲述修身齐家治国平天下，格物致知、力学笃行的情景。这里教学管理极为严格，学生以自学为主，加以老师辅导，释疑解惑。要求学生自学"毋徒嚼糟粕，搔摩皮肤，必由言语文字之末钩深索，赜以求精微奥妙之理"，在"句读、评校、抄录、著述四项功夫"上下力气。在德化要求上，提倡"性本善"的复归，把儒家经典作为道德准则来宣传。强调"德化"作用，培育了"劲直决烈、刚正不阿"的茶陵精神，影响至今。

二

作为茶陵历代 38 所书院中规模最大、影响最深、历时最长的州办书院，

风韵茶陵

洣江书院集中了当时最为优秀的人才和理学大儒。像洣江书院的创始人、明茶陵知州林廷玉，理学大儒湛若水、邹守益，著名山长刘梦凰、谭吉兰，清末状元萧锦忠等，他们作为"湖湘学派"的重要人物，在这里著书、讲学、修身，洣江书院俨然成为了湖湘著书立说的文献之地和传道、授业、解惑的师儒学舍之地。

在这些山长和名儒中，最值得一提的有两个人：一个是知州林廷玉，一个是清代状元萧锦忠。

林廷玉，福建福州人，是享誉福州的林氏家族的一员，林氏家族在当时有四人被誉称为"东西南北林"。即曾任南京兵部尚书、参赞机务的东林——林瀚；南京户部尚书西林——林泮；官至南京工部尚书的南林——林廷选；北林——林廷玉。林廷玉在明成化十九年（1483）得乡试解元，成化二十年得三甲进士。历任吏科给事中，工科都给事中，弘治十二年（1499）林廷玉因卷入户科给事中华昶揭发会试主考官程敏政"鬻题"事件，被贬海州作通判，被贬期间，励精图治，刚明果断，民服其公，正声丕著。弘治十六年（1503）任湖南茶陵知州。林廷玉亲自担当洣江书院山长和主讲，风雨无阻，寒暑不辍。身为知州，讲到兴致处，常掀髯长歌，入忘我之境。

萧锦忠（1803—1854），原名衡，字黼平，号史楼，茶陵县下东人。他小时候家庭贫困，但十分好学，家中无钱买书，他就借书抄录成册，"经史手录成轶，尝日罄数十纸"，苦学不辍。先后就读于洣江书院和岳麓书院。道光

十二年（1832），29岁的萧锦忠考取举人，客居京城十余年，考为觉罗官学（皇家子弟学校）教习。道光二十五年开科，萧锦忠考取状元，官授翰林院修撰，填补了湖南两百余年的状元空白，成为湖南历史上第二个状元（另一个是南宋时期的谭用式），湖湘为之轰动。萧锦忠回乡省亲时，两个弟弟相继去世，为孝养父母，抚育子侄，他隐居乡里，再未返京复命，也无意出仕。曾国藩请他出山襄办湘军，被他婉言谢绝，太平天国西王萧朝贵攻占茶陵城时，以同乡之名请他出山，遭到他的坚决拒绝。各地书院争相礼聘，但他始终未离家乡，先后主讲于洣江书院、明道书院和寻乐书院。

"一州形胜雄三楚，四相文章冠两朝。"茶陵鼎盛的兴学之风，严谨的治学之风，浓厚的德化之风，极大地推动了书院的发展，也培养了一大批经世致用之才，从这里走出来的生徒、科甲盛名遐闻三湘，史有"茶陵得才比各郡县尤多"的记载。从唐开科取士至清末废科举，茶陵有史可查的历代进士有139人。

触摸洣江书院的每一个砖块，我们似乎都能感受到这些文化精灵的呼吸。明翰林大学士刘三吾、华盖殿大学士李东阳、文渊阁大学士张治、清协办内阁大学士彭维新"四大学士"的形象永远刻进了茶陵人的记忆；南宋状元谭用式、元代的李祁、明代的张治、清代状元萧锦忠、清末的谭延闿"五元折桂"的壮举成了茶陵人民千年的咏叹。他们的政治才华、文学造诣和文化精神，成就了茶陵独特的地域文化特质。

三

　　洣江书院，激发了茶陵人对文化追求的能量，赐予了茶陵千年文化的力量。并且，也正是茶陵人的文化精神和浓厚的兴学之风，让洣江书院从没走出历史的视线。

　　洣江书院虽为官办，但捐资兴教之风非常浓厚。清乾隆六年，洣江书院因年久失修，亭基被水淹没，荒败几不能用。在时任茶陵知州张廷琛倡议下，市民乐捐园土和俸银，5个月内将洣江书院迁建于城内南关。在后来几次大的维修和扩建中，洣江书院三易其址，民间除募捐兴建、迁建、修复、扩建之外，捐学田活动异常活跃。光绪二十八年六月，全国废除科举，兴办学堂，洣江书院改为州（县）立高等小学堂。民国二十三年（1934）改为茶陵、安仁、攸县、酃县四县联立乡村简易师范学校。民国三十年（1941），湖南省立第二中学迁入洣江书院。

　　1952年，省立二中改为茶陵一中，洣江书院被改建成教学楼，只剩下狮子山下的吸秀亭和藏书洞。2004年5月22日，岳麓书院30余名师生与100余名茶陵文化人汇聚在茶陵一中，举行了"庆祝洣江书院成立500周年"的纪念活动，积极筹划洣江书院遗址建设方案。2010年4月，邀请湖南大学专家对洣江书院进行了重建规划设计，2010年6月启动洣江书院复建工程。2012年，

投资1000余万元、占地面积5054平方米的洣江书院再一次展现在世人面前。

　　洣江书院是茶陵文化的标本。它从一个侧面反映了湖湘文化的形成、发展、演变的历史。"书院兴则人才兴"的文化脉象，为"湖湘学派"的形成吸纳了大量的精英和才俊。一大批学术巨子或社会名儒在这里掌门或主讲；一批批学林士子，在这里耕读传家。如今，沐浴书院文化的惠泽，"农勤于耕，士勤于学"的风尚和"其性决烈劲直""恬退于势利"的儒家价值观已深深融进了茶陵人的血脉当中，其崇学奉道的人文精神、敢为人先的创新精神、不屈不挠的民族精神和勤劳务实的创业精神已成为了茶陵人的精神内核。近年来，茶陵县委、县政府以发展茶陵历史文化为载体，大力"打造发展升级版、建设湘赣中心"，成功地创建了湖南省历史文化名城，现正在秉承儒家进取、入世的价值取向，在党的群众路线的指引下，挑战自然，挑战自我，创建省级文明县城，进行着新一轮的文化大突围。

　　"博古通今，为天下学。先忧后乐，怀赤子心。"洣江书院作为一个天然的"师儒学舍之地，士子藏修之所"，正以它独特的文化魅力，流淌着千古文采诗韵，承载着不尽的道脉儒风，雄踞荆楚大地。

"耕读传家" 在茶陵

文／曾　兰　王薛刚

　　"耕读传家"是中华民族的优良传统，民间到处可见的"耕读传家久，诗书继世长"的门联就是耕读文化在茶陵的真实写照。所谓"耕读传家"就是在小农经济的社会里，人们是以耕来养家、养士、供士，以读来育人、望家、望族和望国家。

　　茶陵有系统文字可考的历史是明嘉靖四年（1525）版《茶陵州志》，该志是明代文渊阁大学士张治奉知州夏良胜（南城人，明太堂寺少卿，嘉靖四年以议大礼事贬为茶陵知州）之命纂修。他在志的《风俗第六》记述茶陵民间崇尚的风俗之一是："农勤于耕，士勤于学（旧志）。"（注：茶陵修志始于唐，但多为草稿或书佚）除州志记述外，更多的"耕读传家"文化之记述见于茶陵现存的130余部的族谱之中。人们至今喻称茶陵人为"茶陵牛"，就是"农勤于耕，士勤于学"之传统文化铸就与生化出来的一种精神。

　　"耕读传家"在茶陵值得探究，是因为与周边县相比，茶陵更为典型。这一典型又集中体现在历代茶陵书院有38所，数量之多，宋代居湖湘第三，元代居第二，明、清均居第一。《湖南省志·教育志》列表清代湖南书院概览217所，附近的醴陵、攸县、鄜县分别为3、4、2所。书院为了办学，它的建设、维修、扩建、藏书、刻书、刊印、师生之供养补贴、奖赏等，都是以"农勤于耕"为后盾的，这里无须赘述。"士勤于学"，历代进士茶陵有139位，还有举人、贡生、副榜、生员又知多少呢？有关学人亦感叹："茶陵书院培养出多少科举人才则无法统计"。139名进士中，《茶陵县志》考证有102位赴外地任职，以"忠国家"。元至元年间（1271—1340）湖南道监司赵天弼所撰《进士题名记典》云："江南三省，湖广得才，为近古湖广省湖南得才最多，茶陵隶属湖南，得才比

各郡县尤多。"（《茶陵州志》明·嘉靖版）

"耕读传家"文化在茶陵颇具典型与茶陵的地理环境、茶陵人群的构成和江西文化给力相关。

茶陵地处湘东南边陲，古之以来成为人们避战乱、逃灾荒的场所。张治在《郡谱志》中记述"茶陵山川，是略弹丸南服"，层峦叠嶂把茶陵包围得严严实实。茶陵属丘陵性盆地，气候、水文、土壤等均宜于农耕。茶陵考古发掘的独岭坳大溪文化（在界首镇与枣市镇交界处）是迄今发现的长江以南最南端的大溪文化遗址。中华文化发祥地是黄河、长江流域，学者们称长江流域为"稻作文化"。位于茶陵严塘镇爱里村的湖里湿地至今仍保留野生稻，被称为"水稻的基因库"。茶陵的这种地理环境正是农耕文化发展、成熟的"依托"。

茶陵居民，是由土著民与徙居民构成的。1990年人口普查，茶陵全县为555810人，计姓氏353个，100人以上人口迁入茶陵有62姓，512739人，占总人口的92.25%；非迁入土著姓，100人以上48姓，人口只占总人口的0.676%；100以下，243姓，只占总人口0.555%。从族谱考，徙居茶陵的姓氏族谱，始修时的"序"中都有追述先祖迁入时间、原居地、迁入地（含几经辗转），所发房系。如，谭姓，始祖可奕自唐代迁入茶，子孙遍及23个乡镇，人口92478人，占全县总人口的13.2%。不少同姓迁入成为望家，如，清末全国会试第一名的谭延闿则为石床谭家，非可奕后代。一个家庭徙居新地后，开始立足创业、传家，就必须处理好与其他徙居民、土著民的关系，而传宗接代又必联姻，联姻则讲究门当户对。于是"勤于耕，勤于学"就成为全茶陵人民的共识。最终达到旺家、旺族、旺国家的目的。"传家"体现在修谱，且30年一修，否则为不肖子孙。如何能旺家、旺族、旺国家，续家谱传后人，讲究有来路，传承有序，各族都有族规家训。1993年《茶陵县志》把这种大同小异的族规家训概括记述为："忠国家、孝父母、敬师长、睦宗族、隆孝养、和乡邻、敦礼义、谋生理、勤职业、笃耕耘、课诵读、端教诲、正婚嫁、慎交游、急徭税、守本分、效忍耐、尚节俭、多宽恕、息争讼、诘盗贼、杜奸淫、戒赌博、防伪诈、重友谊、谨言行等。"凡"灭伦乱纪""败坏门风"的"不肖"子孙都要受到族规处罚："轻者下跪认罪打屁股，重者勒令自裁，甚至沉潭处死。"可见"耕读传家"要求甚严，重视族人的道德修养与教育，不忘父母、师长、国家和社会责任。族谱中也记述先祖"耕读传家"的典例。

就书院而言，无论是"宋初四大书院"还是"六大书院"之说，石鼓书院（今湖南衡阳市）、岳麓书院（今长沙市）和白鹿洞书院（今江西庐山）都在其中。茶陵文化属湖湘文化，受鄱阳文化的影响也很深，茶陵最大、最具影响的洣江书院，其"学规"就是录自白鹿洞书院。江西徙居茶陵42姓，据明、清的茶陵州志《郡谱》中记述，除茶陵与江西接壤外，茶陵还曾在某一历史时期还划归江西南昌行政区所辖。《茶陵县志》通过族谱考证迁入境内的移民绝大多数来自江西或由江西中转而迁入境内。茶陵第一个书院——明经书院为从江西迁入火田乡的尹姓家族于南宋绍兴年间初期创建。初名"一经堂"，至清代尹氏子孙仍"诵读在经圯在堂"。圯，桥也，通向诗书传家之桥也。一经堂是茶陵兴办书院的示范。《历代茶陵书院》考证："有的乡都书院实际上是几个姓氏宗族联办的，如十六、十七、十八都公建的雩江书院就是龙、彭、谭、刘等宗族联合捐建的；范乐书院是蓝、汤、刘姓联办的；上清龙湖书院是谭、刘等姓共建的，书院的创建、修建和学产的捐赠，宗族发挥的作用也是显而易见的。"

《孟子·离娄上》云："人有恒言，皆曰天下国家。天之本在国，国之本在家。""国家"一词，国在前家在后，说明家系于国，而国以家为基础。数千年来，社会和历史已经有了翻天覆地的变化，以小农经济为基础的耕读文化也早已今非昔比，但它仍会以新的内容和形式传承下去并发扬光大。

茶陵古代书院的教育思想

文 / 苏铁军

茶陵书院兴于宋,盛于元,至清代发展到鼎盛时期。茶陵历代兴建的书院,共达 38 所,其中 29 所续办至清末。就数量而言,茶陵书院之多,位居湖南各县(州)前列:宋代第三,元代第二,清代第一。随着书院的发展,自唐迄清,在历代科考中,茶陵考取进士 139 名,状元、榜眼、会元各 2 名,人数之多,领先于湖南各州县。其中不乏以"四相文章冠两朝"著称的明清四大学士刘三吾、李东阳、张治、彭维新和南京国民政府主席谭延闿为代表的精英。

茶陵书院的发展和兴盛,与其教育思想有着密不可分的关系。

一、师表引领

"学高为师,身正为范。"茶陵古代书院很多山长、师儒充分体现出了他们为人师表的良好职业操守和道德风范。

洣江书院倡办者、茶陵知州林廷玉认为,"后世科举之学兴,为士者章寻句摘,以应一时之求。故其辞藻虽富而大,旨或略;雕琢虽工而所谓向上一著者罔或深究。及登仕版,书遂置矣,况道乎……此实世教关系,固有识者之所深虑也。"他不但十分关心重视办学育人,上任第二年就大力倡办洣江书院,而且对如何教书育人有自己明确的主张。书院落成后,他亲自撰写了《洣江书院记》《四斋铭》等文赋,鲜明地昭示他"整饬章寻句摘,倡行经世致用"的办学主张。他身为知州,却"日服深衣幅巾,集诸生讲解其中,寒暑不辍。喜吟咏,意之所到,掀髯长歌,与俊髦赓和,忘其身之为吏欤",一时广为传诵。

东山书院的创办者陈仁子,不满于元朝统治者实行民族等级制度和民族

170

歧视政策，不但绝意仕进，而且怀有强烈的反元情绪。他的父亲、长兄和他本人都是南宋举人，号称"一门三举"。然而，这个名门望族誓不仕元，潜心讲学、著述、刻书。他所著的《牧莱脞语》，隐含了许多抨击屈节行径、反抗异族统治的言论，表现出威武不能屈的崇高气节。所著的《牧莱脞语》《文选补遗》均收入《四库全书》。主持刻印的书籍为当时湖广境内三家私刻书籍中最著名的一家。所刻印的《文选补遗》40卷、《续文选补遗》12卷，现仅台湾"国立中央图书馆"藏有原本。所刻印的《梦溪笔谈》26卷为印刷精品，海内孤本。流失到香港后，经周恩来总理批准，以重金购回，珍藏于北京图书馆。集讲学、著述、刻印于一体，成就卓著，不但使东山书院成为当时湖南最具影响的书院之一，也使陈仁子成为当时著名的教育家、著作家和刻书出版家。

谭吉兰，茶陵界首人。勤奋读书，致力学问。"日手一编，至老不倦。与谈外事俱不应，唯论诗文娓娓动听。"先后主讲于茶陵白沙、寻乐、洣江等书院，著名门生有进士、户部主事苏大治和南京国民政府主席谭延闿之父、进士、两广总督谭钟麟等，名闻一时，吸引了包括安仁、酃县在内的许多士子负笈投奔门下。他年逾八旬，还携一子二孙参加乡试，在湖南盛传一时。

"莫道秩溪无好景，五更犹有读书声。"这是明永乐翰林学士解缙路过茶陵时留下的佳句。而《茶陵州志》也记载了洣江书院业师刘梦凰一段同样动人的佳话。刘梦凰掌教洣江书院，刻苦好学，勤勉敬业，"五更犹诵读不辍"。一天晚上，已到夜半时分，知州戴保豫到书院造访，见刘梦凰的斋舍局门闭户，绕到窗前一看，只见他端坐灯前，正在给生徒批改课业。

"经师易得，人师难求。"以林廷玉为代表的茶陵古代书院的山长、师儒们，身体力行，孜孜以求，用他们毕生的虔诚、执着和激情来追寻他们作为人师的理想、信念和价值，这种感召和濡染，无疑是一种最好的引领。

二、德育首位

先成人，后成才。任何科学的教育思想，无不坚持德育首位。

封建时代的教育同样也有不少值得借鉴的德育思想。

自康熙九年至乾隆四十九年的100多年间，清政府先后13次刊刻颁发各种学规教条："朝廷建立学校，选取生员，免其丁粮，厚以廪膳，设学院、学道、学官以教之。各衙门以礼相待，全要养成贤才，以供朝廷之用。诸生者当上报国恩，下立人品。"（1）生员之家父母贤智者，子当受教；父母愚鲁或者非为者，子既读书明礼，当再三恳告使父母不陷于危亡。（2）生员立志，当学为忠臣清官。书史所载忠清事迹，务须互相讲究，凡利国爱民之事更宜留心。（3）生员居心忠厚正直，读书方有实用。出仕必作良吏。若心术不正，读书必无成就，为官必生祸患。行害人之事者，往往自杀其身。常宜思省。（4）生员不可干求官长，结交势要，希图进身。若果心善德全，上天得知，必加以福。（5）生员当爱身忍性，凡有官司、衙门不可轻入。即有切己之事，只许家人代告。不许干预他人词讼，他人亦不许牵连生员作证。（6）为学当尊敬先生，若讲授，皆须诚心听受。如有未明，从容再问，毋妄行辩难。为师者当尽心教训，勿致怠惰。（7）军民一切利病，不许生员上书陈言。如有一言建白以违制论，黜革治罪。（8）生员不许纠党多人，立盟结社，把持官府，武断乡曲。所作文字不许妄行刊刻，违者听提调官治罪。

以下是南宋哲学家、思想家、理学家朱熹制定的《白鹿洞书院学规》：

父子有亲，君臣有义，夫妇有别，长幼有序，朋友有信。博学之，审问之，谨思之，明辨之，笃行之。言忠信，行笃敬，惩忿窒欲，迁善改过；正其义不谋其利，明其道不计其功。己所不欲，勿施于人；行有不得，反求诸己。

以下是《岳麓书院学规》：

时常省问父母，朔望恭谒圣贤；气习各矫偏处，举止整齐严肃；服食宜从俭素，外事毫不可干；行坐必依齿序，痛戒讦短毁长；损友必须拒绝，不可闲谈废时；日讲经书三起，日看纲目数页；通晓时务物理，参读古文诗赋；读书必须过笔，会课按刻蚤完；夜读仍戒晏起，疑误定要力争。

茶陵古代书院秉承孔孟之道和程朱理学的意旨，也把德育摆在教育的首要位置，要求通过"格物致知""力学笃行""知行合一"，达到"经世致用""明德新民"之目的。"教之以孔子之道也，知孔子之道而后知明伦，知明伦而后为臣者忠，为子者孝也。忠孝之道兴而后天下可治也。是故教也者，政治之本也。""士之欲之新其德亦然，必格其物致其知，然后德可诚，心可正，身可修，而德其新矣。"要求每一个士子乃至山长师儒，明道力行，"融入血液里，落实行动中"。书院不仅把"学优""行端"并列为对生徒的考核标准，而且奉颁刻碑，设大成殿、乡贤祠、牌坊等，师儒生徒"朔望恭谒"，使生徒潜移默化。"为臣皆忠，为子皆孝，民风士习必为丕变，他日祀享于祠，以骈诸贤多矣。"不仅把书院教育与家庭教育紧密结合，而且把安身立命之道、天地人生之理与日常生活紧密相连。"知之必明，守之必固，行之必力，使道足于己而无待于外。"明经书院山长尹子房，秉承《白鹿洞书院学规》明"五伦"的旨意，实施人伦纲常教育，提出"父慈而教，子孝而箴；兄爱而友，弟敬而顺；夫严而义，妻柔而正；姑慈而从，妇听而婉"，以期族中子弟"以修身、齐家、治国、平天下之道而待朝廷之用"。而且，茶陵书院教育中的德育，无疑贯彻到了家庭教育中。《茶园敦伦堂刘氏族谱——居家杂仪》对子女教育提出："稍有知，教之恭敬尊长。有不识尊卑者，严诃禁之；六岁，教之数与方名，男习书字；七岁诵《孝经》《论语》；八岁，出入、饮食必后长者，教以谦让，诵《尚书》；九岁，诵《春秋》诸史，为之讲解，使识义理；十岁，教《外传》，诗礼群书择其精要者读之。书皆通，始学文辞；既冠，责以成人之礼。"这分明就是书院德育的家庭版。

不言而喻，封建教育的德育，无疑是按照统治阶级的旨意，按照孔孟之道的标准和要求，培养士子人才。尊老爱幼，明礼诚信；抑恶扬善，见贤思齐；勤奋好学，奋发有为；洁身自好，身体力行等，即使搁到今天，无疑也是我们迫切需要全力倡导的美德，值得我们借鉴和弘扬。

三、师生互动探究发现

清康熙年间，山长李文炤制定的《岳麓书院学规》中，有这样一段表述：

> 每日于讲堂讲经书一通。夫既对圣贤之意，则不敢亵慢，务宜各顶冠束带，端坐辩难。有不明处，反复推辩。或炤所不晓者，即烦札记，以待四方高明者共相质证，不可置疑于胸中也。

从这短短的一段文字，我们可以透视出丰富的内蕴。一是体现了新型的进步的师生关系的萌芽。封建时代特别强调师道尊严，教师是礼节和知识的双重权威的化身。李文炤是"继王夫之之后，在学术方面最有造诣的大家"。但是，他对生徒不但没有唯我独尊的刚愎，也没有居高临下的威压。"或炤所不晓者，即烦札记"云云，不但不以学术或知识的权威自居，相反，他直呼其名的自称和劝导的语气，十分谦恭、恳切而平和，分明营造出了一种平等、亲和、轻松的学习氛围。教师已经由单纯的权威的知识的传递者，转变为学生学习平等、亲切的辅导者和合作者了。二是倡导了一种新型的学习方式，即"端坐辩难""反复推辩""共相质证，不可置疑于胸中"这样的自主合作、探究发现的学习方式。学生不但不再只是被动接受知识，相反要"端坐辩难""反复推辩""共相质证",要积极去探究发现问题；要积极发言辩论，各抒己见；要进行广泛的交流、互动，达到对知识的深刻而全面的理解。这样，学生的主动性、能动性和创造性得到充分的激发，才智和潜能得到充分的发挥，学习成了一种创造活动。

毋庸赘言，倡导自主、合作和探究性的学习方式正是以岳麓书院为代表的包括茶陵古代书院在内的中国古代书院教育教学的一个重要特点。

相比于"视庠序如传舍，目师儒如路人"的封建官学，由民众自发创办的书院，无疑是一种弱势存在。然而，这种弱势存在能够独立于官学，历经千年，甚至十分兴盛，最根本的原因，当然在于它反映了时代的发展趋势和人民的要求；同时，也与其合理的教育思想密切相关。

"茶陵学校，于湖湘为盛。"然而，也是在茶陵，至明中叶，曾经"四乡俱有之"的社学包括其他官学，却已经荡然无存："今废，不兴"；书院取代包括社学在内的所有官学而成为唯一的办学形式并且一直延续至清朝末年而至于鼎盛。不可否认的是，即使今天，茶陵古代书院的教育思想也是一笔值得后人借鉴和弘扬的思想财富。

茶陵古代书院兴起和繁盛的原因浅析

文 / 苏铁军

自宋代起，以"农勤于耕，士勤于学"著称的茶陵古代农耕文化日渐兴旺，及至明清，达到鼎盛。作为学校形式之一的茶陵古代书院，成就尤为卓著。茶陵历代创建的书院，共达 38 所，数量之多，位居湖南各县（州）前列。随着书院的发展，在历代科考中，茶陵士子考取进士 139 名，状元、榜眼、会元各两名，数量之多，也位居湖南各县（州）前列。其中不乏以明清四大学士刘三吾、李东阳、张治、彭维新和民国政府主席谭延闿为代表的大批精英名流。

茶陵古代书院的兴起和繁盛，具有历史、地理、经济、社会等多方面的原因。

茶陵历史悠久。自秦嬴政二十六年（前221）开始置县，迄今，茶陵有行政建制的历史达 2200 余年。

史料记载，茶陵以地居茶山之阴，炎帝神农氏崩葬于境内而得名。炎帝因与黄帝争夺地盘，屡战不利，只得带领部众从中原南迁，最后来到茶陵一带生息。作为中华始祖之一，炎帝神农氏，尝百草，种五谷，制未耜，教民耕作，开创了农耕文化、医药文化、工商文化等诸多文化，开中华文明之先河。至今茶陵还留有许多关于炎帝在境内活动的遗迹和传说。

很多人知道，今炎陵县，即原酃县，为南宋嘉定四年（1211）由茶陵析地而置。《茶陵州志》记载："曹彦约，嘉定中（1208—1225）任湖南安抚使。时黑风岗寇绎骚旁邑，彦约讨平之。乃议以茶陵之康乐、霞阳、常平三乡置酃县而控制之。"炎陵之置县自此始，时隶属茶陵军。故茶陵实属神农文化发祥地之一。

境内的文物考古发掘，也印证了茶陵历史的悠久。1986年以来，文物考古工作者在县内发掘并考证出了新石器时期至唐代的大量古代文化遗址和古墓群。其中最引人注目的是位于枣市、界首两镇交界处的独岭坳大溪文化遗址。经专家论证，该遗址是迄今发现的长江以南最南端的大溪文化遗址。遗址中用陶罐存放的稻粒距今约5000～6000年。专家论定，茶陵是稻作文化重要发祥地之一。

悠久的历史文化，为茶陵农耕文化和古代书院的发展兴起积淀了深厚的底蕴。

特定的地理位置和自然环境，为古代那些热衷于远离尘世、隐居山林的方外高士特别是文人、士大夫提供了天造地设的乐土。文人、士大夫自古就有崇尚隐逸的风尚。他们或悠游酬唱，自命清高；或耕读自奉，待价而沽。但无论是为了培育子女，还是为了传承学说，他们往往都免不了要聚徒讲学，传道授业。"儒者往往依山林，即闲旷之地以讲学，大率多至数十百人（吕祖谦《白鹿洞书院记》）。"明嘉靖《茶陵州志》记载："潞水溪北有冷水井，陈文帝时（560－565），处士穆和为太常博士。及北隋继统，和隐居教学不倦。开皇三年（583），屡征不起，遂以熔铁固其门。"宁可"隐居教学不倦"，也"屡征不起"，而且"以熔铁固其门"，穆和所代表的隐逸之士的高洁志趣和操守，令人敬仰，影响深远。创办于元大德七年（1303）的茶陵腰陂东山书院就是与之前呼后应、交相辉映的一个生动例证。

东山书院是元初茶陵影响最大的一家私立书院。创办者为因科举而兴，号称"一门二进（进士）三举人"的茶陵腰陂东山陈氏家族，其以"万世纲常第，六经道义门"自命，宋亡后，誓不仕元。他们创办书院，潜心讲学、著述、刻书，成就卓著，使得东山书院成为当时湖南最具影响的书院之一。"三举人"之一的陈仁子，仰慕古贤，重节奉道，"博学好古，著述甚富"。他所著的《牧莱脞语》《文选补遗》均收入《四库全书》，名重一时。陈仁子及陈氏家族的节操风范与穆和的志趣操守分明一脉相承，相得益彰。古代隐者高士的人文积淀，对于茶陵农耕文化和书院文化的哺育和滋养，于此历历可见。

同时，特别值得一提的是，茶陵与江西省的莲花、永新、宁冈三个县不但毗邻，而且三国和李唐时期，几次同属一个行政区划。特定的地理和历史关系，使得茶陵不但成为古代湘赣边界人口流动的门户，而且也成为绝大多数来自江西或由江西中转而来的，饱经颠沛流离之苦的移民的难得的栖息之地。茶陵县内130余个姓氏的族谱生动地说明了这一史实。

茶陵谭姓与茶陵火田尹姓、严塘陈姓、中洲李姓和马渡马姓，是最早迁入境内的五支移民。谭氏后人对谭姓始迁祖谭可奕的入迁经过，作了颇为详尽的记载："可奕公居河南谭家河，后宦居金陵太平路当涂县贵游乡（今安徽省当涂县博望镇）。唐会昌四年（844）生子守禄。咸通元年庚辰（860）十二月，因江南人事多乖，天道不顺，雪深七尺，黎庶僵仆。翁有乱邦不居之意，遂携家由太平路徙居江西吉州，复由吉州泰和县早禾市乌龙山石壁下携子守禄徙茶陵，旧称十五都，地名邓塘居焉"。严塘陈姓，原籍江西泰和。其始迁祖陈惟克承袭其父亲——唐武宗会昌元年（841）进士，潭州太守陈景汉，袭任星沙朝议郎。唐大中三年（849），职满离任。适逢江西军阀混战，天昏地暗。陈惟克于返乡途中滞留茶陵，并就此在茶陵繁衍生息。中洲李姓的入迁经过几乎是严塘陈姓的翻版。其始迁祖李日余，原籍江西宜春，任职茶陵同知。同样因为江西战乱，卸任后留居茶陵。很多都是官宦世家，书香人家的江西移民，自唐朝以后，成批地迁入，不仅带来了先进的生产力，也带来了繁荣昌盛的赣文化，极大地促进了茶陵古代农耕文化和书院的兴起发展。

相比北方，南方历代战乱较少。茶陵地处偏远，境内相对更为安定。到南宋时，茶陵的社会、经济都得到了较大的发展，出现了火田尹姓等一批有较强实力的中小地主。对火田尹姓，《茶陵州志》记载："尹长者，名彦德。岳忠武讨贺贼曹成，道经茶陵。彦德谒军门，以牛酒犒军。"《尹氏族谱》记载，尹彦德犒岳飞军三日，全体将士每人每天一斤牛肉，一壶酒，两斤米，另外还给每人一双鞋。数字之大，不是相当殷实的人家，其支出是无法承受的。类似的如腰陂东山陈氏家族："陈天福，岁凶发廪平粜……'远近皆称陈长者，典钱粜米来施舍'。""陈桂孙，天福子也。克继先志，捐粟置仓……岁丰随时值收入，岁凶视原值粜焉……曾孙宗孔、容孔、宪孔亦能继志，立思济仓以贷贫乏。"火田尹姓和东山陈氏，二者同样重义轻利，或自发犒军，或周贫济乏，儒家的道德教化之外，一个共同的物质条件，就是足够厚实的经济实力。

社会经济的发展和民间实力的壮大，才使得茶陵古代书院的兴起和繁盛，成为真正可能。

彪炳史册的茶陵明经书院

文／苏铁军

　　"人遗子，金满籯；我教子，惟一经。"这是《三字经》中用来劝导人们贤明教子的几句话，意思是说，别人留给子孙的，是满箱满笼的金子；我用来教育子弟的，只有一本经书。这条传诵千古的训谕，暗含了一个真实的历史故事。

　　西汉初期，在彭城地方（今江苏徐州）有一位名叫韦孟的大儒，饱读诗书，贤良方正，声名远扬。这位大儒前后辅佐过楚元王刘交，刘交之子刘郢客、孙刘戊三代楚王。无奈后来刘戊沉湎酒色，荒淫无道。为避动乱，韦孟辞去官职，举家迁至邹地（今山东邹县）。后刘戊串谋作乱，事败身亡。韦氏凭其灼见得以全身远祸，幸免于难。传至玄孙韦贤，家道日隆。韦贤父子五人，皆能笃志于学。韦贤尤其精通《礼记》《尚书》，对《诗经》研究造诣极深，特色卓著，世称"韦氏学"。此时正是罢黜百家独尊儒术之时，韦氏父子因此声名大噪，备极显达。长子韦方山为县令，次子韦弘为东海太守，韦贤与小儿子韦玄成更是成为史上有名的父子丞相。美名远扬，遂成谚语："遗子黄金千籯，不如教子一经。"韦氏也以"一经教子，五世儒名"的名望世代相传。

　　始建于南宋淳熙十六年（1189）的明经书院，是茶陵创办最早的书院。南宋绍兴二年（1132），武穆王岳飞（字鹏举，谥号武穆，又谥忠武）追剿杨幺农民起义军曹成部进驻茶陵。火田富户尹彦德"以牛酒迓忠烈师"，岳飞"义之"，对尹彦德嘱称："君，长者也。富而无文，当一经教子，后必有显者。"并亲笔题书"一经堂"，作为尹姓宗族的堂号；奏请朝廷选派太学生掌教一经堂。淳熙十六年，尹彦德之子尹士望扩建"一经堂"成书院。南宋著名诗人杨万里（字廷秀，号诚斋）曾题写匾额并撰写《明经书院记》相赠。著名的"茶陵四大学士"之一，明文渊阁大学士张治有诗述其事曰："昔闻忠武追曹成，提兵远驻云阳城。云阳山人尹彦德，走入辕门气超逸。槌牛酾酒饷三

军，豪声鼓动旌旗色。忠武题赠一经堂，诚斋墨迹生辉光。山人从此知经史，儿孙奕世皆金紫……"（《一经堂歌送尹时夫令临海》）

尹氏是怎样一经教子，明经兴学的呢？从《尹氏族谱》及其中尹子房《明经书院记》可以窥见一斑。尹子房，茶陵江口人，火田尹氏族亲。淳熙十四年（1187）举进士。"倦于仕进"，退居乡里，以族亲之谊协同创办明经书院。其《明经书院记》首先揭示了书院命名的用心："经学之传，所望于善学者之有以明之也"。即，经学的传承，需要寄望于笃志好学之贤良后代能够透悟经义，并阐明光大，以代代相传，此即书院名为"明经"之旨意。接着，他引述杨万里的《明经书院记》，作了进一步的阐释："庐陵诚斋杨先生之记曰：'忠烈之所谓教，即明之意……明之而为，韦氏父子达可行之天下；设不明而为，安石之祸，斯文有忝于圣经，垂戒之义深且切矣'。"即，岳飞嘱托的"一经教子"，也就包含了对"明经"的期待——透彻领悟经义并发扬光大。明之而为，就能够像韦氏父子一样，亨通显达，树功立业，兼济天下。反之，就会像王安石一样，离经叛道，惑乱经义，教训深切。杨万里对王安石改革的批评，姑且置之不论。显而易见，他此番论述旨在阐释"明经"之重要，以示其对尹氏子弟的殷切期望。正是基于岳飞的重托和历史的启迪，尹子房提出了明经书院的办学宗旨："履中蹈和，斯须臾不去。父慈而教，子孝而箴；兄爱而友，弟敬而顺；夫严而义，妻柔而正；姑慈而从，妇听而婉，则亦孰非明于经之用哉？"所谓"履中蹈和"，指待人处事要不偏不倚，以和为贵，这便是中庸的"致中和"之意。"斯须臾不去"，即这一精神片刻都不能背离。而"父慈而教"之句昭示的则是儒家"父子有亲，君臣有义，夫妻有别，长幼有序，朋友有信"的伦常思想。由其要旨可知，尹氏希冀秉承孔孟之道，致力人伦纲常教育，力求使子弟能明伦明礼，知书达理，澡志洁虑，修德进业。他依托三百千，四五六（《三字经》《百家姓》《千字文》，"四书五经""六艺"）等蒙学读物，把儒家的仁义道德贯穿在儿童的朝弦夕诵，潜移默化中，"日率子弟潜心圣贤"，使其在识字习书、解惑致知的同时，自幼便能明是非，知美丑，辨善恶，日后必能崇德尚善，敦厚风化，造福一方。

人有善念，天必佑之。后来，尹彦德之孙尹伯正、尹仲正"果以科目显"，先后于绍熙元年（1190）、三年（1192）考中进士。而且其后人在自宋至明的500年间，出过进士十余名之多。特别值得一提的是，作为数量众多，人文荟萃的茶陵古代书院的先河，明经书院对"农勤十耕，士勤于学"的茶陵古代农耕文化的传承引领，厥功至伟，震古烁今。尹氏宗族及其明经书院的这一卓越建树，不啻为"一经教子"的典范。

寻乐书院的名称

文 / 苏铁军

寻乐书院是茶陵苏姓宗族书院，也是茶陵古代规模最大的宗族书院。鼎盛时，有房舍 80 余间，学田 1000 余亩。规模之大，学田之多，均居茶陵首位。

它的名称尤其耐人寻味。不用说，这个"寻乐"，肯定不是"寻欢作乐"之意。它应该是何含义？《寻乐书院记》告诉我们："额以'寻乐'，本濂溪告程子'从静中寻孔颜乐'一语也。"即，"寻乐"二字，出自濂溪告程子"从静中寻孔颜乐"一句话。这句话中，"濂溪"是指理学鼻祖，北宋哲学家周敦颐。"程子"则是周敦颐的弟子，北宋哲学家、教育家程颢、程颐兄弟二人。而所谓"孔颜乐"，也称"孔颜乐处""孔颜真乐"，源自《论语》中有关孔子的几处论述，着重有两条，分别是："子曰：'饭疏食，饮水，曲肱而枕之，乐亦在其中矣。不义而富且贵，于我如浮云。'"（《述而》）"子曰：'贤哉！回也。一箪食，一瓢饮，在陋巷，人不堪其忧，回也不改其乐。贤哉！回也。'"（《雍也》）孔子的这两条语录，以及另外"曾点之乐""君子三乐"等处记述，表现了孔颜等儒家圣贤，对人生快乐与幸福的认知与追寻，展示了他们快乐不在于物质享受，而在于精神追求的人生理念和理想信念。

"北宋五子"之一的周敦颐著有《太极图说》《通书》等著作，提出了太极、理、气、性等宋明理学基本范畴和思想，被尊为理学开山祖师。他晚年在庐山莲花峰下建濂溪学堂讲学，世称濂溪先生。周敦颐教导弟子二程："每令其寻颜子、仲尼乐处，所乐何事。"后来，程颐的弟子鲜于侁又向程请教："颜子何以能不改其乐？"随着宋明理学的蓬勃兴起，"孔颜乐处"很快演化成为儒家文化中一个重要的人生命题，弦歌不断，代代相传。周敦颐在他的经典著作《通书》中指出："夫富贵，人所爱也。颜子不爱不求而乐乎贫者，独何心哉？天地间有至贵至富、可爱可求而异乎彼者，见其大而忘其小焉尔。

见其大则心泰。心泰则无不足，无不足则富贵贫贱处之一也。处之一则能化而齐，故颜子'亚圣'。"（《通书·颜子第二十三》）意思是说，荣华富贵，是人们普遍钟爱的事情。可颜子偏偏不为所动，甘守贫穷，以苦为乐，这是什么缘故呢？因为，天地之间自有一种不同于物质的，比物质更加高贵高尚、可爱可求的富贵。颜子之所以能够无视物质上的荣华富贵，甘守清贫，就是因为他沐浴了那种"非物质"的富贵的光辉，能够"见其大而忘其小"。所以，颜子能够超然物外，身心通泰，富贵贫贱，处之如一，"于万物为一，无所窒碍"，以臻于精神的永恒的快乐，所以颜子也便成了"亚圣"。其后，程颐也指出："颜子之乐，非乐箪瓢陋巷也。不以贫窭累其心而改其所乐也，故夫子称其贤。"即，颜子之乐，乐的并非贫穷本身。他能够不以外部环境的艰苦恶劣为转移，矢志不渝，自得其乐，故而孔子极力称赞他的贤德。他又说："箪瓢陋巷非可乐，盖自有其乐尔。"（朱熹《论语集注》）到明朝，哲学家、理学大儒王守仁指出："乐是心之本体。仁人之心，以天地万物为一体，欣合和畅，厚无间隔。"（《与黄勉之》）即，快乐是圣贤仁人的内心的本来状态。他们的身心，已经达到了与天地万物浑然一体，欣喜和睦，和谐通畅，没有任何间隔的地步。

那么，我们不禁要问，是怎样美好而坚定的意志信念，引领孔子"发愤忘食，乐以忘忧，不知老之将至"？引领孔颜"富贵不淫，贫贱不移，威武不屈"，"动静之际，从容如此"呢？

答案是：志于道。

"道"是孔圣一生孜孜以求的最高人生理想，是他对现实世界的全方位的规划与追求，包括社会政治状态及其基本原则、个人立身处世的准则，即政治理想和个人生活、素质理想。他概言之，曰："志于道，据于德，依于仁，游于艺。"（《述而》）为此，一方面，他学而不厌，诲人不倦。他自称，"十室之邑，必有忠信如丘焉，不如丘之好学也"。（《公冶长》）他的弟子也由衷赞叹他，"夫子焉不学？而亦何常师之有？"（《子张》）另一方面，他守死善道，身体力行。他坚称，"士志于道，而耻恶衣恶食者，未足与议也"。"士而怀居，不足以为士矣。"他力主："君子谋道不谋食……忧道不忧贫。"（《卫灵公》）"富与贵，是人之所欲也，不以其道得之，不处也；贫与贱，是人之所恶也，不以其道得之，不去也。"（《里仁》）他周游列国十四年，栉风沐雨，历经险阻。在卫遭逐，在匡被围，在宋遇袭，在陈、蔡绝粮。一路颠沛流离，落魄如丧家犬。他也曾怀疑，"吾道非邪，吾何为于此？"但是，他依然相信，"夫子之道至大，故天下莫能容……不容何病？不容然后见君子！'"苟有用我者，期月而已，三年有成。"（《史记·孔子世家》）依然念念不忘于道："道不行，乘桴浮于海。""朝闻道，夕死可矣。"正如宋儒陆九渊所说："吾人进退，自有大义，岂直避嫌畏讥而已哉……少而学道，壮而行道，士君子之职也。"（《陆九渊集·与朱元晦》）新儒、哲学家张岱年先生说："（历代许多知识分子）不追求声色货利，不谋求富贵利达，唯一的兴趣是揭发自然的奥秘，探求人生的准则。他们经常过着清贫的生活，住在简陋的房屋，穿着粗布的衣服，而志气高昂，奋发向上，这是一个可贵的传统。"（张岱年《文化与哲学》）

经过宋儒不断深入的阐发，"孔颜之乐"被日渐升华为宋明理学及儒家文化一个极其重要的命题和理想人格的一种崇高象征。宋儒及其后学通过对孔颜圣贤在仁义道德、快乐幸福等人生真谛及其理想境界上的探究追寻，深刻揭示出了蕴含在孔颜之乐中的至真至善至美的信念和追求。既彰显了儒家圣贤修齐治平、穷独达兼的情怀抱负，也生动展示了其不以物喜，不以己悲；先天下之忧而忧，后天下之乐而乐；为天地立心，为生民立命，为往圣继绝学，为万世开太平的使命、担当和浩然正气。

如果说，这种"乐"堪称宋明理学之要旨，那么，寻乐书院的创办者们的苦心孤诣或许也正在于此。《寻乐书院记》语重心长地告诫："我书院额以'寻乐'，窃愿学者寻理学之渊源，则宥密非隘，宇宙非宽；富贵何荣，贫贱何辱？俯仰间无非乐地。"即，只要真正探寻到了理学的真谛，那么，再窄小的地方也不会逼仄，再宽广的地方也不会空疏；荣华富贵没有什么可炫耀的，贫穷卑微也没有什么可愧疚的。一俯一仰，无处不是乐土。"理"之所存，"乐"之所存。"郡之人士毋徒咀嚼糟粕，搔摩皮肤，必由言语文字之末钩深索赜，以求精微奥妙之理。知之必明，守之必固，行之必力，使道足于己而无待于外。吾命亨而达，则措诸事业，以裨天下国家；或蹇而穷也，则亦可以敦厚风化，以善一乡一邑。"这个"乐"，是否就是"寻乐"名称的内在的奥义呢？

事实上，茶陵苏姓自元末迁入境内，衍为宗族，相当长一段时间内，都是茶陵一支寒族。清嘉庆十七年（1812），富户苏联元迫切希望通过科甲提高苏姓的社会地位。他竭尽全力，发动全族捐钱捐田，创办起茶陵这家规模最大的宗族书院。至同治七年（1868），苏氏子弟苏大治考中进士，寻乐书院名噪一时，而苏氏也从此跻身茶陵名门望族之列。

茶陵客家人与龙江书院

文 / 苏铁军

客家,《辞海》作如此界定:依广东方言,有"客而家焉"或"客户"之意。是汉族的支系。西晋末永嘉年间、唐末及南宋末期大批汉人因战乱迁徙渡江,南下至赣、闽、粤等地,被称为"客家",后相沿成为这部分汉人的通称。

茶陵地处湘东南偏远一隅,东面与江西接壤,南面毗邻广东,"界三路(南宋时湖南、江西、广东三路)之间"。境内峰峦叠嶂,涧深林密,素有"好山千叠翠,流水一江清"的美誉。古代茶陵虽交通闭塞,经济落后,但茶陵的社会环境相对比较安定,因此成为古代移民一个重要的中转站和目的地。

客家人入茶,始于南宋,盛于明清。从元末明初到明末清初,社会动荡,烽火连天,兵荒马乱,人民颠沛流离。闽、粤、赣三省一些客家人辗转迁徙,来到茶陵,栖息于紧邻江西的茶陵江口、桃坑、湖口、严塘及七地、八团等山区地带。人口约2~3万,约占全县总人口的4%。客家人较集中的江口、桃坑、湖口三个乡镇,客家人占当地总人口的比例分别为99%、81%、20%。

由于比"本地人"迟到,肥沃平旷的土地已经被瓜分殆尽,客家人入境时只能聚居在边远山区,寄身于荒山野岭,"开土筑室,以启后嗣"。长年胼手胝足,惨淡经营,不少人竟能渐渐富足,甚至衍成名门大户。桃坑夏乐肖姓始祖肖振坤道光二十五年(1845),单身一人由酃县(今炎陵)马坜迁入。栖身在俗称"上七下八"(上山七里下山八里)、时有劫匪出没的婆婆坳山巅一处久已废弃的仙道观中,开山造林,垦荒种地。他年复一年,孤身一人,风餐露宿,开垦出了婆婆坳大片荒山。最后成家立业,在婆婆坳山麓的夏乐建造起了"九井十八围"(九个天井十八个花围),"厢厢骑马栋"(封火马头墙)的房屋,形成里外三道围墙的大屋场,拥有山场18处、山地1900余亩。桃坑邺坑林姓,始祖自福建迁入,在荒山野岭中开荒造林,最后聚积起银圆30

余万元。中元罗姓，始祖同样自福建迁入，开荒造林，最后发展到每年产茶油近万斤。艰难困苦，玉汝于成。很多客家人就是这样，凭着双手，吃苦耐劳，披荆斩棘，筚路蓝缕，打造出自己的一片家园。

安家落户之后，接下来的事情，就是发展教育，兴学育人。作为一个坚忍顽强，积极进取的民系，客家人不折不扣地传承了1000多年前中原汉族的语言、服饰、饮食、建筑、习俗、信仰等儒家文化和华夏文明的精神，文化底蕴十分深厚。他们崇文尚武，任侠仗义，忠勇精诚，宗亲睦族，极富家国情怀。从太平天国、辛亥革命到中华人民共和国建立，许多英雄豪杰都是客家精英：洪秀全、杨秀清、黄遵宪、孙中山、廖仲恺、朱德、彭德怀、叶剑英等，数不胜数。一部中国近代史几乎就是一部客家史。崇文重教，正是客家人念念不忘，世代相传的一个优良传统。流离失所，四处漂泊，他们依然如故，依然把耕读传家、兴学育人当作光耀门楣、出人头地、改变命运的法宝，并作为族规家训，不遗余力，孜孜以求。"蟾蜍罗，哥哥哥，唔读书，没老婆。""生子唔读书，不如养头猪。""嫁夫要嫁读书郎，斯斯文文进学堂。"这些童谣、民谚和山歌，无一不是他们梦想的写照。"承先祖克勤克俭，启后嗣曰读曰耕。""承前祖德勤和俭，启后子孙读与耕。""绳其祖武惟勤俭，贻厥孙谋在耕读。""书为至宝一生受用不尽，心作良田百世耕耘有余。""耕读传家久，诗书济世长。"这些门柱楹联，无一不在诉说他们朝思暮想的期盼。他们每个宗族都辟有专门的学田，作为族产，用作办学育人的专门资金，确保子弟读书能做到"四有"（有老师、有场所、有盘缠、有奖赏）。他们的族群中，还有一个中国封建社会独一无二的宝贵风尚，即男女平等，妇女不缠足，不受歧视。因此，男童女童也一视同仁，一样读书识字，接受教育。妇女持家，相夫教子，也竭心尽力教育子弟读书上进。读书人在社会上地位高尚，邻里请客办酒，必请读书人，并作上宾款待，礼遇之隆，长官不及。考取功名者，必在其祖屋门前高高树立一对石桅杆，以之树碑立传，光宗耀祖，激励后人。他们崇奉"三得"（写得、讲得、打得）之准则，遇事必先礼后兵，先以礼相待，晓之以理，动之以情。万不得已，才以"打"自卫。土匪强盗拦路抢劫，不得抢劫读书人和私塾先生。如有误抢，必须如数奉还并赔礼道歉。

"万般皆下品，唯有读书高。"这些风俗习惯无一不昭示出客家人对兴学育人，兴家旺族的渴望。茶陵古代有一条不成文的规定，即客家人不能入茶陵户籍。这条莫须有的规定蛮横地剥夺了茶陵客家人参加科举考试的资格，扼杀了他们通过科考入仕出人头地的希望，自尊自强的客家人因此备受歧视，仿佛与生俱来低人一等。他们怎样打拼，都得不到应有的地位和权利。这种打压，激起了他们更加强烈的崇文兴学、奋发图强的愿望。他们首先力助宗族开办私塾，"私塾遍布全乡"（《茶陵县江口乡志》）；之后或者迁入邻近的酃县、宁冈（今井冈山市龙市镇），或者同境内的同姓宗族"联宗归祖"取得茶陵户籍，求得子弟入学读书。在家里，妇女穷且益坚，倾力教育子弟发奋读书，自强不息。邺坑张氏，"其夫既失，家徒四壁，耕织度日，艰苦备尝，教子成立，有孟母风"。张氏在她的丈夫去世后，含辛茹苦，义方训子，教其成人。"迄今其裔安富尊荣，循循有诗书气。"清同治二年（1863），茶陵客家人不能入籍的陈规陋习终于被打破，客家人兴学育人的积极性更加高涨。蕉坪罗姓，人口不多，却出过庠士、贡生10人，家族成为书香门第，名噪一时。桃坑邺坑民国初年兴办的私立小学，成为茶陵县内最早的新学堂之一。坑口罗友坤捐献银圆1029元兴办学校，受到湖南省公署授予的三等金色褒彰奖。

经过多年的酝酿积累，茶陵客家人做出了一个旷古未有的壮举。道光二十年（1840）始，他们联合酃县、宁冈客籍绅民，捐款集资，于道光二十三年（1843）在江西宁冈龙江之滨创办了一所跨境书院——湘赣客籍绅民最高学府龙江书院。三县客籍绅民共计捐田100余亩，谷1000余担，以茶陵客家人捐助最多。

书院为砖混结构，穿斗梁架，封火硬山墙，阴阳瓦屋面，中轴递进，左右对称，由前后三进，左中右三组建筑构成。前院为门厅，中厅"明道堂"为授课场所，后进"文星阁"为藏书楼，其间依次以天井相连。文星阁高三层，斗拱挑檐，恢宏壮观；阁顶藻井饰以双龙戏珠雕绘，栩栩如生。左右回廊与厢房相通，分别设有启秀斋、珍席斋、锦心斋、报功祠、漱芳斋、梯云斋、步月斋、崇文祠。书院前置泮池，筑"状元桥"拱跨其上。书院四周筑以围墙，东西设两隅门（侧门），东名"道德藩"，西称"诗书圃"。书院共有建筑9井18厅，房屋100余间，曲径回廊相通，雕梁画栋，飞檐翘角，朴实工致，宏伟壮丽。

书院以《书院章程》为规范，制订了严格的管理制度。士子师儒以科考功名为宗旨，以修齐治平为准则，管理得当，治学严谨，定期派出生员赴鹭州、豫章书院学习。短短几十年间，培养了成百上千客籍士子。

1927年10月，毛泽东率工农革命军来到宁冈，在龙江书院开办了第一期军官教导队，谭震林、陈伯钧、贺敏学、陈士榘等150余人入院学习。1928年4月底，朱德、陈毅等率领的南昌起义保留下来的部队和湘南暴动农军来到龙市与毛泽东率领的秋收起义部队胜利会师，毛泽东和朱德在书院会曲，诞生了著名的"井冈山会师"。龙江书院因此被誉为"中国人民解放军军政院校的摇篮""朱毛会师圣地"。1961年，国务院公布龙江书院为全国重点文物保护单位。

茶陵狮子口——千年学府之地

文/唐平生　王薛刚

　　湖南省示范性普通高中茶陵一中所在地，古称狮子口，位于国家森林公园云阳山麓，这是一方千年学府之地。

　　明嘉靖四年（1525）版的《茶陵州志》记述了茶陵历代办学史，其中载有大学士李东阳写的《学校记》。其开篇就说："茶陵在宋元为州，州有学，毁于兵燹"，"考诸图籍，知宋元旧学在城西南二里，其地曰狮子口"。狮子口之学宫于元末兵灾中被烧毁后，移学于城南关。《茶陵州志》说："丁巳（1479），知州董豫来，作士之意比二子为勤。"也就是董豫任知州比前二任知州更为重视学子的科举取士。董上任后就观察了设学处，认为"山撼其胸，水啮其宫，是谓封索"（"封索"系风水用语,即指城南关之地很不吉利）。于是召集一批"耆老"询问:"兹地在宋元为文献之邦,人才甲湖南,何今之久汩汩也?"意为茶陵在宋元两代是贤人辈出之地,人才在湖南第一,为什么到今天久久无闻呢? 耆老们告知,学宫首先在狮子口,"故谚有狮子唧书万卷之语"。董豫知道后,亲自去狮子口并请巫觋占了卜,然后划拨土地,搬迁居民,复建了学宫。李东阳赞扬董公这次复建的学宫:"顾旧学堂殿皆狭隘,移其故材,拓而新之。规制闳敞,轮奂辉丽,也于昔"。

明弘治十六年（1503）春,林廷玉任茶陵知州,为"敦厚地方民风士习",倡建洣江书院,作为"州立",征用狮子口学宫罗氏一族民土地,于次年（1504）9月动工兴建,历时7个月竣工。书院"前建大门,中建乡贤祠多三间,乡贤祠左右为规矩、准绳二门,最后建堂屋五巨楹,为师儒讲习场所;前后两旁建主敬、行恕、修德、凝道四排斋,共二十间,为士子藏修之所。周围缭以高垣。门外为八字墙二诸,皆精工制作,坚而洁。题写匾牌为:洣江书院,以其枕洣江之湄"。林廷玉为了让士子弘扬茶陵"士勤于学"的风尚,撰写了《洣江书院记》《吸秀亭记》《东轩赋》《西轩赋》和"四斋铭"（座右铭）。其中《洣江书院记》,介绍了建那些房舍的用意,告诫学子要践行儒道。认为读书人要为自己求学,但首先要学会做人。林不仅倡建了书院,立言教育士子,而且兼任过山长和主讲。

至清乾隆年间,洣江书院因年久失修,移地过城内南关,乾隆十九年（1754）又将狮子口明伦堂和学正署改为书院,以后在嘉庆至咸丰年间,又经过多次改造和重修,使书院不仅规模更大、环境更优美,而且增捐了学田,"以裕山长束储金"（院长的报酬）和学子"膏火金"（古代书院供给学生的津贴,含灯油费用）。

洣江书院的山长、师儒以茶陵名儒为主,也去长沙等地聘请教师。教授方式、方法上以学生个人读书钻研为主,教师多用论辩式教学方法启发学子思维。名儒们很敬业,如清同治版州志记述刘梦凤好学,"五更犹诵读不辍"。有一天深夜,知州戴保豫至书院想拜访他,见斋舍扃门紧闭,便绕窗前一看,只见刘端坐烛光下批改徒生课艺,深受感动,不忍打扰而乘轿回衙。洣江书院历代培养造就了多少人才虽无法考证,但已知茶陵有139位进士,而出自其中必有不少。普通高等教育十一五国家规划教材《中国文化地理概述（第二版）》统计古代全国状元有494位,湖南7位中茶陵占2位,其中萧锦忠状元就曾就读和主讲于洣江书院。

清末，清政府施行"废科举，兴学堂"等新政。于是洣江书院改办为茶陵州立高等小学堂。民国元年（1912），国民政府公布《壬子学制》，茶陵又将学堂改为"小学校"。民国十年，茶陵议会决定分区办学，其中设在洣江书院的"小学校"改为茶陵县立第一高级小学堂，逐渐与近代教育接轨。

民国早期，茶陵新式教育发展很快，全县有初级小学127所，高级小学6所。但高小毕业后，学生要远去长沙等地就学，使多数贫家子弟与学校无缘。

"联师"招生，由各县教育局初考，加倍入围后再来校复试，淘汰一半，外省外县另录10名，每年秋季约有300～400人云集茶陵参考。首任"联师"校长由刘建绪兼，但因军务忙，实只挂个名；另要军部上校参谋彭晋云主事，后任副校长，实际负责。由于办学有方，次年省政府又任命彭晋云为茶陵县县长。后刘率部离茶，彭就以县长身份兼校长了。教师聘请四县名师。校训为："好学、力行、知耻"，校纪严格，学生需统一着装，积极参加各项竞赛，尤其是"讲演赛"，以提高口才水平。"联师"鼎盛时期正值抗日，学校教唱抗战歌曲最多，也比赛抗日漫画、街头剧，每到寒暑假学生即回乡积极宣传抗日。1937年学校出现了"横展社"等进步团体，后来不少学生奔赴延安，如，共和国少将李改（下东小车人）就是从"联师"走上革命道路的，故以后将自己全部藏书捐给县图书馆。后来"联师"并入省立二中，从而结束其办学使命。"联师"在洣江书院办学七载，共12个班毕业，为4县输送了近600名小学教师。

抗日战争进入相持阶段，湖南实行分10区抗战，也分10区设学，其中10个完全中学之一的省立二中于1941年迁洣江书院。省立二中时期的校舍仍以洣江书院为主体，外加征用的罗氏、刘氏、龙氏三座宗祠。学校的总体规模因战争而变化不大。校园、校舍和教学、生活设施大为改观并成为一所现代化学校是在茶陵一中时期。

茶陵狮子口，古人认定是士人习文和人才辈出的风水宝地，这方成才宝地将会有更多英才从此走出，服务于国家和人民。

省立二中在茶陵

文/王　刚　唐平生

　　2011 年 6 月，是湖南省立第二中学确定以茶陵洣江书院为"永久校址"并迁茶陵办学 70 周年的日子。

　　抗日战争爆发后，日机时炸衡阳，为安全计，原按"双轨制"（引进美国的一种学制，既办师范科，又办普通中学班）办学的省立衡阳中学于 1938 年上期迁耒阳，借几个宗祠上课。12 月长沙告急，省政府迁耒阳，要占用上课房，令师范科、高中部搬常宁，借双遵书院、几所宗祠和江西会馆办学，称"本部"；初中部仍留耒阳，称"分部"。抗战进入相持阶段后，湖南实施分区抗战，也分区设学，"全省划定 10 个学区"，规定每区"设置省立中学、师范、职业学校各一所"。衡阳中学属省第二行政督察区，分区办学就将其一分为二，师范科改办省立二师，中学部改办省立二中，暂均留常宁，留耒阳的"分部"改称"省立二中一分校"。又将 1939 年从长沙迁酃县所办的"省立第一临时中学酃县炎陵分校"划归"省立二中"称"二分校"。二分校因房屋分散管理不便，拟请搬迁。1941 年 6 月 2 日，经"省教育厅约集省立二中二分校及茶、攸、安、酃四县政府开会，商议解决办法"。后"二分校"主任彭晋云（1935 年曾任茶陵县县长）与茶陵订立合约，将洣江书院及附近公地、民地拨与省立二中作"永久校址"，又"将联立师范学校核准停办，校舍、各项设施、学生均拨与省立二中，师范班办至毕业为止"（"联立师范"系 1935 年由茶攸安酃四县联合办的乡村简易师范，属四年制初师级）。合约订立后不久，二分校旋即迁洣江书院办学，原一分校改办省立第十一中学，在常宁的"本部"也于年末迁入茶陵。1944 年 6 月，日寇犯茶，省立二中又先后迁蓝山、资兴办学，至抗战胜利，按"复员计划"修复校舍，购置校具，于 1946 年 2 月搬回茶陵。1949 年 8 月茶陵和平解放，茶陵县人民政府接管省立二中，1952 年 11 月 8 日，省文教厅在完成对全省公立、私立中学初步改造和接管后，厅长朱凡签发通知，省立二中才与全省中学一道，以所在地冠其校名，称"湖南省茶陵县第一中学"。

省立二中在茶陵办学 11 个年头，共办初、高中班 70 个，学生 4216 人。从保存完整的教师名册和学生学籍册可见，师生半数以上来自祖国大江南北，也有少量华侨生（1949 年后省外的基本没有了）。它在国难当头坚持办学，既为师生提供了一个避难场所，又让一批学子未荒废学业。

"抗日的烽火使我们与省立二中结缘，老师的教导至今难忘"，这是劳安之兄劳特夫（兄妹均为校友）于茶陵一中 90 周年校庆之时，相约生活在北京、长沙以及印尼的几位同窗好友相聚于母校的题词，道出了当时海内外学子在生命都难保全的危难中结缘于省立二中的心声。但是，省立二中在全省又是以学生常闹"风波"与"学潮"而著称，以至教育厅的"视导报告"中常有"素极嚣张的二中学生"之语出现。所谓"风波"与"学潮"实际是自抗战以来学生要民主，要自由，发展到后来反饥饿、反内战的国统区的民主运动，有力地配合了解放区军民的作战。也正由于学生"嚣张"，省立二中才有时为"湖南北大"之称号。不过，省立二中也以严谨治学而著称。省立二中治学有"两严"：一是学生对教师要求高。因来自省外城市学生广见多闻，授课老师如果学生不满意可被"挂筒"。即找一竹筒置于进入教室门微开的门页上方，当老师推门进入正掉在头上，喻义打电话，已挂筒，免听。省教育厅常因难以委任校长、教师而伤透脑筋，故认为学生"嚣张"。教师有的长袍马褂，有的西装革履。按 82 岁校友王大管在回忆中所说："都是学者气派"，"上课只带两支粉笔，口若悬河阐述的问题在我的脑海中始终是清晰的。"教员原本是逃亡后方的大学讲师、教授。二是学校对学生的要求也严，也要求教师严格要求学生学习。2005 年百年校庆时，校友、中国工程院士周后元说："我的刻苦勤奋就是在省立二中训练出来的。"笔者早年拜访海峡两岸知名学者、台大教授颜元叔（茶陵尧水人），问及学校的从严治学情况，他也说："那时许多学生都是慕这个名而来的。"

汇文中学

——湘东地区的革命摇篮

文／苏铁军

"澄清分洣水，崔嵬分云山，含英毓秀芳无瀚；好借此乐地，畅休息游，涵养锻炼其间。同学诸君努力前进，须知中山学说行易知难，而今而后，誓达目的，不怕任重，不畏道远……"

这是 20 世纪 20 年代茶陵私立汇文中学的校歌。涵养锻炼，好学力行；任重道远，在所不辞。满腔的豪情与期望，坚定的信念与斗志，昭示出汇文中学鲜明的办学宗旨和思想。

始创于 1924 年的茶陵私立汇文中学，是茶陵县历史上最早的一所普通中学，茶陵新式教育早期仅有的两所中等教育学校之一，而且还是湘东地区大革命的红色摇篮。

汇文中学以洣江书院为校舍，以"公诚勤朴"为校训，以《践行孙中山学说》为校歌；学制三年，春季招生，每年招收一班；开设的课程有语文、数学、英文、物理、化学、历史、地理、生理卫生、音乐、图画、手工、体育等。

汇文中学的老师大多来自长沙优级师范、省立一中（师范部）、长郡中学等，学有专长，勤恳敬业，教学水平高，且大多思想开明，倾向进步，深得学生的敬重。"对学校里当年的一些前辈老师，那种言传身教、光彩照人，为桑梓造福、为革命培育人才的精神，高山仰止，确实钦敬。至今五十多年了，每当回忆起汇文中学的红火情景，不禁无比怀念。"（《茶陵文史第四辑·我对汇文中学的点滴回忆》）

学校创始人之一陈应炳（1880—1963），字兰契，茶陵马江人，"茶陵中学教育的开创者之一"（《茶陵县教育志》）。陈应炳于光绪二十二年（1896）就读于洣江书院，二十六年中秀才，三十四年以优异成绩毕业于湖南中路师范学堂，被授予师范科举人。受"五四运动"影响，陈应炳思想进步，倾向革命。民国十三年（1924），陈应炳与尹任一起创办汇文中学，尹任为校长，陈应炳是学校的实际负责人兼语文教员。他们创办进步刊物《自治周刊》，宣传进步思想。民国十五年，陈应炳加入中国共产党，后被推选为国民党茶陵县党部执行委员和茶陵县农民协会委员长，并任茶陵农民运动讲习所所长。1927年"马日事变"后，陈应炳与尹任同被通缉，尹任逃亡匿居上海，陈应炳辗转逃亡到新加坡，任陈嘉庚主办的《南洋商报》编辑，宣传革命。民国二十三年（1934），与尹任回到茶陵，仍以教书为生。

20世纪20年代初期，中国革命风起云涌，波澜壮阔。风云际会，大浪淘沙，汇文中学适逢其时，成为湘东地区革命的策源地。

1926年，北伐军进入茶陵。期间，中共湖南区委派遣杨孔万、聂履泰等共产党员，以国民党省党部农运特派员的身份先后来到茶陵指导开展革命运动。他们以汇文中学为据点，首先吸收汇文中学教师李炳荣、李芬、谭民觉、陈焕新、谭道瑛、谭振铎，学生陈易、罗良翰、尹宁万、尹宾万、谭思聪、范桂嵘、陈韶等加入中国共产党，建立了直属中共茶陵特别支部的汇文中学党小组。在党组织的大力引导推动下，汇文中学的师生普遍传阅《向导》《新青年》等进步书刊，公开宣传马克思主义思想。他们走进城乡，广泛发动群众，大力开展工人运动、农民运动、妇女运动和学生运动。他们在《自治周刊》上"警告"："同胞同胞！同种同国要同劳。俗话说得好，同船同性命，同娘同温饱。我们要同歌同气同调，同舟共济，同泽同袍。君不见一窝小鸟，失了旧巢，年年月月，暮暮朝朝，被棒喝杖敲。同胞同胞！同室莫操刀，胆子要大气要高。不怕死，不要钞，不低首，不折腰……日本国，矮子种，生性谲狡，人面兽心，口蜜腹剑，笑里藏刀……赔款割地不满意，民国四年五月七日，又提出二十一条。条条是又密又急的机关枪，句句是又凶又猛的开花炮……同胞同胞！事已至此，逃无可逃。山行遇虎，斗也是死，不斗也是死，看我们怎样开销！"（《自治周刊·警告同胞书》）他们在传单上呐喊："帝国主义者的刀斧，只能劈破我们的脑袋，决不能杀掉我们的灵魂；他们的炮弹，只能击穿我们的躯体，决不能打散我们的志气！同胞们，努力奋斗，联合全国同胞，自今日起，永不买英日货物，永不为他们服务！取消一切不平等条约，收回领事裁判权，收回租借地，收回被割土地！"在校庆纪念日对联上展望："汇海壮奇观，有先觉领导前驱，何患巨浪；文林览胜迹，望后生努力上进，莫开倒车。"

在党的领导下，在广大汇文师生及茶陵其他革命志士的推动下，茶陵的工农运动、妇女运动等革命运动进行得轰轰烈烈，如火如荼。汇文的很多师生成为茶陵革命的先驱和中坚，汇文中学成为湘东地区革命的策源地，也成为反动势力必欲除之而后快的眼中钉。1927年，"马日事变"发生后，湘东保安纵队司令罗定率部千余人进入茶陵，残酷镇压工农革命，大肆屠杀革命者，尹任、陈应炳被迫逃亡，聂履泰、李炳荣、尹宁万、谭道瑛、范桂嵘、李芬、谭民觉等志士先后被俘，英勇就义。

与陈应炳、尹任被通缉的同时，汇文中学被诬为"暴徒学校"，遭到查封。直到1934年，县人曾成闾呈请获准以县城李家祠、贺家祠为校址，恢复汇文中学。后仍以尹任为校长，将汇文中学改为私立汇文农业职业学校，汇文中学由此翻开了新的篇章。

大革命时期的汇文中学不愧为湘东地区革命的摇篮。"汇文中学创办的时间并不长，然而，她为人民革命事业做作出的贡献是永远不可磨灭的！"（《茶陵文史第四辑·大革命时期的汇文中学》）

△汇文中学

茶陵祖安中学

文 / 王薛刚

在茶陵文化中，冠以"祖安"二字的，除"祖庵家菜"外，还有"祖安中学"，都因谭延闿号无畏，字祖安，特以其"字"冠名，藉以表示对他的崇敬和追念。

"祖安中学"的记述仅见于《茶陵县教育志》（1990年内部发行本）："民国三十二年（1943），为纪念已故南京国民政府行政院长谭延闿，在其故里——茶陵高陇创办湖南私立祖安初级中学，校长张炯。"在今天的茶陵祖安中学内，仍存有当年一栋规模较大的四合院二层砖木结构建筑和其他办学用房，已为文物。

该校于民国三十一年（1942）9月4日举行开学典礼（"县教育志"为1943年，应为失真），谭延闿之长子谭伯羽（时任国民政府财政部常务次长），从千里之外的重庆专程赶往故乡参加，后又偕同台儿庄战役一敢死队员在七八名便衣警卫陪同下，到省立二中（今茶陵一中，时已迁洣江书院办学）作抗日演讲。到校参加典礼的还有当时迁茶陵的湖南省第二区行政督察署专员兼保安司令的萧训（也陪同谭伯羽去省立二中）、湖南省参议会的秘书彭小安、湖南省银行行长以及茶陵本地党、政、学界人员。当时的高陇，冠盖云集，学校典礼仪式隆重热烈，盛极一时。

校长张炯，常德人，其时任国民党湖南省党部特派员；副校长谭文启，系谭延闿堂侄，曾任谭延闿机要秘书。张、谭正副校长为组建学校教师班底，煞费苦心，从省立二中及县立中学用高薪礼聘好几位流亡茶陵的大学教员，如英语教师傅麟书（南京人）、语文教师覃果兰（系著名作家王西彦的夫人）、历史教师吴宣易（安徽桐城人）以及茶陵籍的数学名师刘向荣、刘粹中等。教导主任则是湖南国立师范学院毕业的陈运嘉。故当时的祖安中学，以其强大的教师阵营和优质的教学质量，赢得社会舆论一致的好评。

该校于 1942 年秋始业，招收初中新生 2 个班。次年秋季又招 2 个新生班。就读的学生除茶陵本县的学子外，还有攸县、酃县（今炎陵县）、安仁以及江西永新、莲花、宁冈等地的学子。当时报考祖安中学者甚众，因限于场地、师资，只能经考试择优录取，以致一部分报考的青年学子被摈弃于校门外。

1944 年初，日军在太平洋战场开始失利，其南洋的海上补充交通线被美军切断。是年夏，日军发动了打通陆上交通线的豫湘桂战役。日军在进攻衡阳的同时，从江西进犯茶陵，迫使祖安中学借秩堂刘姓大祠堂上课。茶陵由后方变成前方，战乱动荡，大部分学生辍学回籍，只有本地学生随迁继续完成学业。在这种非常时期，师生员工仍能同甘共苦，支撑危局，完成本期教学任务，的确难能可贵。是年端午后，茶陵城沦陷，祖安中学被迫停办。

1945 年 8 月，日本投降后，祖安中学从秩堂搬回高陇原址复办。但由于兵烽初定，疮痍未复，来校学生大大少于当初。为谋振兴计，校长张炯力主迁校南岳，副校长谭文启认为另择址建校，耗资甚巨，不如扩充设施，改善办学，固守原址。争论结果，张的意见被校董事会采纳，祖安中学于 1946 年上期迁校南岳，一直办至临近解放。

祖安中学在南岳新校，校牌"祖安中学"和"大会堂"的题词，均出于谭延闿胞弟谭泽闿之手笔。当年迁校时，大部分学生随校迁往南岳就读，少部分考入省立二中。曾蜚声海峡两岸的台湾文坛颜元叔教授，就是当年祖安中学的第一班学生，后毕业于省立二中。

中华人民共和国成立后，南岳的祖安中学校舍被当地利用继续办学，不再冠"祖安"之名。在茶陵的故址，办为高陇完小，1956 年起附设初中班，1959 年，更名高陇附中，1969 年茶陵撤县办中学，分区办高中，改为高陇中学，1983 年改办为茶陵县第一职业中学，1988 年复名为祖安中学，直至如今。

2005 年，茶陵一中（1952 年由省立二中改称）筹备百年校庆，笔者纂修校志和主编《校友通讯》，有幸拜访颜元叔先生，他回赠莎士比亚译著一套给母校。交谈中，他说自己英文好，就得益于祖安中学、省立二中的英语教学，学校有流亡于茶陵的大学教师，也有益于两校的严谨治学，让我们在国难当头中仍能完成学业。抗战时，省立二中迁入茶陵，祖安中学兴办，也推动了茶陵教育事业的发展。

"状元及第"牌匾及其背后的故事

文／萧茂生

在攸县界江萧氏家庙挂有一块"状元及第"的牌匾，匾宽 48 厘米，高 88 厘米，周围有龙凤图案，四个金字闪闪发光。此匾是茶陵萧锦忠被钦点状元后而制，为什么挂在攸县萧家祠堂，说来话长。

界江萧氏一世祖典公，字道山，元至元三年（1337）生，明洪武七年（1374）由江西篁谷徙攸县界江，与茶陵云阳萧氏同源同宗。据界江萧氏四修族谱记载，状元公萧锦忠三次到界江萧氏宗祠拜祖。第一次是清道光十二年（1832）在长沙读书时回茶陵进宗祠求宗祖保佑，受到界江宗亲热情款待。第二次是中状元后的第三年，奉命来茶攸二县督察。

△ 状元及第

其衣锦还乡，荣归梓里，拜谢祖宗，祭扫典公墓，甚为隆重。茶攸二县公事毕，回朝廷复命，再次登宗祠拜别。给界江萧氏宗祠带来荣耀，萧氏宗祠而称萧氏家庙。

萧锦忠（1803—1854），字黼平，号史楼，茶陵县东山坝人，一个清贫穷苦的农家子弟，孜孜不倦地读书求学，于道光二十五年乙巳（1845）获钦点状元，填补了长沙府 200 多年科举状元的空白，湖湘为之轰动。时驻京同乡会和驻京乡亲欢天喜地，大宴宾客，请戏班，张灯结彩为他祝贺。但堂堂一代状元萧锦忠却只授过翰林院脩撰，便被弃置栖居乡里。关于其遭际，有几种说法：一说是他中状元后因宿娼而不被重用，因此万念俱灰，从此甘愿做一个"白首为功名"的状元。二说是太平天国西王萧朝贵过境茶陵，曾请他出山辅佐大业，但萧锦忠避而不见。又说曾国藩也曾致信他一道谋事，他写了一首诗回绝，拒不出山。他42岁中进士为状元，只过了9年，51岁便撒手人寰，抑郁而逝。

萧锦忠之父名荣庭，字聚堂，以子贵封承德郎。咸丰十年（1860），界江萧氏四修族谱时，请他写序言，此时是萧锦忠逝世后的第六年，已年逾古稀的萧父把失子之痛含藏在序言里。他在界江萧氏宗亲家住了几天，来时将复制的"状元及第"匾额带来，存挂萧氏家庙内。还将状元锦忠的一首逍遥诗刊在界江萧氏四修族谱内，诗曰：

人在世上好安闲，兴致浓茶当酒款。读不尽的三坟五典，走不尽的圣域贤观。说什么状元及第，要什么生员主监。万里江山今犹在，霸王猛虎反招诼。我不贵也不贱，识破乾坤一肩担。衣不着锦绣，只需几件遮体的衣衫。食不思高尚，只需每日饥点的常餐。住不思高楼大厦，草草茅房只整顿几间。养几条金鱼，栽几株牡丹。挂几幅唐诗宋词，贴几处楚水吴山。结几位良朋握手言欢，无事把关门。曲肱而枕之睡。一个潇潇洒洒，胜过那西皇氏上人一般。醒来时展书看看，操琴弹弹。得意时柴门大打开，水一壶，酒一罐，喝一个不荡不醉，哪管他啰啰嗦嗦，乐乐娇娇，而我伴着小孩户外的游玩。仰看云烟弯弯，俯瞰流水潺潺。哈哈，此一般乐境，不是神仙，却也神仙一般。

今天看来，这首散文诗，竟把世事看得如此透彻，堪与《红楼梦》中的《好了歌》相媲美。

鲁彦与湖南省立二中

文／张华娇

1943 年 10 月，著名作家鲁彦来到茶陵，开始了他为期半年多的茶陵治病休养生活，在湖南省立第二中学——现茶陵一中，度过了他生命中的最后一段时光。

鲁彦（1902—1944），原名王衡，浙江镇海人，中国现代著名乡土作家，中学语文课本《听潮》的作者。"鲁彦自从离开家乡后，从没有在一个地方定居过三年以上。"（覃英《鲁彦生平和创作简述》）早在 1917 年，年仅 15 岁、小学尚未毕业的鲁彦，随同在外做小店员的父亲到上海当学徒，做小伙计，从此开始了他外出独立谋生，四处漂泊而贫病交加的一生。

鲁彦出身贫寒，又遭逢乱世。对现实的不满、呐喊和抗争，使他走上了文学创作的道路。1920 年，因为"觉得那样的生活太没有意思——非离开那儿不可"，"渴望着容许他入团，来过那理想的快乐的生活"（傅彬然《忆鲁彦》），他参加了由蔡元培、李大钊、陈独秀、胡适等人组织的"工读互助团"，成了北京大学中文系的一名旁听生，也由此开始了他的文学创作生涯。

在文学创作道路上，鲁彦十分幸运地得到了鲁迅、茅盾等大师的奖掖和扶持。正是因为十分敬仰鲁迅，他取笔名为鲁彦。他与鲁迅先生也有过密切的交往。据《鲁迅日记》记载，仅 1925—1928 年，四年时间内，两人之间的交往就达 34 次之多。鲁迅给鲁彦赠送过《苦闷的象征》《呐喊》等书，在有关文章中戏称鲁彦为"吾家彦弟"。

1941 年夏天，巴金、艾芜、张天翼等人聚集桂林，大家决定办一个刊物来宣传团结抗日，反对分裂投降。巴金提议鲁彦担任刊物主编，于是便有了抗战期间影响最大的文艺期刊之一的《文艺杂志》。由于长期劳累奔波，鲁彦患上了肺结核。到 1943 年，已经卧床不起了。经过劝说，他终于放下了杂志的编辑工作，于 10 月份左右从桂林来到茶陵休养，直至 1944 年 7 月，再从茶陵返抵桂林，在茶陵度过了几近他生命中的最后一段时光。

仿佛一种预感，初到茶陵，他的心情甚是悲切。在给友人的信中，他写道："我现在所最关切者乃是孩子们。儿女过于稚弱，今忽远离，恍如弃之，心中愧恨，梦魂难安。"（王西彦《在魑魅的追逐下——记鲁彦的病和死》）在来到茶陵之前的这一年春夏间，鲁彦万般无奈，被迫将三个大一点的孩子托人送到湖南攸县难童保育院寄养。为此他一直"心中愧恨，梦魂难安"，到达茶陵后，随即托人把孩子接回身边。茶陵休养期间，鲁彦一家的生活，主要靠鲁彦夫人覃英在湖南省立二中任教来维持。

覃英（1906—1993），字谷兰，湖南宁乡人。早年毕业于长沙女子第一师范，后肄业于南京中央大学。1929 年与鲁彦结婚，育有四子一女。覃英毕生教书为业，从事教育工作，桃李满天下。为照料鲁彦，支撑家庭，也为教育事业，覃英付出了自己一生的心血。

这期间，冯雪峰来信告知，他的长篇小说三部曲的第一部《野火》已经出版，并且寄来了稿费。这当然是个喜讯，对于一个疾病缠身，辗转病榻的人，不啻为一剂灵丹妙药，让人振奋。

柳亚子也曾为他发起募捐，给他筹集医药费，对他不无帮助。

鲁彦为什么选择千里迢迢来茶陵休养？应该是三个原因使然：一是茶陵尚未沦陷，位置偏远，暂时比较安定；二是三个孩子寄养在邻近茶陵的攸县难童保育院，急于接回身边；三是茶陵有湖南省立第二中学，便于覃英一边任教，一边照料一家大小。

宁做太平犬，不做乱离人。其实，茶陵休养时期，对于常年颠沛流离的鲁彦，是一段难得的宁静祥和的时光。家人团聚，有一个安定的环境，有覃英的悉心照料，有冯雪峰、柳亚子等许多朋友的关切和帮助。这样的境况，对于鲁彦的康复无疑十分有益。事实上，这期间，他的病情也大有好转。他也因此开始做长驻茶陵的打算：尽快把长篇三部曲的第二部作品《春草》续写完成，然后进入第三部作品《疾风》的创作。

可惜，人算不如天算。他刚刚收拾起精神，准备大干一番，1944 年上半年，日军发起了第三战场的新一轮战役，从江西进攻湖南。紧邻江西的茶陵首当其冲。7 月，日军逼近茶陵。省立二中被迫撤离，鲁彦一家只得重返桂林。

"在兵荒马乱的途中，鲁彦病情转剧，幸得到茶陵中学（指省立二中）两个学生的扶持；还得到开明书店陆善涛等的资助，于7月初到达桂林。"（覃英《鲁彦生平和创作简述》）

　　"他们带了三个儿女逃难。逃到衡阳，打算乘火车再回桂林，可是搭车的人拥挤不堪，他病体虚弱，上不了车，就在火车站上等车，躺了三天三夜。最后连车站的工友也感动了，帮他上了车，才算到了桂林。可是经过这次长途跋涉的劳累，加上国事日非，忧患交逼，他终于不能支持，在8月21日（应为20日——本文注）病逝。"（徐炜《迎着敌人的刺刀——我编〈文艺春秋丛刊〉的回忆》）

　　"一个从桂林发出的电讯，说鲁彦因旅途劳顿，至桂林后病情转恶，但以囊空如洗，无钱打针，终于20日晨逝世，厥状至惨，享年44岁（应为42岁——本文注）。"（王西彦《在魑魅的追逐下——记鲁彦的病和死》）

　　了解到这一段历史，作为《听潮》的读者，我们今天坐在和平而明亮的教室中的莘莘学子，该有一些怎样的触动呢？

　　在茶陵期间，鲁彦的儿子王恩珂随父母在省立二中短暂就读。2005年9月，从网上得知茶陵一中将隆重举办建校100周年庆典，身在北京，已近80高龄，获得过国家发明一、二等奖和国家科委科技进步二、三等奖，享受国务院特殊津贴的金属材料科学家王恩珂，特别发来贺信，称："鲁彦、覃英携子女曾于1943年9—10月至1944年5—6月在茶陵省立二中（一中前身）校内居住与执教。学生王恩珂特向母校师生致意，庆贺母校百年华诞。我因身体不适，未能下决心赴湘庆贺为憾。"并赠送《鲁彦选集》一本以示纪念。情真意切，令人赞叹。

林廷玉和《洣江书院记》

文 / 苏铁军

林廷玉（1454－1532），字粹夫，号南涧翁、烟霞病叟，福建侯官（今福建福州）人。明成化二十年（1484）举进士，授吏科给事中、工科都给事中。弘治十二年（1499），因科举考场弊案，贬任海州（今江苏连云港地区）判官。十五年（1502），迁知茶陵州。十八年（1505），再迁江西佥事，后官至都御史。"因御史董建中劾其拗执褊刻，乞归，家居二十年，著述自娱。"

"廷玉为人刚果敏达，在谏垣号敢言。弘治改元，虚己求谏，廷玉上'筹边翊治'十事。转左给事中，又上'保治十箴'。"上本奏"'奸僧继晓罪恶贯盈，乃漏网通诛，非所以昭典法，不鉴戒也。'上纳其言，命锦衣官械继晓至京，斩于市"。人谓之嫉恶如仇，除恶务尽。

林廷玉因为"刚果敏达"，耿直敢言，颇得赞赏。不料，"弘治己未会试，滥充同考，不图科场大变。寻为论列其事，爰出判于淮之海州"。弘治十二年（1499），因涉唐寅考场弊案，被贬官海州。

林廷玉在海州，"修理学校及祠庙坛壝，正（政）声丕著"。三年后，弘治十五年（1502），迁知茶陵州。又三年，弘治十八年（1505），再迁江西佥事。

与在海州一样，林廷玉十分重视办学育人。履职茶陵，第二年便倾力倡办洣江书院。他身为知州，却聚生徒讲解儒家经典，风雨无阻，寒暑不辍："日服深衣幅巾，集诸生讲解其中，寒暑不辍。喜吟咏，意之所到，掀髯长歌；与俊髦赓和，忘其身之为吏欤。"书院落成后，他又亲自撰写了《洣江书院记》《吸秀亭记》以及《四斋铭》等文赋，对自己的办学思想，人生志趣和处世信条，都作了颇为集中的剖白。其中，《洣江书院记》堪称一篇程朱理学思想和儒家精神的宣言。

《洣江书院记》首先充分昭示了林廷玉反对章寻句摘，倡导经世致用，匡正民风士习的办学主张。

文章一开篇，就大声疾呼："民风之不淳，士习之不振者何？居道之不明不行故也。"继之痛陈"后世科举之学兴，为士者章寻句摘，以应一时之求。故其词藻虽富而大，旨或略；雕琢虽工，而所谓向上一著者罔或深究。及登仕版，书遂置矣，况道乎！"与林廷玉同时代的明朝大儒、哲学家王阳明（1472—1529）说："自科举之业盛，士皆驰骛于记诵辞章，而功利得丧，分惑其心，于是师之所教，弟子之所学者，遂不复知有明伦之意矣。"而此时的科举之学，弊案层出不穷，早已积重难返：贿买钻营，怀挟倩代，割卷传递，顶名冒籍，弊端百出，不可穷究；大批士子无所往而不谋利，或买卖或举放，或取之官府或取之乡里；"视经书如土苴，而苟直是求，弃仁义如敝屣"。面对这种世风陋习，有识之士怎不痛心疾首，忧心如焚呢？"书岂筌蹄，道岂刍狗哉？此实世教关系，固有识者之所深虑也。"林廷玉谆谆告诫："圣贤之书，道之付托，而阐明焉者也。郡之人士毋徒咀嚼糟粕，搔摩皮肤，必由言语文字之末，钩深索赜，以求精微奥妙之理。"直到篇末，他依然谆谆教诲："山云水月，天然真乐，无往弗在，亦奚以功名为哉？吾见为臣皆忠，为子皆孝，民风士习必为丕变……若但呻吟佔毕，图应取以徼利达，而于道漫不究心，固非圣贤著书教人之盛心，亦非书院创建之意也。"苦心孤诣，纵贯全篇。

同时，《洣江书院记》也充分展示了作者恪守道学信念，呼唤道学回归，弘扬道学精神的人生信仰。

不言而喻，林廷玉不可能不知道"学而优则仕"；不可能不知道通过场屋之学跻身仕途之后，可以得到怎样的功名利禄，荣华富贵；同时，他也不可能不知道，在"率天下而为欲速成之童子，学问由此而衰，心术由此而坏"，"天下以货为贤，士风日陋"的现实中，他的主张和追求，实在无异于缘木求鱼，痴人说梦。然而，他之所以如此憎恶沽名钓誉，决科干位的世风陋习，之所以如此不遗余力地鼓吹崇贤奉道，力学笃行的主张，之所以知其不可为而为之，原因只有一个，那就是对道的顶礼膜拜。

作者在文中言必称道学。开篇提出"民风之不淳，士习之不振者何？居道之不明不行故也"，文中言之再三："唐虞三代，斯道在天下，如日之中天。是故仁人君子比屋可封，固其所矣。""书岂筌蹄，道岂刍狗哉？""天之所以与我，我之所以得于天，以为人者，以道焉耳。""郡之人士……知之必明，守之必固，行之必力，使道足于己而无待于外。吾命亨而达，则措诸事业，以裨天下国家；或蹇而穷也，则亦可以敦厚风化，以善一乡一邑。"以道为圭臬，明德新民；以修齐治平为准绳，"达则兼济天下，穷则独善其身"，作为通篇文字之旨归，也作为作者人生之信念，对道的皈依、恪守和呼唤，殷殷之情，溢于言表。

大名鼎鼎的南宋哲学家、集理学之大成者朱熹，在著名的《白鹿洞书院学规》中指出："熹窃观古昔圣贤所以教人为学之意，莫非使之讲明义理，以修其身，然后推己及人。非徒欲其务记览为词章，以钓声名，取利禄而已也。今人之为学者，则既反是矣。"南宋乾淳之际（1165 - 1189）的岳麓书院主讲，与朱熹、吕祖谦并称南宋理学"东南三贤"的理学大儒张栻，在岳麓书院重修落成时撰写的《岳麓书院记》中，提出过一个著名论断："岂特使子群居佚谈，但为决科利禄计乎？亦岂使子习为言语文辞之工而已乎？盖欲成就人才，以传道而济斯民也。"林廷玉和张栻、朱熹，《洣江书院记》《岳麓书院记》《白鹿洞书院学规》，前后相隔300多年，但是，三者之间，竭力反对"徒工习于语言文字之末，以决科干位"，全力提倡明伦重道、经世致用、传道济民的办学主张和修齐治平的儒家精神却是如此惊人相似，如出一辙，一脉相承。

人文荟萃，名闻遐迩的茶陵州立洣江书院，迄今已历500余年，《洣江书院记》至今依然光芒熠熠。

洣江书院大讲堂

说校训，话校史

文 / 张华娇

茶陵一中办学历史悠久，曾有过很多卓著的校训。它们集时代性、纲领性和感召性于一体，是校史写照，也是时代缩影，弥足珍贵。其中几条尤其值得一提。

第一条：整饬寻章摘句，倡行经世致用

这是洣江书院的办学思想，发布人为茶陵知州林廷玉。

洣江书院创办于明弘治十七年（1504），是古代茶陵历时最长，规模和影响最大的一所州立书院，是人文荟萃的茶陵古代书院和茶陵古代农耕文化的典型代表。书院创办者林廷玉（1454—1532），福建侯官（今福州）人，进士，官至都御史。因科举考场案受贬，弘治十六年（1503）任茶陵知州。林廷玉十分重视办学育人，上任第二年便大力倡办洣江书院。书院落成后，他亲自撰写了《洣江书院记》，大张旗鼓地宣扬自己反对寻章摘句，倡导经世致用，匡正民风士习的办学主张。他谆谆告诫："郡之人士毋徒咀嚼糟粕，搔摩皮肤，必由言语文字之末，钩深索赜，以求精微奥妙之理。知之必明，守之必固，行之必力，使道足于己而无待于外。吾命亨而达，则措诸事业，以裨天下国家；或蹇而穷也，则亦可以敦厚风化，以善一乡一邑。"他力主以道学精神为圭臬，明德新民；以修齐治平为准绳，穷独达兼。朱熹曾说："熹窃观古昔圣贤所以教人为学之意，莫非使之讲明义理，以修其身，然后推己及人。非徒欲其务记览为词章，以钓声名，取利禄而已也。"与朱熹、吕祖谦并称南宋理学"东南三贤"的大儒张栻也说过："岂特使子群居伏谈，但为决科利禄计乎？亦岂使子习为言语文辞之工而已乎？盖欲成就人才，以传道而济斯民也。"林廷

玉和张栻、朱熹，前后相隔三百多年，但是，三者反对决科干位，倡导传道济民的办学主张及其身体力行孜孜以求的精神如出一辙，一脉相承。

在洣江书院传道济民，经世致用办学思想引领下，茶陵不但涌现出了张治、萧锦忠、谭钟麟等勤奋好学的典范，还孕育出了大批德才兼备，抱璞怀玉的山长、师儒和士子。在历代科考中，茶陵士子考取进士 139 名，状元、榜眼、会元各两名。数量之多，位居湖南各州县前列。而且其中不乏明清四大学士刘三吾、李东阳、张治、彭维新和民国政府主席谭延闿为代表的精英名流。茶陵也以"一州形胜雄三楚，四相文章冠两朝"的美誉名闻遐迩。对此，洣江书院功不可没。

第二条：南学津梁

这是南路师范学堂的办学思想，发布人为学堂监督曾熙。

创办于 1905 年的湖南官立南路师范学堂，与位于长沙的中路、位于常德的西路师范学堂一起，是清末"废科举，兴学堂"的教育改革在湖南的产物，也是全国最早的师范学堂之一。学堂首任监督（即校长）曾熙（1861—1930），湖南衡阳人，光绪二十九年（1903）进士，曾任衡阳石鼓书院兼汉寿龙池书院院长，才艺杰出，学识渊博。书法为一代大家，有"北李（清末书法家李瑞清）南曾（曾熙）"之称；绘画亦负盛名，国画大师张大千即为其弟子。

"南学津梁"是曾熙提出的南路师范学堂的办学思想。他手书"南学津梁"这四个斗方大字，制成巨幅横匾，悬之于学校通衢，旗帜鲜明地宣传自己的办学思想。"南"泛指江南，"南学"指江南历代先贤的先进学术和思想；代表人物有屈原、周敦颐、王夫之、魏源、曾国藩等。"津"是渡口，"津梁"为渡口、桥梁等要处，比喻导引万物，以供陶铸。"南学津梁"旨在勉励全体师生继承发扬南方先贤进步的学术和思想，承前启后，继往开来，救亡图存，振兴中华。这一办学思想，得到了南路广大师生的衷心拥护。1919 年，学校第七任校长颜昌峣，手书儒学大师王闿运"吾道南来尽是濂溪子弟，大江东去无非湘水余波"的名联，用木板雕刻，配以曾熙"南学津梁"的横匾，悬挂于校舍门前，珠联璧合，蔚为壮观。全体南路师生同心同德，以兴学育人为己任，严谨办学，学校被誉为"湘南最高学府"。1912 年后，学校先后改为湖南省立第三师范学校，衡阳中学，湖南省立第二中学等。1942 年，省立二中迁入洣江书院，1952 年改为茶陵一中。斗转星移，"南学津梁"的办学思想却源远流长，并不断发扬光大，引领培育了张秋人、蒋啸青、蒋先云、黄静源等大批革命先烈，培育了陶铸、江华、黄克诚、张际春、张平化、周里等大批领导人，为中国革命做出了卓越贡献。

第三条：好学、力行、知耻

这是茶攸安酃（茶陵、攸县、安仁、酃县）四县联立简易乡村师范的校训，发布人为校长彭晋云。

茶攸安酃四县联立简易乡村师范是时任国民革命军第二十八军军长的刘建绪率部驻节茶陵时于1934年发起创办的一所师范学校。学校以培养小学师资为宗旨，以茶陵洣江书院为校址，以"好学、力行、知耻"为校训。（副）校长彭晋云（1898－1943），湖南蓝山人，湖南教育界名宿。早年毕业于北平师范大学，历任上海劳动大学附属中学、湖南省立第三师范、湖南省立第一中学校长等职。此时他身为二十八军上校参谋，先被任命为学校专任主事后为副校长，长年驻校。学校的规划筹办以及日后的行政管理，一并由他一手操办。期间，恰逢时任湖南省政府主席张治中大力推行"政教合一"的主张，彭晋云得以一身兼任茶陵县县长和联师（副）校长两职。秉政办学，驾轻就熟，他被公认为联师校长的最佳人选。他思想开明，倾向进步，关爱学生，包容民主。主政期间，学校蒸蒸日上，一派兴旺景象，广大师生对他也都怀有特别深厚的感情。

好学、力行、知耻的思想，出自儒家经典《中庸》："子曰：好学近乎知，力行近乎仁，知耻近乎勇。知斯三者，则知所以修身；知所以修身，则知所以治人；知所以治人，则知所以治天下国家矣。"儒家认为，凡正人君子都必须遵循"五达道"，培养"三达德"，提升到"至诚"的品格进而达到中庸之道。"天下之达道五，所以行之者三。曰君臣也，父子也，夫妇也，昆弟也，朋友之交也，五者天下之达道也。知、仁、勇，三者天下之大德也。所以行之者一也。"就是说，人们通常会遇到君臣、父子、夫妇、兄弟、朋友五种关系，其时必须用五项基本原则来处理，即做到君惠臣忠、父慈子孝、夫义妇顺、兄友弟恭、朋友有信。要恪守这五项基本原则，就要修炼"知（智）、仁、勇"这三种基本美德，提升到"至诚"的品格，进而达到中庸之道的境界。而教育正是引导和帮助人们努力学习，培养至诚品格，最终达到中庸之道境界的必经之途。

四县联师自 1934 年开学，至 1941 年并入省立二中，前后共办学七年。七年间，正当民族生死存亡的危急关头，在"好学、力行、知耻"的校训引领下，在"天下兴亡，匹夫有责"的爱国热情和民族大义感召下，学校不仅培养了一大批优秀的小学师资，也培养了一批优秀的革命青年。仅茶陵一县，就从联师走出了李改（共和国将军）、兰亦农（中共贵州省委书记）、谭树德（原四川省教育副厅长）等一批卓越的革命者。

第四条：勤奋、踏实、团结、向上

这是茶陵一中作为湖南省首批重点中学，在重点中学建设时期（1980—1995）的校训，发布人为时任校长谭建唐等。

1976 年，党中央粉碎了"四人帮"，十年浩劫宣告结束。经过思想解放、拨乱反正运动后，文化教育科技等各条战线迎来了蓬勃发展的美好春天。

1980 年 6 月，根据中华人民共和国教育部《关于分期分批办好重点中小学的几点意见》，湖南省教育厅发文宣布，茶陵一中等学校被评定为湖南省首批重点中学。

1980 年 9 月，茶陵一中出台《茶陵一中纪律制度》《茶陵一中学籍管理办法》两种制度。历经 1984 年的《茶陵一中各项规章制度汇编》《茶陵一中教师道德规范》，1988 年的《行政管理规程》《德育工作规程》《教学工作规程》《后勤工作规程》，至 1993 年，最后修订汇编成《茶陵一中学生守则》《茶陵一中教工手册》两个小册子，确立了校训，创作了校歌，茶陵一中管理的制度化、规范化、科学化、系统化日臻完善。

1982 年，学校确定初中 68、69 两个班为实验班，分别进行语文、数学教学改革，"重点抓发展智力，培养能力"。这两个班毕业后，学校紧接着以新生初 76、77 班分别作为实验班和对照班，实施"探索规律，以点带面，积极稳妥，保证质量"的教改，以培养学生自学能力为突破口，力求实现"三个为主，三个转移"的目标。即：以课堂为主轴，学生为主体，教师为主导；由单纯的传授知识转移到打好基础、培养能力、发展智力上来，由单纯的研究教学转移到重点研究学生怎样学上来，由单纯的教学生"学会"转移到教学生"会学"上来。1983 年 5 月，湘潭地区实验班教学研讨会在茶陵一中召开。会后，省教育厅办公室主任肖勇、《湖南教育》主编唐仲扬等一行 6 人在对茶陵一中教学改革进行驻校考察后，将其教改定名为"二级自学辅导法"，于《湖南教育》1983 年第七期全面推介。此后，茶陵一中名噪一时，全国各地来校学习和采访报道的来宾络绎不绝。9 月，华东师大杜殿坤教授来校考察指导。他通过模式设计，理论提炼，力求从理论上予以论证。11 月，省教育厅办公室肖勇主任再次来校考察，指导教改"全面发展，全面提高"。从此，德育工作改革、第二课堂活动、后勤工作社会化改革全面展开，改革迅速向纵深拓展。1987 年，《初中数学"二级自学辅导法"教学实验报告》在中央教科所《教育研究》上发表，"二级自学辅导教学法"成为全国六大教授法之一。1995 年，学校被授予全国千所"学习科学实验学校"匾牌。学校高考成绩一直名列株洲市前茅。1995 年，一举夺得高考株洲市文理两科"状元"。德育改革也卓有成效。在全国率先制订并实施了《德育大纲》，德育工作规范化、序列化、网络化、多样化的"四化"建设成为省内外典范。1992 年 10 月，团省委来校考察后，将其经验在《内参选编》上予以推介。第二课堂活动发展成为"三小活动"（小发明、小制作、小论文），形成长效机制，进而发展成为科技创新活动课程。作品先后获得国家和省、市奖励 200 余项，其中国家级金质奖 2 项、银质奖 1 项、铜质奖 3 项、国家专利 5 项。学校两次被授予"全国青少年科技活动先进集体"荣誉称号，中央电视台《中国教育报》等新闻媒体多次予以报道。

1995 年 6 月，湖南省教委重点中学评估验收组一行 7 人对学校进行了为期 4 天的督导检查评估，充分肯定了茶陵一中在重点中学建设上取得的骄人成绩。1996 年 3 月，湖南省教委正式授予茶陵一中"湖南省重点中学"匾牌。

贴切自然，生动传神
——洣江书院楹联中的典故

文／苏铁军

茶陵洣江书院有门柱楹联 30 余副，乃为名家荟萃，异彩纷呈。其中很多典故，用得尤其恰切生动。下面权引数例，略作解说。

大讲堂联：立志欲拿云，且邀来四壁琴书，五更灯火；求知图报国，莫辜负门前立雪，座上吟风。

这里上下两联，暗含了一串典故。

首先是"拿云"一词。这个词出自唐代著名诗人李贺的名句"少年心事当拿云，谁念幽寒坐呜呃"。李贺（790—816），河南福昌人。字长吉，世称李长吉、鬼才、诗鬼等，中唐浪漫主义诗人代表，与李白、李商隐三人并称唐诗"三李"。毛泽东十分推崇李贺的才情，多次引用他的"雄鸡一声天下白""天若有情天亦老"等句。李贺一生愁苦多病，去世时年仅27岁。元和（806—820）初，李贺带着满腔热情，满怀希望准备参加科举考试。不料因为他父亲名"晋肃"，"晋"与"进士"的"进"字同音，按照封建伦理，必须避讳。就因为这个缘故，李贺被剥夺了考试资格。这个严重的打击使得李贺郁郁终生。所以，怀才不遇便成了他作品的一个重要主题，哀怨则成为他作品的一个显著特色。这首题为《致酒行》的名作，特别是全诗的最后两句，激情豪迈，昂扬奋发，成为他的创作中罕见的高亢明快的篇章。

其次是"五更灯火"一词。这个词出自名联"苟有恒，何必三更眠五更起；最无益，莫过一日暴十日寒"。原联旨在告诫人们求学立业应该有恒心有毅力，即所谓"业精于勤，而荒于嬉；行成于思，而毁于随"。"五更灯火"用在此处，贴切自然，十分生动，热情讴歌了有志者勤奋好学、奋发有为的精神。

最后是"门前立雪"一语。很多人都知道，这里用的是"程门立雪"的典故。"程门立雪"语出《宋史·杨时传》："（时）见程颐于洛，时盖年四十矣。一日见颐，颐偶瞑坐，时与游酢侍立不去。颐既觉，则门外雪深一尺矣。"就是说，有一次，著名学者杨时去洛阳拜见恩师程颐。杨时当时已年届40。一天他来到程颐府上，不巧赶上程颐正打瞌睡。杨时便与游酢陪侍等候。等到程颐醒来时，门外的雪已经落了一尺厚了。

这三条典故，或励志，或劝学，或赞颂尊师重道的品质，都非常贴切，生动传神。

御书楼联：洣水钟灵，看大雅扶轮，人文循轨；狮山擢秀，喜英才继迹，邹鲁同风。

这里上下两联，同样暗含了一连串典故。

首先，"洣水钟灵"和"狮山擢秀"两句中，"洣水""狮山"指的是洣江书院的位置——洣水河畔，狮子山下。"钟灵""擢秀"则化用了成语"钟灵毓秀"：聚集天地灵气的美好自然环境必定会养育出优秀杰出的人物。

其次，"大雅扶轮，人文循轨"。"大雅"，本指《诗经》风雅颂中的《大雅》诗作，借指德高才富、学识渊博的人。《文选·班固〈西都赋〉》有"大雅宏达，于此为群"。大雅扶轮，后来演化为成语，指扶持助推正统文化发展壮大。"循轨"本为依轨道而行，借指直道而行。语出《淮南子·本经训》："四时不失其叙，风雨不降其虐，日月淑清而扬光，五星循轨而不失其行。""大雅扶轮，人文循轨"指的是，儒家文化如黄钟大吕能代代传承发扬光大。

最后，"邹鲁同风"。邹、鲁为春秋时的两个诸侯国。因为两地分别为孟子和孔子的故乡，所以通常借指文化发祥地，或者作为文明教化的代称，倍加尊崇。"滨海邹鲁""江南邹鲁"一类的赞誉便是缘此而来。"邹鲁同风"意为沐浴儒家圣贤的熏陶感染，民众英才受到教化，必定日臻上善。"英才继迹，邹鲁同风"是说，有了这样一片钟灵毓秀的土地，儒家文化一定会后继有人，蒸蒸日上。

这副对联，典故用得好，整幅作品的格调典雅高远，厚重大气。

大成殿联：重教崇文，德馨千古儒尤重；修身励志，座冷十年事竟成。

下联"座冷十年事竟成"，用了两个典故。

"座冷十年"化用的是南京大学教授韩儒林先生的名联——"板凳要坐十

年冷，文章不写一字空"。著名史学家范文澜先生对于治学提出过一个有名的"二冷"说："坐冷板凳，吃冷猪头肉。""坐冷板凳"是指治学要淡泊名利，不慕荣华；要专心致志，甘于寂寞；要坚持真理，不迷信盲从。韩儒林先生据此创作出"板凳"一联，备受推崇，流传深广。

"事竟成"取自众所周知的名联：有志者事竟成破釜沉舟百二秦关终属楚；苦心人天不负卧薪尝胆三千越甲可吞吴。

两条典故，融为一体，自然圆通，浑然天成。

崇道祠联：天地立心，圣贤作则；黎民在望，社稷为怀。

上联的"天地立心"引用的是北宋大儒张载的名言："为天地立心，为生民立命，为往圣继绝学，为万世开太平。"张载（1020—1077），字子厚，陕西扶风人，北宋理学关闽濂洛四大学派中关学的创始人。因讲学于横渠镇，人称横渠先生。这四句话充分表现出一个理学大儒的襟怀、器识和抱负，也展示了儒家圣贤的崇高理想。当代哲学家冯友兰先生称之为"横渠四句"，温家宝总理也曾经多次引用。这里用于崇道祠前，准确贴切，恰到好处。

后大门联：邺架书香清眼界，洣江水朗滋胸怀。

上联"邺架"一词，语出唐代著名诗人韩愈《送诸葛觉往随州读书》一诗："邺侯家书多，插架三万轴"。后人演化成"邺架"一词，形容藏书非常丰富，也用于对他人藏书的称赞。

总之，洣江书院的这些对联不愧为名家高手的精品力作，其中典故的运用，恰切生动，文采斐然，与洣江书院交相辉映，相得益彰。

造福一方，泽被千秋

——读李东阳《茶陵学校记》

文／苏铁军

　　进入明朝后，曾经风光无限的茶陵科考一落千丈，一蹶不振。自洪武至成化，一百余年，只有区区十来人进士及第。为此，弘治元年（1488）前后，数任知州兴师动众，几易州学地址。

　　成化中，知州俞荩来知茶陵，称："茶陵何科第之乏也，无奈学之地弗利欤？"于是搬迁学宫地址。结果"科第之乏犹故也"。弘治八年（1495），知州李永珍来，称"学之址弗若其旧，爽垲答阳，抱山而挹水。"于是又大兴搬迁。结果"其科第之乏犹故也"。弘治九年（1496）知州董豫来，"视学之地，曰，山撼其胸，水啮其宫，是谓'索封'。乃召诸耆老而询之曰：'兹地在宋元为文献邦，人才甲湖南，何今之久汩汩也？岂人之无良？兹土之灵实闭。'"（明嘉靖《茶陵州志》）于是再次动迁，将学宫由州紫微门外迁建于宋初旧址——州西郊狮子口（今茶陵一中所在地）。"经始于丁巳（1497）十二月，迄戊午（1498）七月告成。"

　　为庆贺告成，乡人，时任文渊阁大学士兼礼部尚书李东阳，"因学正江海辈及诸乡士之请，特记成绩，以告后人，且以期复古之效不止乎宋元之盛而已"，欣然"序其事"，写了序言《茶陵学校记》。

　　李东阳（1447—1516），字宾之，号西涯。明湖广茶陵（今湖南茶陵）人。明朝政治家，文学家，"茶陵诗派"领袖。他应约撰写的这篇序言，着重阐述了他对儒家礼乐教化的卓尔不凡的见解主张，表达了他对振兴故乡文化教育的满腔热忱和对故乡人文社会进步发展的殷切期望。文章篇幅短小，不足800字，却堪称一篇封建社会教育发展的指导纲领。

在简要叙述了茶陵州学的兴替沿革及迁建经过后，文章集中阐述了作者对儒家礼乐教化即封建教育的功能目的的真知灼见："人禀天地之性以生，其善同也。或为气质所限，又移于习俗之偏，则不能以不异。惟学者能变其气质，愚可使明，柔可使强。苟明而强，则其性无弗复者矣。及得位以行政教，则能变其习俗。齐可以至鲁，鲁可以至道。苟至于道，则人之性无弗复者矣。"对于茶陵州学建设发展的希望，他指出："今复而州名，复而学地，亦振起作厉之机，而明彝伦、正风化之义，固于是乎？在士之学于是者，必澡志洁虑，择善而力行，使德崇业广，足以济一世、利万物，则非独为一时一乡之士，虽称为天下之英才，千古之豪杰可也。"

教育的目的是什么？在李东阳看来，教育绝不能仅仅为了科考中式，抢元折桂，出人头地，光宗耀祖；或是跻身仕途，求取功名利禄，荣华富贵；更不用说，把礼乐教化当成场屋之学，不择手段，投机钻营，弄虚作假，决科干位。真正的教育，必须能变气质，变习俗，复人性；必须能明彝伦，正风化；必须能济一世，利万物。真正的有志之士，"非独为一时一乡之士，虽称为天下之英才，千古之豪杰可也"。身为当时全国礼乐教化的最高主官，李东阳以修齐治平为准则，以明德新民为旨归，高屋建瓴，大声疾呼每一个生徒士子，澡志洁虑，择善力行，明伦崇道，经世济民。大名鼎鼎的南宋哲学家，集理学之大成者朱熹（1130—1200），在著名的《白鹿洞书院学规》中指出："熹窃观古昔圣贤所以教人为学之意，莫非使之讲明义理，以修其身，然后推己及人。非徒欲其务记览为词章，以钓声名，取利禄而已也。今人之为学者，则既反是矣。"南宋乾淳之际（1165—1189）的岳麓书院主讲，与朱熹、吕祖谦并称南宋理学"东南三贤"的理学大儒张栻（1133—1180），在岳麓书院重修落成时撰写的《岳麓书院记》中，提出过一个著名论断："岂特使子群居佚谈，但为决科利禄计乎？亦岂使子习为言语文辞之工而已乎？盖欲成就人才，以传道而济斯民也。"把李东阳和张栻、朱熹，《茶陵学校记》和《岳麓书院记》《白鹿洞书院学规》，一一比照，我们可以分明看到，虽然相隔三百多年，但三者之间，竭力提倡明伦重道、经世济民的办学主张和修齐治平的儒家精神却是如此相似，如出一辙，一脉相承。李东阳的召唤，对于全国所有的循良有司、师儒士子，都不啻为振聋发聩的呼唤。

正是在这样的思想指导下，作者含蓄、委婉而明确地表达了自己对茶陵教育现状的忧思。文章开篇写道："茶陵在宋元为州，州有学，毁于兵燹。洪武间始降州为县，建学于县西郭外。成化间复升县为州，知州俞君苌迁学于州治西偏。弘治间李君永珍复迁郭外。学屡迁而科目士愈疏阔弗继。"这里表层是对茶陵州学办学沿革的非常客观的叙述，实际上已经明确地揭示了一个事实"学屡迁而科目士愈疏阔弗继"，分明表达了自己的关切。在阐述了变气质、变习俗、复人性的教育功能和目的后，作者禁不住质疑："若不克变，而徒致力于事物土地之间以求之，奚益哉？"进而批评道："吾州文献之地，其在前朝，登巍科，跻膴仕，树功立业者相望也。既久而不振，岂非学与教之责哉？"再进而劝诫生徒士子"使（假使）徒挟名邦，夸胜地而不知所以学，非徒无益，又适以损之，固非贤有司教士之心，亦岂吾士之所以自处者哉？"治国以教化为先，教化以学校为本。文章或间接或直接，对有关州牧过于关注风水地理，寄望形家地利，而不能恪尽职守，尽全力于"人事"，以致徒劳无益的作为，提出了批评指正，真诚地表达了作者对故乡文化教育事业的深切关怀和爱护。

对茶陵州学的建设，对茶陵教育发展的建言和希望，是作者这篇序言的根本旨归。

从宋代起，以"农勤于耕，士勤于学"著称的茶陵古代农耕文化日渐兴旺。截至元末，境内共创办书院6所，考取进士达94名。数量之多，均居湖南各州县前列。父子、叔侄、祖孙、兄弟，联袂登场，先后中式的繁盛景象，屡见不鲜。元至元湖南道司监赵天璧不禁赞叹："江南三省，湖广得才，为近古湖广一省湖南得才为最多。茶陵隶湖南，得才比各郡县为尤多……历科所得，或魁于乡，或魁于天下者，迹相接。"（赵天璧《进士题名记》）

"教之者，政治之本也。"面对曾经的荣耀，面对茶陵教育的长期低迷，面对学宫迁建告成的契机，李东阳恳切希望："在士之学于是者，必澡志洁虑，择善而力行，使德崇业广，足以济一世、利万物，则非独为一时一乡之士，虽称为天下之英才，千古之豪杰可也。"殷殷之情，溢于言表。

在李东阳的大力倡导下，经过州牧有司、师儒士子和广大民众一代又一代人的共同努力，历明迄清，茶陵共创办书院32所，培养出状元1人（萧锦忠），榜眼2人（曹诒孙、尹铭绶），会元2人（张治、谭延闿），进士33名。茶陵农耕文化终于拨云见日，重新走向辉煌，并且"复古之效不止乎宋元之盛"，登上了一个更高的巅峰。十年树木，百年树人。李东阳的感召，造福一方，泽被千秋，功不可没。

风物传奇

第五篇

风韵茶陵

史前神农的一把香草
洗深了历史的颜色
赤橙黄绿青蓝紫，每一道色彩
便是一个文明不可或缺的工序

神的先知先觉是一盏油灯
或明或灭，曦微地洞穿千万个春秋
劳动人民的智慧之光，却如闪电
霹雳如火，毁灭与创造共生
风亦传奇，物亦传奇

茶陵男子

文 / 彭小中

巍巍云阳，峰连七二，赋予了茶陵男子博大的胸怀；

悠悠洣水，九曲回环，孕育了茶陵男子纯朴的性灵。

翻开历史的竹简，茶陵男子心忧天下，自强不息，光照千秋。舒展生命的画卷，茶陵男子阳刚劲美，正气凛然，风采熠人；敞开心灵的扉页，茶陵男子率真耿直、勤奋踏实、厚道善良，闪耀着特有的人格魅力……

茶陵自古多奇男。茶陵男子性情豁达，坚韧不拔，锲而不舍，从不向命运低头。华夏民族的始祖——炎帝神农氏堪称茶陵男子的标杆。炎帝在茶陵披荆斩棘，开辟家园，"制耒耜，教民种五谷"，开创了稻作文化新时代。而后又遍尝百草，发明医药；治麻为布，制作衣裳；日中为市，首倡交易；削桐为琴，练丝为弦；弦木为弧，剡木为矢；作陶为器，冶制斤斧；台榭而居，老百姓丰衣足食，安居乐业。茶陵男子不仅像炎帝一样"农勤于耕"，而且无不受百折不挠、自强不息的炎帝精神的惠泽而"士勤于学"。茶陵历史上第一个进士陈光问，自幼家庭贫困，年轻时曾居灵岩石窟中，借月读书。苦心人，天不负，终于69岁中进士，开茶陵139名进士入仕之先河。明代首辅大臣李东阳，其父做过渡工；大学士张治的父亲做长工、母亲纺纱，他自己给富家子弟伴读，仍发奋努力读书；清代道光年间状元萧锦忠无钱买书，借书抄书苦读……这种开拓创新、自强不息，身处困厄不堕其志的精神彰显了茶陵男子奋发有为，锐意进取的风采。明太祖朱元璋为茶陵男子这种精神所叹服，曾题御诗一首盛赞官至御史兼刑部尚书的茶陵男子陈凝："昔日江湖巨客，今朝我国名臣。问是谁家之子，茶陵东山陈凝。"对茶陵男子的赞誉溢于言表，令人感怀。

茶陵伟男多壮志。茶陵男子不畏强暴，坚持真理，从不向敌人低头。烽火连天的战争岁月，革命的熊熊烈火燃烧了这块土地，先烈的鲜血染红了这块热土，艰苦卓绝而波澜壮阔的革命战争也锻炼了无数英勇的茶陵男子。一大批茶陵男子从山谷中打出来，走向抗日战场、解放战争、抗美援朝战场。年仅19岁的"茶陵农运第一牺牲者"范桂嵘，中国第一个红色政权茶陵县工农兵政府常委、农民代表李炳荣，为保护乡民从容就义的尹宁万，湘赣边界早期革命杰出的领导人谭思聪、陈韶等人的英名和功绩流传至今。茶陵男子南征北战，驰骋沙场，叱咤风云，浴血奋战，屡建奇功，25位开国将领就是其中的代表。茶陵籍国民党将军尽管人生追求有异，但爱国之情皆然。譬如战死沙场的抗日烈士陈师洛将军奔赴抗日战场时，就给亲人留下感人至深的遗言："为了中华民族的生存，为了把日寇全部赶出去，个人生死早已置之度外。"刘柔远先生在"南京大屠杀"的腥风血雨未散之时，奉命率敢死队员200余人潜入南京，出生入死与敌人周旋70余天，不仅完成了销毁遗留下来的铁道部绘制的地图和北伐时的军用物资的任务，还收集了大量日军情报……战争年代茶陵男子浴血奋战者有之，为国捐躯者有之，投敌变节者却无一人，他们不愧为后人景仰的真英雄。毛泽东同志也大加赞赏："茶陵的同志很勇敢、会打仗，'茶陵牛'嘛！"

茶陵男子多率真。茶陵男子率真务实，表里如一，从不向生活低头。全国劳动模范龙秋华高考落榜不落志，依靠科技致富，成为远近闻名的"养猪状元"。他不仅积极引进新技术、新成果，反复试验、示范和应用，大力推广品种改良，而且把积累的经验毫无保留地推广给广大养殖户。青年科学家谭铁牛出身贫寒却学习勤奋志在报效祖国，成为中国自动化研究所第一人。旅台教授颜元叔身在台湾，却敢于讲真话：中国前途在大陆，爱我中华，切莫崇洋。新华社、《人民日报》、《新疆日报》等全国数十家媒体发表社论，是这样评价茶陵战士陈小平的："在陈小平同志身上，既闪现着雷锋同志那种公而忘私、全心全意为人民服务的思想光辉，也显示出王进喜同志那种艰苦创业、顽强拼搏的英雄气概，更表现了焦裕禄同志那样一心想着人民，顽强同病魔斗争的优秀品质。陈小平同志称得上我们时代民族的真正精英。"在政界、商界人们大都乐意与茶陵男子打交道，比如秘书是个苦差，但茶陵的秘书人才却成了很受欢迎的"免检"品牌。很多人说，茶陵男子都是"茶陵牛"，脸上都写了一个"牛"字，一看就明白、放心、踏实……

茶陵男子就是这样神奇、坚韧、伟岸、阳刚、率真、自然，在茶陵男子血液里激荡着的，永远是开拓进取、傲然挺立、崇善尚美的音符。

茶陵男子站起来是一座山，倒下去还是一座山。

劳安与茶陵的不解之缘

文/尹烈承　陈　科

四排　梁友松　谭新民　吴祖迎　赵光白　余百钱　杨本湖　谭允雄　陈新民　李　夐　陈功让

三排　陈学渊　吴松根　陈　磊　蒋冈武　王铁云　黄渭清　阳建国　邹乃山　周定勋　黄均雯　娄茲芳

二排　劳　安　胡莊丽　余赔平　彭了文　　黄特辉　黄晴轩　余丽群　胡蒋圃　黄熙年　黄时美　黄志连　王代珍

（左下）一排　田正岚　胡葆仁　余安群　　　龙杯宁　唐尧琴　张传骅　陈如达　刘乾娇

1944年上期摄于省立二中(现茶陵一中)

劳安，女，1929年生于湖南长沙市，20世纪50年代毕业于清华大学电机系，曾任中国国际工程咨询公司副董事长，系国务院前总理朱镕基同志的夫人。抗日战争初期她在茶陵学习、生活了5年，在茶陵这片红色的土地上留下了难忘的印迹。

一、颠沛流离：从长沙辗转来茶陵

劳安之先祖系湖南九芝堂的创始人。公元1650年（清顺治七年），江苏吴县人劳澄来到长沙坡子街定居。这位工诗画、通医道的儒雅之士，开了家药铺，取名为劳九芝堂。20世纪30年代，劳九芝堂颇具规模，药铺从坡子街延伸到学院街。1938年，劳九芝堂在长沙"文夕大火"中遭遇灭顶之灾，店铺和大量的鹿茸、麝香、灵芝、人参等名贵中药材在大火中化为乌有。抗战胜利后，在劳安父亲劳绍玑等人的努力下，劳九芝堂得以重建。劳绍玑没有跟随父辈们从事药材经营，而是学习和从事金融事业，曾任湖南银行茶陵办事处主任，复兴银行长沙分行、上海分行、南昌分行经理（行长）等职，是著名的银行家。

湖南省银行成立于1929年，抗日战争爆发后，湖南成为了抗日战争的重要战场之一，战火燃遍全省，经济几近崩溃，银行机构及人员不得不颠沛流离。日军攻占南京后，湖南省政府迁出长沙。湖南省银行总行于1938年1月随湖南省政府迁往沅陵，改为总管理处。此时省银行在省内除古丈、永明（江永）、临湘、岳阳未设机构外，其余各县均设有机构，即驻各县办事处、分理处等。劳绍玑也因此被安排到茶陵担任湖南省银行驻茶陵办事处主任。1938年6月前后，劳绍玑将儿女劳特夫、劳安安置于舅舅胡延龄家中后，他与妻子胡沃梅带着小儿女劳以迈、劳可琍来到茶陵，先择址茶陵老城二总街（今人民街65号），后迁入茶陵县卫生院（过路街25号）筹办银行办事处，全家租住在办事处斜对面的二层楼板房屋里（2003年茶陵一中筹备百年校庆时有存照，现佚失）。

是年11月，长沙"文夕大火"，长沙城成为一片废墟。湖南战时儿童保育分会组建了湖南第二保育院。保育院按照中共长江局的要求，立即开展苦难儿童收容工作。13岁的劳特夫和10岁的劳安当时也被收容到了第二保育院。不久，由于湘北吃紧，湖南战时儿童保育分会便决定将湖南第二保育院迁往茶陵。

从长沙辗转来茶陵，是一段非常艰辛的历程。全院师生员工300余人在院长齐新等人的带领下，乘20余艘民船溯湘江而上，经洣水入茶陵。沿途摇摇晃晃，在湘潭段遭到日军敌机的轰炸，在渌口遭遇狂风大作，有两艘船险些翻沉，孩子们一片惊慌，幸亏老师员工同心协力，两船转危为安。就这样，历经18天的艰难困苦，终于到达茶陵。劳特夫、劳安兄妹随即离开了第二保育院，与父母全家团聚并生活在一起。

二、上下求索：茶陵求学救亡之路

父母在长沙时，劳安兄妹均先后启蒙读书。进入保育院后在老师的指导下保持了良好的读书识字的习惯。当时，茶陵最有名望、最好的小学是茶陵县第一小学。因那时茶陵还是抗日的大后方，许多军政机关的要员将家属迁来茶陵避难，他们的子女都在这所学校读小学。为让孩子们能够继续求学，劳绍玑也把劳安四兄妹安排在第一小学念书。

1940年冬，湖南实施"新县制"，按"一乡一校、一保一校"的教育规划，每一个乡都要开办一所中心学校，每一个保都要开办一所国民学校，原先以区命名的五所县办高小都被改成了所在乡的中心学校，茶陵县第一小学也因此被改成首善镇中心学校，后因抗战形势严峻，经费严重缺乏，教师队伍不稳定等困难，茶陵县第一小学被迫解散。从湖南省立第一师范学校毕业的吴月仙、县第一小学校长毛冬梅随即创办了私立正本小学，于1941年上学期正式招生。因正本小学校址也在过往街的黄、钟两祠之内，其教师也都是第一小学的原班人马，劳安四兄妹和绝大多数学生一样随即转到私立正本小学继续就读。劳安的老师吴月仙原也是茶陵县第一小学的教师，劳安的父亲劳绍玑对吴老师非常认可，非常愿意将子女送往正本小学念书，他的四个子女——劳特夫、劳安、劳以迈、劳可琍，先后都在这里完成了小学学业。

劳安先后在茶陵县第一小学和正本小学就学两年，但短短的两年，她给师生们留下深刻的印象。吴月仙老师曾在《我的学生劳安》一文中说："我教她们的数学和体育。数学课上她反应灵活，思维敏捷，作业认真，学习成绩好，尊敬师长，团结同学；不仅同学们非常喜欢和佩服她，我也非常欣赏她，对她偏爱有加。而在体育课上，她表现出许多女性惯有的一面：文静。"正本小学同班同学刘柳春在《我的同学劳安》中回忆说："凑巧我和她编入一个班，读高小。相对而言，她的家境较好，她性格很温和，丝毫没有城市学生的架子，和同学们相处得很融洽，我们也非常喜欢她。加上我又和她住在同一条街，我们很快相识相知了，一起上学、一起玩、甚至抵足而眠。在学习上，她很用功、刻苦，成绩在我们班上顶呱呱，令我们班许多同学对她刮目相看。"

1941年6月，劳安于正本小学毕业，以优异的成绩升入协均中学。协均中学是当时茶陵范围内规模比较大的一所学校，学生达500余人。学校的学习风气很浓，当时还成立了战时服务团组织，经常组织学生开展抗日宣传活动，学生剧社经常在县城公演《血泪仇》《雷雨》等大型话剧和《松花江》等革命歌曲，深受爱国军民赞扬，对劳安影响很大。

1942年春，在协均中学读了一学期后，劳绍玑将劳安转到了有"革命摇篮""湖南的北大"之誉的省立二中（今茶陵一中）初中部第16班学习。在这里，劳安天性活泼，其能说会唱会演的才能得到充分的发挥，被学校吸收为大风歌咏队队员。据其省立二中实验班的学姐田正岚（大风歌咏队员）回忆："她虽然年纪小，但胆子大，深得姐姐哥哥们的赏识，所以她参与演出了许多节目，为宣传抗日救国、唤起民众抵御强暴保家卫国，作出了积极贡献。"

1944年，日寇铁蹄踏进茶陵，茶陵也由抗日后方变成了前沿阵地。1944年1月，劳绍玑奉命调往广西桂林，劳安兄妹也一同离开了茶陵。当年三月，她从省立二中转入位于南岳的湖南省立十二中，就读初中二年一期。转学手续是由劳梦贞替其办理的。

三、情思漫漫：托身归雁念故土

在离开茶陵76个春秋的岁月里，劳安一直没回过茶陵。然而，茶陵这片红色的热土，却留下了她的千千情结。她的名字和她的故事一直在茶陵城乡流传。她与人为善、助人为乐的情缘和情结，深深地镌刻在茶陵人民的心中。

在家里，她常在其父面前念叨老师吴月仙的名字，常称赞吴老师的高尚品德和教书育人的深厚功底。劳绍玑因此对吴老师非常关注，并要劳安邀请吴月仙到家里，在热情款待中，倾心交谈，相互勉励。劳绍玑极力推荐吴月仙到银行工作。这对于吴月仙无异于喜从天降。她进入银行工作后，与劳家同住一栋宿舍，经常相见，也经常辅导劳安及其兄妹们的学习，双方结下难解难分的情缘。几十年过去了，吴月仙一直惦记着劳安。20世纪90年代中期，她在电视上看到了劳安，更勾起了她对劳安的回忆和牵挂。1999年9月15日，吴月仙给劳安写了一封信，表达了自己的思念之情。

曾与劳安在正本小学同学的刘柳春、陈希佐、陈克刚、刘子坚等，始终没能忘记与劳安兄妹在一起学习生活的日子，常在一起聊起劳安和劳特夫的那些往事，也常常去当年劳安住过的老房子看看，那过往的一切始终萦绕于心。刘柳春曾在回忆劳安同学的文章中说："现在我已迈入古稀之年，身体也一日不如一日，我常想，如果能在有生之年见上老同学一面，这是我最大的愿望和幸福。"

长沙女子田正岚曾与劳安随湖南第二保育院风雨同舟来到茶陵，并同在省立二中读书。虽然，她系高中生，年纪也比劳安大些，但她们在学校大风歌咏队结下了战友般的情谊。这位曾在茶陵读书避难、作为知青下放到茶陵、在湖南省商业厅退休、现已92岁的田正岚同样对茶陵情深意切。在纪念抗战胜利75周年之际，她于8月16日带着曾在湖南第二保育院学习的妹妹田佩琼及孩子们来到茶陵，追寻第二保育院和省立二中的印迹，回忆与劳安在歌咏队的喜怒哀乐。令她最高兴是在下东街道齐心村找到了当年保育院旧址，见到了当年育民学校的同学陈元娇和保育院的同学肖湘连。尤其是来到当年的省立二中（茶陵一中）时，她激动得热泪盈眶；进入洣江书院，她情不自禁地说："当年，为宣传抗日救国，我与劳安等同学常在这里唱呀跳啊，洒下了艰辛的汗水。"

征途漫漫，任务如山，持续奋斗是劳安那一代共产党人的鲜明标识。在实现民族复兴伟业的征途上，她牢固涵养内心深处的茶陵情怀，始终没有忘记茶陵这片红色的土地，始终惦记着英雄的茶陵人民。她曾多次想回茶陵看看，因工作等原因未能如愿。1995年，茶陵一中举行90周年校庆，劳安、劳特夫兄妹准备回母校祝贺，而劳安因故未能成行。将一片思念之心托付兄长带回茶陵。劳特夫也就以"抗日烽火使我们与省立二中结缘，对老师的教育至今难忘"的题词，表达他们对母校的怀念和感恩之情，并为茶陵一中图书馆建设每人捐助了1000元人民币。

劳安的语言魅力曾感动过不少的人。她的这种魅力，很大程度上来自人民解放群众的表达方式。她能广泛地接触人民群众，并虚心地向人民群众学习。当年初到茶陵，学习上的、生活上的、语言上的等各种不适应、不习惯接踵而至，因战乱而颠沛流离的生活愈发磨砺了她的斗志，她把自己融进茶陵人民当中，与茶陵人民一起学习、一起生活，一起宣传抗日的真理，她深深知道，是甘甜的洣水哺育了她，是纯朴的茶陵人民接纳了她，茶陵的老师、茶陵的同学，茶陵古老的城墙……茶陵当年的一人一物都成了她永远也抹不去的回忆。

《株洲日报》记者佘意明曾在《劳安在茶陵的风雨求学路》一文中记载："劳安在茶陵的一位同学的家属回忆，他的母亲过世的时候，同学劳安还寄送了300元慰问金。"这一事实证明，劳安与茶陵的同学有联系，只是因为不显山、不露水，而尚不被人所知，有待我们进一步挖掘、收集、整理。

四、家国情怀：难忘实业救国艰辛路

劳安的家族是商业世家，先祖在长沙创立了药铺劳九芝堂，以"普救天下生灵"为任，世代苦心经营，经过200多年的精心劳作，家业有了很大的发展。到民国之初，尽管政局动荡，民生凋敝，但在祖父劳昆僧的精心经营下，药铺重现生机，出现了一个中兴局面。到1930年，药铺年营业额达到18万银元，抗日战争前夕劳九芝堂累计资金达40万银元（包括不动产），在实业救国的道路上，劳氏家族做出不可磨灭的贡献。

但劳绍玑走的却是另一条实业救国之路。1929年1月，湖南省政府创立了湖南省银行，行使代理地方政府金库、铸造金属货币、发行纸币等属于中

央银行的职能。到 1930 年，湖南省银行共计资本 150 万银元。国民政府定都南京后直到 1937 年"七七事变"爆发的十年间，出现"黄金十年"鼎盛发展的局面。抗日战争爆发后，湖南经过四次长沙会战及常德保卫战、衡阳保卫战、湘西会战，经济几近崩溃，银行机构及人员颠沛流离，加上交通阻塞，物资日益匮乏，物价不断上涨，银行正常业务无利可图。日军攻占南京后，湖南省政府迁出长沙，湖南省银行总行于 1938 年 1 月随省政府迁往沅陵，并在全省各县设立分理处或办事处。

1939 年 6 月，湖南省银行在茶陵设办事处，劳安的父亲劳绍玑先生主动担纲，担任茶陵办事处主任，当即携带家眷直赴 300 公里开外的茶陵履新。茶陵是偏远山区，条件简陋，没有办公场所，先在城内二总街（今人民街 65 号）设址，后迁往茶陵七总街（过路街）25 号原属茶陵县卫生院的一栋 2 进 6 厢的房子里办公。办事处主要办理往来存款、特别往来存款业务，收存私营工商业的营业款项；1943 年开始代办保险业务。湖南省银行进驻茶陵，无疑为经济凋敝、金融秩序混乱的茶陵带来了生机。省银行办事处依靠其地方政权的权威、严密的管理体制和管理者苦心经营，在艰难中不甘沉沦，稳步发展，通过几年的努力，到 1947 年单位年均存款法币 4.19 亿元，其中金库存款 2.63 亿元；1939—1947 年，发放各类贷款（法币）12.97 亿元。1944 年日军犯境，办事处迁往桂东县；1945 年 10 月返迁茶陵复业，在茶陵东盘古坊原中央银行旧址（今茶陵县塑料厂）办公，从此茶陵便有了正式的金融机构。1946 年 1 月 8 日调整后三等办事处，定职员 3 ~ 5 人，丁警 2 ~ 3 人，1949 年 6 月撤回长沙，清理待命。

茶陵金融的发展，劳绍玑一家功不可没。茶陵办事处的筹办并非一帆风顺，工作环境恶劣，生活条件艰苦不说，还要疲于应对"大肆劫掠，蹂躏地方"的官患、动荡的政局，劳苦奔波。一家六口的生活，四个孩子的就学，仅靠劳绍玑一人的薪水，捉襟见肘；一家六口挤住在过往街 25 号一栋逼仄的二层小木楼上，很不方便。柔弱的油灯下，经常是四个孩子挤在一起看书，一起打闹，苦中作乐。城内大片大片的菜畦地和正本、协均、育民小学的操场成了孩子们的乐园，孩子们在这里读书、唱歌、游戏，偶尔窜进办事处，趴在银行的柜台上，专注地看着父辈们娴熟地拨弄着算盘，想象着小算盘里的大乾坤……

实业救国永远在路上。因抗战之故，劳绍玑先生 1944 年 1 月，奉令从茶陵调往桂林，一家老小后又随着先后转辗于广西、湘西、长沙、上海、南昌各地，劳绍玑在湖南省银行、复兴银行各地支行担任经理（行长），为中国金融事业的发展鞠躬尽瘁，死而后已。

难忘的一刻

——纪念参加全国第七次民政工作大会党和国家领导人接见四十周年

文 / 向宋文

🔺 1978 年作者出席全国民政工作大会在北京天安门广场留影

1976 年，我就任中共茶陵县委常委兼茶陵县尧水公社党委书记。这里是革命老区，是一块 418 位革命烈士鲜血浸染过的红色土地。1927 年，尹子斌兄弟在这里组建了茶陵第一支农民革命武装——尧水农民自卫军；1931 年，中共茶陵县委、县苏维埃政府曾在南岸驻足，红七军在张云逸指挥下，在将军山鏖战并取得大捷。这里又是将军之乡，从这里走出了中将刘道生、少将段苏权、段焕竞、陈浩等四位开国将军。作为革命烈属的我，能在这里工作深感使命光荣、责任重大，一种革命情结促使我特别重视优抚工作，我决心要不折不扣地将党和政府的优抚政策落到实处。每年春节我都组织慰问军烈属，敲锣打鼓给军烈属拜年；开发建成了优抚园艺场、优抚林场和优抚电站；在段焕竞将军支持退役汽车、拖拉机的基础上，建立了全县上规模的以优抚对象为骨干的农机站。同时，我也特别重视充分发挥优抚对象的骨干作用，一大批优秀的优抚对象人才脱颖而出，比如1976年退伍军人刘新华被推荐当上了不脱产的公社党委副书记……1977—1978年，尧水公社被评为湘潭地区、湖南省和全国优抚工作先进单位，并被湘潭地委授予大寨式公社称号。因为业绩突出，1978年9月，我作为全国优抚工作先进单位代表出席了全国第七次民政工作大会。这次会议是"文化大革命"结束后特别是粉碎"四人帮"后召开的一次很重要的会议，时任中共中央主席华国锋、中共中央副主席叶剑英为大会题词。湖南省代表团由省革命委员会副主任尹子明为团长，省民政厅厅长、老红军苏林为副团长，共20余人，住在国家工商行政管理总局招待所。9月11日，会议在全国政协礼堂隆重开幕，代表们聆听了中共中央副主席李先念的重要讲话，听取了国家民政部部长程子华的报告。中央领导要求大家揭批"四人帮"，做好民政工作，上为党中央分忧，下为老百姓解愁。

　　特别令人难忘的是1978年9月21日，中共中央主席华国锋，副主席叶剑英、邓小平、李先念、汪东兴等党和国家领导人，在人民大会堂福建厅接见了全体与会代表。这天下午三时，我们事先排好队，迎接中央领导的到来。当华国锋主席等领导向我们频频招手致意，并和我们合影留念时，代表们报以长时间的热烈鼓掌，整个接见大厅顿时沸腾起来了。我和很多代表一样热泪盈眶，感觉从来没有如此荣光过，从来没有这么幸福过。这一刻深深地印在我的脑海里，怎么也挥之不去，成为了我几十年来为党为人民努力工作的强大动力，鞭策我在各个岗位上奋发有为、不断进取。值此全国第七次民政工作大会召开40周年之际，这难忘的一刻，就像放电影一样又浮现眼前，似乎把我带回到当年那激情燃烧的岁月。

茶陵开发脐橙纪实

文/向宋文

　　20世纪五六十年代，茶陵的柑橘主要是以各家各户房前屋后栽种传统的本地柑子为主，分散，数量不多。1960年代后期，洣江茶场引进了嫁接的良种温州蜜橘，口感好，较柑子甜，产量高而无核，种植好几百亩，有一定规模。当时能吃上无核蜜橘也算是一种口福。1970至1980年代中期，茶陵县委、县政府号召大力发展温州蜜橘，全县约达3万亩。以红色农场、严塘、下东、马江等地尤多。有的连片上千亩的规模。到1980年代中期，全县柑橘产量达到饱和状态，价格低至每斤一两角钱，有的摘也不想摘，烂在树上。由于温州蜜橘不耐储藏，过不了一两个月就易腐烂，橘农赚不了几个钱。在这种情况下，茶陵柑橘的希望在哪里？茶陵水果发展的方向在哪里？茶陵农民脱贫致富的门路在哪里？可以说一度困扰着大家。

　　1988年任主管农业副县长的我被组织选送到中央农业管理干部学院华中

农业大学分院学习现代农业管理。在学习期间，我特地参观了华中农大柑橘研究所，看到引进的美国脐橙纽荷尔，果实大、品质好、橙色鲜艳、酸甜适度，且产量高、效益高。我随即找到华中农大享誉国内外柑橘权威章文才教授，向他汇报茶陵的土地、气候条件，咨询他能否在茶陵开发纽荷尔脐橙。章教授原则赞同茶陵开发脐橙，他说只要是红黄壤地，气温在零下四度以上就可以种植。

国庆节期间，学校组织我们到葛洲坝水利枢纽去参观游览，我利用这个时间回到茶陵，把红色农场的党委书记李运喜和技术员陈三友带到华中农大参观学习，商议从华农柑橘研究所引进技术和嫁接穗，在红色农场繁育脐橙苗子。1988年冬，我从华中农大结业时特地带了两个纽荷尔样品果实放在家里推介，这个样果直到次年五月才烂掉。

回县后，作为开发脐橙的首倡者，我感到责任重大。我必须对县委和橘农负责，必须为橘农带来实惠，绝不能劳民伤财。我随即请湖南农科院贺善文院长到茶陵实地考察，进一步考察茶陵适不适宜种植脐橙，产量效益高不高，市场潜力大不大，如何掌握技术、防治病害等。我陪贺院长重点跑了东南线一带进行调查研究，得出结论：茶陵的土壤、气候适合开发脐橙。茶陵气温一般都在零下四度以上，个别年份达到零下五六度，但持续时间很短，有的只是个把小时，即使偶尔碰到这种低气温，也可以采取措施防护：一是要选择当阳坡地，不选背阳的山窝；要选择东南一线，不选洪山庙以西北地域。二是加强气象预报，在零下四度以下气温到来前用稻草暖兜、用土培兜。还可采用烟熏提高脐橙园的小气温，如遇树上结冰，就迅速清除。三是采用两次嫁接预防病害。

我们在红色农场建立了脐橙苗木基地，采取两次嫁接三年育苗的办法，第一年种枳壳，第二年嫁接温柑，第三年再从华中农大引进脐橙嫁接穗嫁接纽荷尔，第一批三年繁育了五十万株苗子。在咨询专家实地考察论证后，大家一致认为，纽荷尔品质好、挂果多、耐储藏、效益高，一般每斤能卖2～□元。于是，我把茶陵适不适宜开发脐橙、为什么要开发脐橙、怎样组织开□脐橙等几个问题向时任县人民政府县长陈润儿同志做了汇报，得到了他□□力支持，县委、县政府作出决定，在茶陵组织开发以纽荷尔、朋那为重□□的美国脐橙，作为农民脱贫致富的一个产业和重要门路来抓。当时成立了□□文、罗尔胜、李志辉、谭伍生、郑发祥、肖雄等同志为组成成员的指挥部，由县农委、农业局（经作站）具体负责规划、检查、种苗和技术指导等。通过广泛宣传、动员发动，组织乡镇党委书记、乡镇长到江西信丰和新宁参观，全县形成了开发脐橙的热潮。

十里冲原是茶陵一中的学农基地，由于多年荒芜，我和陈忠志同志协调把十里冲近 2000 亩山地划归县木材公司开发脐橙。1989 年我带县木材公司副经理谭晚牛来到省林业厅，争取森工处陈茂兰处长帮助支持 20 万元资金开发十里冲脐橙基地。时任县林业局局长彭徐生和木材公司经理彭秋朱积极组织、做出样板，县委、县政府即召开现场会组织参观，一些县直单位也在十里冲建立基地，推动脐橙开发。通过三五年努力，到 20 世纪 90 年代初，茶陵开发脐橙达 2 万多亩，1995 年达 500 吨。1997 年被评为株洲市优质水果，1998—1999 年茶陵脐橙获湖南省优质水果金奖，《湖南日报》载文高度评价，称"省农业厅组织评选公布结果：茶陵脐橙超过美国王牌"。时至今日十里冲脐橙近三十年来一直是佼佼者，不少省市领导到茶都要去现场参观指导，就连老将军段苏权，1993 年回茶时还特地去参观。直到今天，严塘、高陇、火田、秩堂等地的脐橙几乎成了橘农的摇钱树，"种脐橙"成为了他们脱贫致富的好门路。

回顾近 30 年来茶陵开发脐橙历程，有几点值得借鉴：一是茶陵开发脐橙具有得天独厚的优势，茶陵脐橙品质上乘，效益可观，潜力很大。二是要把开发脐橙当作一个支柱产业、拳头产品来抓，当作发展县域经济的特色经济来抓。树立为民谋福祉、办实事的思想，多做潜功，久久为功。由于脐橙开发周期长、见效慢，必须克服急功近利的政绩工程思想，一张蓝图绘到底，一任接着一任干。三是要走出误区。不要因为茶陵曾出现过脐橙冻害就全盘否定，认为不宜种植，甚至"一朝被蛇咬，三年怕草绳"，没有看到防护不到位，个别冻害是可以综合防护解决的实际。四是要把集中连片与各家各户房前屋后开发相结合，把开发脐橙当作农民脱贫致富的好门路。五是要不断创新、繁育良种、普及技术、综合防护。要不断提高品质和效益，形成生产、加工、冷藏、外销产业链，从而打造一个脐橙支柱产业、一座历史文化名城，走出一条脐橙产业＋历史文化名城旅游的路子，全面推动县域经济发展，实现富民强县。

茶陵铁矿开采史略

文 / 谭天恩

△ 湘东铁矿科研楼

一、历史起源

历史上，茶陵曾经是湖南铁矿石的主要产地，茶陵的铁矿开采有着悠久的历史。那么，它究竟始于何时？ 1994 年湖南人民出版社出版的《湖南省志》第 9 卷"工业矿产志"指出，湖南的铁矿开采，始于春秋战国时期，但对茶陵铁矿开采的历史却没有具体和明确的记述，仅提到"清代末年，产铁县已有 27 个，主要为茶陵、新化、安化等县。"另外，1962 年湖南人民山版社出版的《湖南省志》第 2 卷"地理志"中，也没有关于茶陵铁矿开采历史起源的记载，但提出："据已有资料记载：本省铁矿于明末开始开采，距今已有

300 余年历史。"（《湖南省志》1962 年，第 2 卷第 670 页）上述两书中，对湖南铁矿开采的历史，有着不同的表述。对此，不由引起了我对 30 年前一件往事的回忆。

20 世纪 80 年代，我在湘东铁矿矿务局工作，参与了《湘东铁矿志》的编纂工作。当时，因为省志的权威性，我们对茶陵铁矿开采历史起源的说法，只能沿用 1962 年版的《湖南省志》第 2 卷的说法。既然湖南省的铁矿开采始于明末，那么，茶陵的铁矿开采，也只能"始于明末"了（1986 年 11 月湘东铁矿编印的《湘东铁矿志》第 2 页）。当时，我们对这一结论并无把握，但考虑到种种原因，也就没有做进一步的考证。后来，我虽调离了湘东铁矿，但对当年编写《湘东铁矿志》关于茶陵铁矿开采历史起源的说法，一直放心不下，虽时过境迁，一种历史责任感仍时常萦绕在心头。

实际上，茶陵铁矿开采"始于明末"的说法是不正确的。

理由之一是，根据 1994 年出版的《湖南省志》第 9 卷"工业矿产志"的记载，湖南的铁矿开采起源于春秋战国时期。实际上，这就已经纠正了 1962 年《湖南省志》第 2 卷中关于始于明末开采的说法。既然湖南铁矿开采的历史上溯到春秋战国时期，那么，认定茶陵铁矿开发"始于明末"的结论的前提条件也就不存在了。

理由之二是，现已查阅到的历史资料表明，茶陵铁矿的官营开采，最迟也应该始于明初，而非明末，因为明初在茶陵设立铁冶所有史可查，而民间冶铁则可追溯到更早。

根据明嘉靖四年纂修的《茶陵州志》记载，茶陵的物产有"货之属：铁，葛布，苎布，棉布"。即是说，当时茶陵的货物产类中，铁居首位。嘉靖四年，即公元 1525 年，应是明朝中期。也就是说，在明朝中期，茶陵就有铁矿开采。

根据由人民出版社 1994 年出版，范文澜、蔡美彪等著的《中国通史》记载："明初的冶铁工业，规模较大。1373 年全国设置 13 个铁冶所……以后又增设河南、四川及湖广茶陵铁冶所。"1373 年即明洪武六年，应是明朝初年。那么，这个"以后"，又是什么时期呢？

根据《明史》记载："铁冶所，洪武六年置。江西进贤、新喻、分宜，湖广兴国、黄梅，山东莱芜，广东阳山，陕西巩昌，山西吉州二，太原、泽、潞各一，凡十三所，岁输铁七百四十六万余斤。河南、四川有铁冶。十二年益以茶陵。"（《明史·七志》，中华书局 1974 年版第 1973 页）明洪武十二年，即公元 1379 年，应是明初。

这一时间，从《明史》卷八十一的记载，进一步得到了证实。《明史》卷八十一的"校勘记"说明："十二年益以茶陵。十二，原作'十四'，据《太祖实録》卷一二三洪武十二年三月辛巳条'置长沙府茶陵铁冶所'改。"（《明史·七志》，第 1985 页）

上述历史资料说明，早在明初洪武十二年即公元 1379 年，就设置了茶陵铁冶所，茶陵的铁矿就已开始开采，距今已有 600 多年的历史了。

茶陵铁矿开采的历史，上溯到明朝以前，尚未查找到相关的资料。但从湖南铁矿开发的历史来看，考古发现，远在公元前 5—6 世纪，楚人就已开始采冶和应用生铁了（黄展岳《关于中国开始冶铁和使用铁器的问题》，见《文物》1976 年第 8 期；范文澜、蔡美彪《中国通史》第 1 册第 202 页）。两汉时期，开始设置铁官，铁矿开采得到重视。隋唐时期，开采范围扩大，湖南境内多处发现有铁（《新唐书·地理志》）。宋元时期，矿业发达，准许民间自由采掘。明、清以来，铁矿开发更加兴盛。历史表明，湖南的铁矿业在不断发展。明朝初年，茶陵是湖南最早设置铁冶所的地方（《明史》）。这表明，在这之前，茶陵的铁矿已经开采，且有一定的规模了。同时，与湖南境内的铁矿石相比较而言，茶陵的赤铁矿储量丰富，含铁量较高，更具开采价值。应该说，茶陵在湖南铁矿开采的历史上，作过较大的贡献，占有重要的地位。

编纂地方志，记载历史，是一件极为严肃的事情。我们当年编写《湘东铁矿志》时，在历史起源问题上，之所以轻率地下结论，除了条件限制，收集资料困难等原因外，囿于已有书本，不敢突破权威的结论，也是重要的原因。对于 1962 年版的《湖南省志》第 2 卷"地理志"中关于湖南铁矿开采历史的说法，不知道是根据什么资料下的结论。近半个世纪过去了，这个结论必须更正过来，以免以讹传讹。另外，翻阅 1994 年出版的《湖南省志》第 9 卷"工业矿产志"，深感作为一部新纂修的较为全面和具有专业性、权威性的地方志，对在省内占有重要地位的茶陵铁矿开发的历史几乎没有记载和考证，未免有些遗憾。

二、茶陵铁矿

茶陵的铁矿开采，有着悠久的历史，据资料记载，早在明朝初期，公元 1379 年，茶陵就设置了铁冶所，距今有 600 多年的历史。明嘉靖四年（公元

1525 年)重修的《茶陵州志》,也记载了当时茶陵的物产中,铁居首位。历史上,茶陵铁矿开采大致可以分为明、清到民国和中华人民共和国成立后两个发展时期。从明清到民国时期,以民间开采为主;中华人民共和国成立以后,则主要是国家进行开采。中华人民共和国成立后,从 20 世纪 50 年代至 90 年代末,又经历了利民铁厂和湘东铁矿两个阶段。随着社会的发展与科学技术的进步,茶陵铁矿的开采不断发展,创造了辉煌的历史。

明、清期间,主要是民间开采。由于历史资料记载不详,其采矿的方法及管理情况无法考证和详述。但从民国及解放初期勘探情况看,矿区老窑、老井密布,矿渣遍地,呈现无序状态。老窑、老井的分布多系沿地表露头挖掘,兼用斜硐探寻矿体,沿走向拉开,边采边探。开采方式简单,开采规模小,主要是地表矿体开采。

民国以来,茶陵的铁矿开采业逐步兴盛。先后有国民政府中央地质调查所、资源委员会矿产测勘处、湖南地质调查所等单位,对茶陵境内的矿产进行勘测。1933 年和 1934 年,湖南地质调查所和中央地质调查所的程裕淇对茶陵潞水铁矿进行了调查。1936 年 10 月至 1937 年 4 月,中央地质调查所与湖南地质调查所合作,从茶陵开始进行地质矿产调查。田奇山隽、王晓青等人编写了《湖南铁矿志》。1936 年 11 月,以刘兴亚为队长组成的资源委员会矿产测勘处茶陵铁矿探勘队,对茶陵境内的帽子岭、芝麻垅、吴家山等地(茶陵县思聪街道境内),实施了铁矿勘查。

茶陵的铁矿开采,从明、清至民国,或官或民,或沿或革,或兴或废,陆续进行,但无甚成效。唯谭家山、潞水等地的民间开采稍具规模。

谭家山,又名虎形山,即现今茶陵县思聪乡的雷垅里所在地。1936 年以前系私人开采。由山主经营,收购当地农民所采矿砂,售给铁厂。采矿方法采用简易土法。所采矿砂,由山主以每 1 万斤售银洋 7.5 元的价格卖给铁厂。铁矿盛行时,在县城附近的新明江,有辉山唐姓铁厂,经营数十年,至解放初期土炉尚存。该厂所用矿砂,均系谭家山所采。后来铁价跌落,销路停滞,唐姓铁厂因亏损停办。此外,距谭家山 30 多里的本县三益坪集生坊宝源铁厂(茶陵县平水乡境内),也多用此矿砂。铁商将生铁由洣江河船运至攸县、衡山等地销售。1936 年,民国政府禁止谭家山铁矿民采,实行官办。资源委员会曾在此进行钻探和采矿,雇用当地农民开采,规模比民采稍大,采矿人数最多时达到 400 余人。后因抗日战争爆发,于 1938 年停办。

潞水境内的铁矿，明、清时期已有开采。1525年重修的《茶陵州志》载："露岭，在州北四十里，其上产铁。"由于地处偏僻，交通不便，均属民间小规模土法开采。民国时期，1933年夏和1934年10月，先后有湖南省地质调查所和中央地质调查所来此进行调查。其时，铁矿业兴盛，潞水、七地等地铁厂纷起，或复办或新建。主要有八团的周纪勋（当地绅士）开办的火田龙头铁厂。1937年后，先后出现了潞水的龙源铁厂、小泥坑铁厂、竹子山铁厂和火田的具水铁厂、芙江铁厂、锡夹山铁厂以及七地的溪江铁厂。这些铁厂系季节性生产，以木炭为燃料，手工操作，土炉炼铁，年产饼铁80至250吨，需用矿砂200至600吨不等。所用矿砂，均来源于潞水。

随着铁厂纷起，矿砂需要量增加。1940年，茶陵县盛和公司以周灿轩为首，连署呈请湖南省建设厅批准，开采溪水乡即现今的清、潞水的龙家冲、东背岭、月形坳、下王江、法云庵等区铁矿，开采面积不大，直至1949年全国解放。据资料记载，自1883年至1949年，潞水、清水等地共采铁矿石约13.17万吨。

中华人民共和国成立后，茶陵的铁矿开采历史掀开了崭新的一页。1952年底，国家地质部中南地质局组建了茶陵铁矿勘探队，开始对茶陵的清水、潞水等地进行地质勘探。1961年，湖南冶金214队对雷垅里进行了详细勘查。从1952年至1978年，包括上述两单位，还有冶金部地质局湖南分局232队、冶金部地质局湖南分局茶陵队等，先后对茶陵的清水、潞水、雷垅里、排前等地进行了地质勘探。并于1958年和1963年，提交了《湖南茶陵清水矿地质勘探总结报告》《湖南茶陵潞水矿地质勘探工作报告》《湖南茶陵县雷垅里铁矿区中间性储量报告书》，为茶陵的铁矿开发奠定了良好基础。

1951年7月，茶陵县人民政府在辉山（思聪境内）兴建了一座小型铁厂，即利民铁厂。同年8月，衡阳专署企业公司投资、派员，会同兴建。1952年6月，建成一座14米的简易小高炉投产；并雇请当地农民在雷垅里进行手工采矿，供应本厂所需原料，产品销售衡山湘华铁厂，成为一个既采矿又炼铁的县办小型企业。1952年9月，利民铁厂改由湘潭行署工矿处管辖，1953年上半年划归湘华铁厂，同年7月又收归湖南省工业厅领导。随着生产扩大，1954年正式成立雷垅里采矿·工区；1957年7月，排前采矿二工区边手工开采边基建，1958年正式投入生产。1958年7月，利民铁厂由省工业厅下放湘潭专署冶金局领导。1959年1月，又下放茶陵县重工业局管理。1960年3月，茶陵县委决定，将位于潞水境内的县办人民铁厂划归利民铁厂，为潞水分厂，其炼铁的矿石来源于本地。1962 年 8 月，利民铁厂仍归省冶金厅领导。

利民铁厂炼铁采用木炭掺块煤作燃料。矿山开采，依靠人工打眼放炮，锄挖箕挑，井下自然通风，油灯照明，索道、板车、轻轨道运输等手工土法采矿。1961 年 11 月至 1962 年 4 月，雷垅里曾使用过机械掘井。

20 世纪 50 年代，利民铁厂的发展速度极快。由 1951 年国家投资 3 万元，职工 20 多人的小厂，到 1963 年发展为具有 8 座小高炉，日产生铁 210 吨，年产生铁 4 万吨左右，固定资产达 322.15 万元规模的企业。14 年间，共产铁矿石 43 万余吨，生铁 12.6 万吨，土钢 618.3 吨。1960 年职工人数最多时达3404 人。1952 年至 1957 年，6 年间共上缴利润 145.71 万元，超过铁厂全部投资的 61%，为国家工业建设作出了一定的贡献。

但是，1958 年以后，"大跃进"全民炼钢铁导致木炭资源紧缺，焦炭质低价贵，电力不足等困难因素，生铁成本由 1951 年每吨 111.6 元，至 1962年增加到每吨 327.94 元。从 1958 年下半年开始，利民铁厂逐年亏损，至1964 年共亏损 594.68 万元。60 年代初，由于经济困难时期，国家实行国民经济调整方针，利民铁厂潞水分厂于 1961 年 8 月停办。1963 年 8 月和 1964年 5 月，雷垅里和排前工区相继停产。1964 年 5 月，湖南省委决定利民铁厂暂时停产，6 月 25 日，全厂正式停办。

利民铁厂停办后，一段时期内，茶陵的铁矿开采暂时处于低谷阶段。直到 60 年代末和 70 年代初，湖南省委决定兴建湘东铁矿，茶陵的铁矿开采又迎来了一个新的发展时期。

三、湘东铁矿

20 世纪 60 年代，茶陵的铁矿开采在 1964 年 6 月利民铁厂停办后，经过5 年的沉睡，又步入了新的发展时期。其标志是：湘东铁矿应运而生。

1960 年代初，由于实行经济调整政策，国家经济得到了恢复发展。钢铁工业更得到重视。湖南提出了十年建成工业省的目标。但是，湖南的钢铁工业，由于缺乏可靠的铁矿石原料基地，长期处于"无米之炊"的状态。为了尽快解决钢铁工业徘徊的局面，湖南省委决定兴建湘东铁矿。1969 年 6 月，湖南省革命委员会作出了《关于湘东铁路、铁矿建设的决定》。1970 年 3 月，根据省委关于尽快开发湘东地区铁矿资源的要求，确定在茶陵、攸县境内建设年产铁 80 万吨、钢 80 万吨的湘东钢铁厂，厂址拟设于攸县菜花坪紫仁桥，但很快发现清水、潞水、排前矿区矿石储量与实际不符，便改变计划为建设湘东铁矿，规模为年产铁矿石80万吨。1970年7月，成立了在省革命委员会直接领导下的湘东铁矿建设指挥部。10月1日，清水矿区破土施工。11月1日，潞水矿区动工。年末，湘东铁路也开始兴建。1971年5月和7月，先后铺开了排前和雷垅里矿区的建设。6月，清水机选厂也正式动工。

湘东铁矿的建设，是采取挖掘省冶金系统老企业的人力、物力和技术力量，组织大会战的形式开展的。参加大会战的有冶金矿山成建制的12个会战连队、省冶金设计院、所，冶金地质勘探，井巷、建筑安装公司等31个单位，共有干部、工人、技术人员3000多人，还有茶陵、攸县、醴陵三县共22个公社7400多名支钢民工。1970年冬，在极短的时间内，来自省内四面八方的会战队伍汇集在高山丛林中，鏖战湘东。会战初期，没有交通，连夜抢修简易公路，用蚂蚁搬家的办法，靠肩挑背扛，把数百吨器材运到工地；没有电，冒着雨雪架设线路，用竹筒油灯照明施工；没有住房，用茅草、楠竹、杉树皮盖临时工棚；设备不齐，土法上马，手工掘进。在斜井中，工人们一手抓绳，背朝上，头朝下打眼、出渣作业。会战工人以主人翁的大无畏气概，谱写出了一幅自力更生、艰苦奋斗，大打矿山之仗的壮丽画卷。1972年6月，湘东铁矿被评为全省工业学大庆先进单位。潞水矿二工区和清水矿二工区分别被评为1977年和1978年全国冶金工业学大庆先进集体。

湘东铁矿的建设得到了各级党委和政府的重视。湖南省委、省政府的领导多次到现场视察；当时国家冶金部先后三次派人来了解情况，协助指挥。1973年12月15日，清、潞两矿第一期工程竣工，形成年生产能力65万吨。1974年1月，湘东铁矿正式投产。1973年7月，省革委会决定，撤销湘东铁矿建设指挥部，成立湘东铁矿矿务局。下设三矿一厂，设置相应的组织机构。矿务局设在原利民铁厂旧址。清、潞矿区坐落在茶陵县潞水乡境内，占地面积为6.02平方公里。局矿相距20～25公里。矿局内部逐渐形成了较为庞大的生产、管理和社会服务体系。

湘东铁矿的生产以机械化为主。采矿方法根据矿体赋存条件和构造划分矿块，形成采场。矿房回采选用壁式陷落、横撑支柱或浅眼留矿法和低分段崩落采矿法，以横撑支柱采矿法为主。巷道顶板管理，采用木支护、锚喷支护、混凝土支护、混凝土预制支护、钢支护等多种支护结构。矿山通风以自然通风为主，机械通风为辅，生产矿段形成区域性独立通风系统。矿山开拓提升运输，清水矿采用斜坡、斜井、平硐联合开拓运输系统；潞水矿采用东、西两段斜坡、斜井、平硐联合运输系统；雷垅里矿采用平硐、溜井联合运输系统。露天开采采用自下而上的开拓方案，初期人工爆破，电耙加人工辅助出矿。后采用油铲、推土机、中深孔钻机、汽车运输等露天机械化作业。矿山选矿有年产80万吨能力的清潞矿选厂，和年产10万吨的雷垅里矿选厂。采用破碎筛分工艺流程，经两段开路破碎，洗矿手选抛围岩恢复地质品位。1979年后又建成粉矿梯跳选矿工程。矿山原矿品位46%，经选矿生产的成品矿品位50%。1974年至1990年间，矿山生产能力稳定在年产40万～50万吨的水平，1978年最高产量达51万吨。矿产品销售在1980年前，由省冶金局定产包销，1980年后开始以销定产，市场调节。矿石主要销售到涟钢、湘钢、武钢、冷水江铁厂、白地市钢铁厂、邵阳钢铁厂等30多个单位。

湘东铁矿从兴建到投产，历时3年，建成一座以机械化生产为主的中型矿山，也是全省规模最大的铁矿企业。1978年，又建成年产10万吨的雷龙里铁矿。至此，全局结束了基建时期。至1980年，经过十年的建设和发展，完成投资总额5866.8万元，拥有固定资产原值3836.57万元，设备1382台，房屋面积15.85万平方米，其中工业建筑4.57万平方米。全局职工总数3418人，其中工程技术人员118人。在管理体制上，分为局、矿（厂）、工区三级管理。财务采取三级管理，二级核算体制。1980年前，实行统收统支。1980年后，实行内部利润考核制和费用定额包干制。1978年以前，湘东铁矿属于计划亏损企业，1979年定为政策性亏损企业。矿石资源是矿山存在的基本条件。进入1980年代，资源枯竭问题逐步显现出来。为了使矿山资源消失后，企业能继续生存下去，湘东铁矿开始走"以矿为主，多种经营"的路子。利用自筹资金和省冶金企业集团的矿石价格补贴，先后投资2000多万元进行转产开发，在深圳建成南山和宝安长头岭石料场，在省内建金属制品厂、焊接材料厂、群利化工厂和冶金机械厂。企业先后完成科研成果97项，其中6项获得省科学技术进步奖。喷锚支护获1977年全国科学大会和冶金部科学大会奖。

进入20世纪90年代，由于矿山资源枯竭，矿石质量因含磷过高销售困难，价格过低，成本费用上升，企业亏损加剧。省冶金总公司对湘东铁矿实行保护性开采，一是为了减少矿石由本省补贴，而流入外省使用；二是控制开采量，省内消化和利用铁矿石，并由省冶金集团公司对湘东铁矿实行价格补贴。但是，这不能从根本上解决问题，铁矿企业还是难以为继。1992年雷垅里矿闭坑；1995年清水矿闭坑；2000年3月，生产能力最大的潦水矿闭坑。从1974年至2000年，湘东铁矿25年累计生产铁矿石原矿990万吨，成品矿760万吨，上缴税金2465万元。2004年，企业账面资产总额5133万元，其中流动资产2935万元，固定投资2066万元，递延资产127万元；生产经营亏损4247.9万元，累计负债9666万元；全局职工人数4542人，其中离退休人员1505人，有各类专业技术人员563人。2003年11月，湖南省政府决定由株洲市政府负责湘东铁矿的破产关闭工作。2004年8月16日，茶陵县人民法院依法宣告湘东铁矿破产。随后，企业进入破产程序。

湘东铁矿的建设，是20世纪70年代湖南冶金工业建设的一件大事，其建设速度之快，在湖南冶金工业建设史上是无先例的。《湖南日报》曾多次组织大型报道，赞扬湘东铁矿"以大庆为榜样，多快好省地建设矿山"。同时，在省冶金系统内充分利用资源，挖掘内部潜力，调动各方面的积极性进行会战，在当时的历史条件下，对加快建设速度有其积极意义。其次，湘东铁矿的建设，为我们提供了一个发扬自力更生、艰苦奋斗精神的典范。湖南冶金工人那种"争光""争气"的工人阶级本色和创业精神可圈可点，可歌可泣。最后，湘东铁矿作为20世纪70年代以来湖南最大的铁矿石生产基地，1980年代末，原矿产量占全省的50%以上，为湖南钢铁工业的发展，作出了自己的贡献。应该说，湘东铁矿在茶陵乃至湖南的铁矿开采史上，写下了浓墨重彩的一笔。

当然，湘东铁矿建设中出现的问题，也给了我们深刻的教训和有益启示：一是湘东铁矿是在特定的历史条件下，在"湖南十年建成工业省"的良好愿望和口号鼓舞下，采取"边勘探、边设计、边基建"的"三边"方针，在地质勘探程度较低，水文地质条件不清，产品方案不落实的情况下，没有按科学程序办事而仓促上马建设的。由于先天不足，基建投资效果差，一些工程项目报废，几易规模，被迫调整生产能力，给企业生产建设带来被动局面。排前矿区于1971年4月开始兴建，设计规模60万吨，1972年改为40万吨，由于矿石储量报告未获批准，影响设计，打乱了勘探、设计、施工的程序，1972年底工程建设中止。加上矿区水文地质复杂，排水工程大，成本费用高，1976年7月被迫停建。五年完成基建投资798.015万元，除101万元可转入固定资产和收转大临残余价值外，其余700万元工程费用全部报废。雷垅里矿也是在地质资料不清的情况下，采取"三边"做法开始基建的，建设过程中，设计方案三次变更，拖延建设时间 8 年之久，完成基建投资 820.85 万元，超过设计基建概算总值 2.6 倍，付出了很大的代价。所以，事实告诫我们，经济建设必须遵循客观规律，严格按照科学程序办事。二是经济建设和发展，必须依靠科学技术进步。湘东铁矿矿石属"宁乡式"鲕状赤铁矿，地层浅部以酸性矿为主，深部为自熔性矿，矿石结构复杂，属难选矿石类型。湘东铁矿当时以开采浅部酸性富矿为主，随着开采时间增加，保有储量逐年减少，加上历史上民间的滥采，酸性矿已近枯竭。自熔性矿为湘东铁矿的主要矿石类型，但是这种矿石含磷偏高，而当时国家去磷的工业技术尚未过关，以致不能大量开采。据 1984 年编纂的《湘东铁矿志》记载，截至 1980 年底，湘东铁矿清水、潞水、雷垅里三矿区地质储量累计为 5494.87 万吨，其中酸性矿 2544.42 万吨，自溶性矿 2950.45 万吨；两种矿石类型的比例，清水自溶性矿储量占 70.8%，雷垅里自溶性矿储量占 72%。随着科学技术的进步，自溶性矿石的开采，或许是将来茶陵铁矿石开采的一个重大课题。

茶陵铁牛的独特铸造工艺

文/王　刚

　　茶陵铁牛为独角，角为圆锥形，高为12厘米，似一剥壳的冬笋。该文物的文字记载始见于《茶陵州志》(明嘉靖四年版)，为大学士张治纂修。

　　张治对这一铁质文物到底叫什么也没有把握，在"城池"篇行文说："(城)南东枕江，水冲荡，不能城。子迈括铁数千斤，铸为犀，置江岸以杀水势。"此乃采用大禹治水弃其父鲧用堵塞法，而改为疏通法用了犀治。犀有一角式或二角式，角长在吻上面，形成犀能治水的神话传说，以鼓舞士气。"乃列木石其下，而土其上，城乃成"，最终采用了劳动人民创造的修水坝的打桩法。但在绘制州城示意图上于城南江岸边上绘一独角兽，文字标为"铁牛"，故在百姓口中俗称"铁牛"，沿袭至今。至于该文物如何铸造，以后八次续修州志均未提及。较为详细介绍这一文物始见于1993年《茶陵县志》"文物"节，其名为"铁犀"与"铁牛"在文中出现。其介绍为："南宋绍定五年，茶陵知县刘子迈因'江水荡决南城'，遂'铸铁犀数千斤置江岸侧压之'。犀高1.1米，长2.1米，宽0.8米，重约3.5吨，系用亚共白口生铁分三次浇铸而成。其状似牛，俗称'铁牛'，昂首而卧，栩栩如生，历数百年不锈不斑。"这一研究和解说一直为地方文物介绍或媒体报道采用，也有为"分三层浇铸而成"的说法。

　　笔者在"文革"时，因是"学工"，曾习铸造，并任学校机械厂铸造车间主任。从翻砂技术看，茶陵铁牛应为一次性浇铸而成。"三层"或"三次"之说是因文物体外呈现二条稍凸出纹理所致。翻砂，先要造砂型。所谓"砂型"是"铸造中用潮湿型砂制成铸件模型，把铸件模型用一定的方法埋在砂子里，然后取出，模型在砂中留下形状相同的空隙，就是砂型"。一般简单铸造，砂型（俗曰外壳）分解为二，再合之浇铸。铁牛的铸造，是先制成木质、泥质或石膏质等一兽形实物，埋在沙子里，造型，但实物曲折多，一次性、直接取出难，只好将外壳模型分解成上、中、下三部分，然后取出实物，将外壳再三合一，成一整体去浇铸。由于模型三合一，合之处出现了小缝隙，铸成后就显出二条细纹理，好似呈三层或三次而浇铸而成。铁要到一定的高温才能化作铁水，温度降低到一定程度才能凝固。若分"三层"或"三次"，铸件就必须焊接，而该文物为一整体，未见焊接痕迹，且仅见牛颈部下有一最长处为 22 厘米、最宽处为 12 厘米椭圆形浇铸口，深为 18 厘米凹入处，就只能是一次性浇铸而成。若分三次或三层必是三凝固之铁物焊接而合成，此实物不符这些情况。铁牛外表光滑乌亮，而一般翻砂物外表稍有起毛，手触有明显粗糙感，是如何处理的呢？笔者在为县电影院翻制椅架时，要求所聘华中工学院毕业的蔡工程师做到这一点。他说，像铁牛这样的工艺水平我们今天还达不到，故至今无解。有人说这是数百年经人抚摸所致，而实物所见，颈下部、腹部外表也基本上如此，故说不通。可见茶陵先民在南宋时期的铸造工艺已堪称一绝。正因如此，茶陵铁牛才与"茶陵古城墙"并列为国家级文物而受到保护。

▲ 铁牛

舣舫排工

文 / 彭雪开

　　中午时分，我离开了茶陵舣舫老街。天气晴朗，有点闷热，四周有些草木的气息，还有松脂的香味，夹着清凉的河风，徐徐吹来。我饥肠辘辘，只好沿着洣水河边一座石山的斜坡，慢慢往上走。这石山像只紫色的山桃，光不溜秋的。山顶上居然有一间小屋，小屋旁的石渣上，长着几株杂木，绿成一团，又有几蔸枯黄的冬茅草，在凉风里"索索"发声。一只山雀子，躲在那里"叽叽"叫几声，又拉开嗓子，独自孤鸣。

　　小屋的斜对面有栋独屋，一老人独自坐在门口，望着远处青山，叹息几声，紧皱眉头，又按按双膝。这就是陈益发老人，一个一辈子当排工的老人。他读书不多，但挺健谈。当我问到他当排工的生活时，他的话也就多了起来，好像他挺喜欢这种水上生活似的。那天中午，他领着我们走进一砂场食堂吃饭时，便一边喝茶，一边说着他家三代当排工的往事。

我爷爷吗，他叫陈运财。一辈子都想发财，实际上呢，他做了一辈子"皮箩客"。你问我什么叫"皮箩客"？这是我们当地的一种说法，就是指那些挑着箩筐游乡，贩卖七零八碎的小商品的人，也就是游乡的小商贩了。他当的"皮箩客"，不是陆上那种，而是专在水上做木材小生意的"皮箩客"。他长得挺精壮的，像个椴木，又长又瘦，年轻时他在陆地上做"皮箩客"，主要在舲舫墟上及周围几个村，做点小卖生意。有一年洣水河发大水，停靠在舲舫村的木排工，断了供货渠道，就派人上岸采购柴、米、油、盐，我爷爷就瞅准这个机会，给他们联系上了。大水过后，停靠在这一带的放排工，就与我爷爷混熟了。渐渐地，我爷爷就专门做河排工的小贩生意了，米呀，油呀，盐呀，还有其他的小生活用品，他做得很到位。

后来呢，他就放竹木排，跟着大户人家的竹木排，一路放下去，经茶陵、攸县、衡东（衡山）、衡阳、株洲、长沙等地。我爷爷放的自家竹木排，一次运量不多，就沿洣水河各竹木码头停靠，最多，也就是到衡山打止了。他的竹木排，停靠码头后，就地贩卖，来回一趟，最多一个星期，除了开销，也可赚7～8块银元。那时（民国时期）一块银元，在茶陵可以购一担谷（约130斤）。

在我们这儿，我爷爷还算个小角色（指乡村能人）。

大概是受了我爷爷的影响，我父亲也做了水上"皮箩客"。不过，他没有爷爷能干，做了几年后，渐渐亏本了。之后，我父亲就在水上专做排工了。做排工的，也叫作水手，不允许在竹木排上做生意的，完全是帮老板做帮工。老板一般是有钱人，家有田产，大老板就专门聘请经理，经营竹木运输业。经理不跟木排行动，往往提前赶到提货的水运码头，就地租一房子，或租下集镇上的饭馆住下来，然后叫帮手与生意人周旋。生意谈妥了，等我们的竹木排一靠岸，生意人就按合同，一手提货，一手交钱，这批生意就算做完了。经理又提前赶在下一个码头，等待我们靠岸，如此反复，直到将我们运送的竹木，全部处理完毕，他才给我们发工钱。一般跑长沙是5块银元，跑株洲、湘潭3块银元。排工领到银元后，他就不负责了。这一趟水上竹木生意跑下来，老板赚足了，排工只能靠卖力气吃饭。不过，在运送竹木的过程中，老板还是管一天3餐饭的。伙食不好，凑合着吃。老板或经理一般要在这一趟竹木排上，安排一个领班的，路上食宿，全由他安排。领班也是个排工，技术上没得说的，又有活动能力，懂行规，威信较高。他深知放排工的辛苦，他不会克扣排工的伙食费的。这趟生意跑完后，他可以得到一点补助费，多的2块，少的1块银元，他算是我们排工中较好的。老板大方时，在发送竹木排之前，就请我们到他家吃一顿饭，然后水路上的生活，也嘱咐领班安排好一点。我们这些苦排工，也知趣。我们不能自己砸了自己的饭碗，全家就指望我们养家糊口呢！我们吃的住的，没什么要求。有哩，你也不敢提出来呀！

干我们这个行业的，也有些行规。比如在行业内，不管谁领头，接了活儿干，就不得排挤一块干活的排工，除非他有恶行劣迹。另外，水上运输有风险，一般人不愿干。我们互相传授一些看天气，看水势、水路、扎排、搭棚的技术。也有些忌讳的东西，比如排工忌说"散、滚、翻、折"，也忌一些与此相关的动作。排工赶一趟水活，聚在一起吃第一餐饭，就以"伙计"相称。我们也拜"水神"和"天神"，就是在我们搭建的杉皮木棚里，靠顶头放一块木牌，上写"水神""天神"的牌位，这两位神的样子，谁也没见过。领班人点燃香火，领着我们念几句口诀，大意祈求大神赐福，保佑我们平安之意，然后跪拜几下，磕一下头，就算结束了。不过，到了茶陵下东（霞东）乡红石塘洣水大桥下，就焚香杀一只大红公鸡，烧一叠纸钱，放一挂鞭炮，算是祭了天神了。然后一路就不用祭拜什么了，几个伙计们在领班人的带领下，掌舵的掌舵，固排的固排（排查险情），做饭的做饭，各司其职，各负其责，一路浩浩，就一门心思要把竹木排送到目的地去了。

排工的生活，开始时还有不少新鲜感，久了，也乏味。我第一次放排时，就异常兴奋。那时，我们这儿，就算排工见多识广，到过衡阳、株洲、湘潭、长沙，是算见了大世面的人。你想想看，10月的天气，金风送爽，天蓝得出奇，有时见不到一丝云彩，有时，又乌云密布。洣水河，像一匹绿绸，在山地深谷间，飘飘荡荡。水呀！那时清澈透明，像一面镜子，那些刀条鱼、梭子鱼，像梭子一样，在水里穿梭。鲶鱼呢，又开两根长须，在斑驳的石块间，游一阵，急速地摇晃着尾巴，又待在那儿，半天不动，你用篙子想截它，它也不动。不过，你真的触动了它，它就快得像箭一样射出去，片刻就无踪迹可寻了。傍晚时，两岸青山隐隐，绿得能挤出水来，林子里，啼叫不绝。"叽～喳～"是山雀子的叫声，"咔～咔～"是大山鹊的叫声，"札～札～"是金雀的叫声，"哥咕～哥咕～"是布谷鸟的叫声。黄鹂呢，它们一年四季，是一副银铃般的嗓子，很动听。这时，河岸边的古枫呀，香樟树呀，还有那些水柳、水槐，全都绿成一团，托着长长的身影，在水面上晃晃荡荡。这时，我们就在这平青的水面上，缓缓飘动。有时一个后生伢子，就忍不住要喊叫几声，领班的就唱道：

　　站在高处不见坡，

　　站在低处只见窝（村落）；

　　双目难望十里地，

　　不到船前不见河。

　　我们的老家多红石岩，裸地多，寸草不长的地方也多。但我们祖居这儿，洣水河养育了我们的先民，这是一首家乡的民歌。领班人，原是乡下锣鼓班子的鼓手，演过小旦、花脸。他嗓门好，一唱出来，我们就想起了家乡的好处来，想起了父老乡亲，想起家里的妻儿子女。一听到这首民歌，我就有点心酸，有时泪花就在眼眶里打转转了啊！家乡虽苦寒之地，但谁又不爱自己的家乡喽！

　　初冬季节，洣水河流量少，我们放的是双层短竹木排，除了一些急流险滩外，大都水流平缓。天气是冷一些，冻得手足麻木，早上一起来，竹木排上，全是一层白霜，人一踏上去，就发出"札札"的声响。太阳刚出山，河谷里飘荡着浓雾，水面上浮游着轻纱似的水雾。一些水鸟，就在岸边的水滩上，张飞鸣叫，叫累了，又贴着水面，疾飞一阵，"呷～呷～"飞进河对岸水泊里去了。那儿有一片芦苇，全枯黄了，几只白鹭，站在水泊里，伸长细细的颈脖，一阵乱叫，仿佛在欢迎飞来的过客呢！河水低浅，两岸就露出白森森的石骨，有几丈高，洣水河有多长，从舡舫300余里到湘江吧！这白石骨，有多长喽，说不准，不过，大部分河段是有的。有的河岸全是黄泥土，河水溅落下去后，就像缠了一条金色腰带了。大约到了霜降过后，一般只放一次排了，然后排工们就准备收摊，回去等待春天开排。第二年立春季节一到，我们这些排工，又聚在一起，等待老板们聘工发排了。

　　春天说来就来，转眼间，空气里有点暖意了，过不了多久，就下着疏疏软软的小雨。几场小雨过后，洣水河两岸，柳树叶一片嫩黄，桃花呀，也闹春了，红红白白的，艳丽夺目，李子树呢，梨花树呢，长着米粒大小的绿叶，枝头上就缀满雪白的骨朵花了，几天后，全都一片雪白。草绿了，树绿了，天呢，总是阴沉沉的，一出太阳，就见不到一丝云彩，天顶蓝得如同一块碧玉，用手一敲，仿佛就可以听到铮铮的声响。这时各种鸟儿，全都放开嗓子，在河边的树林里，长一声，短一声，兴奋地唱着歌。

春天放排，特别讲究扎排。我们用一根铁钩子，把一根根圆杉木的尾巴，聚集在水面上，用篾绳扎紧树尾，然后用砍削好的木楔子，插紧杉条尾之间，用大铁锤，一锤锤地砸进去，越紧越好。民国时期，扎排运木，小河嘛，有6～8绞的"小水排"，每绞2根杉木条；较大一点的江河，有3～5节（每节12～16绞）的"蓑衣排"；大河才有3～4路（6节为一路）的"人字排"。舲舫一带多是3～4路的人字排，一般可放杉木条500余根，也有一次放700～800根杉木条的。全部扎紧杉木条后，上面再放一点小杉条，然后再用篾索子，固定杉木条。木排上搭建一个临时木棚，全用小木板做墙，不高，仅一人多高，上面盖杉皮，用竹钉固定在木梁上。小棚就成了6个排工的临时食宿之地了。夏天河面上凉快，可一到晚上，蚊子特多，又大又毒，我们就用艾叶草、辣蓼草，扎成长条，里面放些枫果球和锯木屑，一到傍晚就点着，弄得河面上一层烟雾，味道不好闻，可要驱赶蚊虫，也没什么更好的办法了。夏夜，河面有凉风，四周黑乎乎的，看不清，水面幽暗，可天上的星星和月亮，在河里巴眨着眼睛，一闪一闪的，很好看。一只夜鸟，在河对岸的森林里，叫了几声，河面起雾的时候，它就张着双翅，从我们头顶上，不慌不忙地飞过去。我们有时就起哄，它反倒不急，飞得更慢了，然后停在河对岸的苇丛里，"哦～哦～"，发出几声怪叫，破了这河谷里的静寂。好静哟！静得自己的心跳，都听得见哩。

陈益发老人，是个很健谈的人，记性也好。他说的茶陵话，我绝大部分能听懂，听不懂的地方，他就用枯瘦的左手指，蘸一点茶水，在古红色的杉木桌上，一笔一画地写给我看，直到我看懂为止。那个胖乎乎的厨娘呢，估摸有40多岁了，一脸笑意，待我们喝完了茶水，又给我们添满。然后，她就笑嘻嘻地对我说，这死老倌子，常到我这儿坐坐，一说起自己放木排的事，就没个完，我不知听了多少遍了，听得耳朵都起壳子了。陈老望了她一眼，眯着眼笑。他喝了一口浓茶，又给我说开了。

你问我沿途寂寞不，是有些寂寞呀！大水时节，放一次木排，来回要半个月，要是冬天就要20多天了。洣水河上放排木，主要集中在炎陵、茶陵、攸县3个县，各有行规。我们都是些山里人，没有多少文化，行规就那么十几条，我们都记得住。放排期间，不得喝酒，不得上岸赌博，更不准你去玩女人。到了一个码头，岸上是城镇哟，热闹得不得了，领班的见了经理或老板后，留下看守人，就领着我们住进老板租住的小屋里，老板安排人搞伙食给我们吃。住的地方，又黑又暗，就是有个栖身的地方罢了。不过，给周成耀大财主放木排，他倒安排得好些，我们吃住都还满意。这周成耀祖上有租谷几百担，是这一带有名的大财主，他本人又长年在长、株、潭等地做大木材生意，发了大财。周本人在衡阳中学毕业，本想投考军校，后不知为什么，就做木材生意了。他本人不坏，对当地穷人也不错，闹农会的那些年（1926—1927），他还对穷人减租减息。毛泽东在井冈山建立革命根据地后，红军常在这一带活动，他有时还暗地里帮红军筹粮筹款，也暗地里捐献银元。红军长征后，茶陵籍红军首脑人物谭余保，做了湘赣临时省委的负责人，领着一支工农武装，在茶攸边界一带大山里，打游击。有一次战斗负伤后，通过地下党的关系，就躲在周家大宅子里养伤。周成耀与谭余保后来就成了朋友。1949年5月份，谭余保就叫周成耀加入地下党组织，他加入了吗？不知道。又叫他到长沙一带做生意，赚了不少钱，就交给地下党了。周无恶迹，又是地下党相信的人，1950年就安排在省木材公司工作，现在儿孙都在长沙工作住家。他有个儿子，与我同年，是我读小学时的同学，叫周铁生，我们俩一直有联系。

竹木排到达目的地后，全部处理完毕，才算结束。不过，我们排工一到达目的地，经理就高兴地请一次客，特意备点酒肉，让我们吃饱一顿。然后，发放工资给我们，就嘱我们各自注意安全，不管食宿，各自负责了。这时，排工们就各走各的，一般是走陆路回家。有的就到沿途的码头上，见见自己的相好，在她那儿住上一两天，给点钱给她。她们大都是一些风尘女子，后沦落尘世间，就在水陆码头旁，租一间屋子，物色一两个心爱的老实男人，而那些跑码头的、放排木的，大都成了她们的猎物。那时，社会动荡不安，生活苦，沿水路找个伴侣，打发有点苦涩的日子，大家也不好说什么。1950年以后，我们这些有点技术的放排工，大都入了社，有的还成了国家的职工，旧社会那些不良现象，也就渐渐地消失了。1952年以后，我还是从事放排工作，直到1976年，我才上岸，组织上见我年纪大了，就把我调到储木场工作。我的工作，比较简单，就是搬运原木，丈量它们的体积，然后堆成垛，或者把它们加工成一段一段的木料，装车运走。年复一年，干了8年，我才退休回老家休息。我是干了一辈子放排工的，虽是苦活，但也有不少乐趣，一上岸，成了只"旱鸭子"，反倒不习惯了。唉！你说哩，人有时还真有点恋旧哟。

说完，陈益发老人，满满地喝了一口茶，望着我笑了，笑得像个婴儿那样甜。

陈丹书和茶陵过小年

文 / 段立新

　　我国汉民族有过小年的习俗，这是古代祭灶仪式的产物。关于过小年的具体日期，古代有"官二十三、民二十四、船家二十五"的说法。而在茶陵，民间过小年有农历十二月二十三、二十四两个不同日期。据说，在康熙三十七年前，茶陵地区（包括现在的炎陵县）祭灶过小年的时间一直是腊月二十四日中午，从康熙三十七年开始，茶陵县大部分地区才改为二十三日夜晚，而虎踞、平水等与攸县邻近的乡镇过小年的时间仍然是二十四日中午。这样的变化和区别与康熙年间陈丹书起义有直接关系。

　　在民间传说中，陈丹书起义的故事颇有神话色彩。陈丹书，今茶陵严塘镇湾里人。据说他是一个屡试不第的读书人，常年隐居在灵岩读书习武。隐居期间，他得到过神灵的谕示：你陈丹书不能科场得意，却能造反称王，但有一个条件，这就是必须在一年之内应验鱼上树、人戴铁帽子、灶边生笋等三件奇事。陈丹书得到这样的神谕之后，非常高兴，他一边暗中准备，一边留心观察。可是，直到一切准备就绪，临近年关的时候，三件事情还没有应验一件。陈丹书很着急。一天，他在赶集的路上无意中看见一个买鱼的人把鱼挂在树上，一个买大铁锅的人把锅顶在头上，悟出这就是鱼上树、人戴铁帽子。他很高兴，以为第三件事情一定会很快应验，可是，第三件事情偏偏迟迟没有应验。他和几个人商量：时间不等人，就要过年了，怎么办？商量的结果是，三件事应验了两件，第三件事若不能应验，我们就自己来让它应验吧：挖几棵笋埋在灶边就可以了。就这样，陈丹书决定发动起义。

　　经过一番紧张的准备之后，陈丹书决定于十二月二十四日过小年这一天起兵，因为过节期间，官兵防范松懈，易于成功。果然，起义军一帆风顺，很快就攻克了茶陵、安仁，队伍一路北进，直逼衡阳江东。不幸的是，在攻打常宁时，起义军失败。据说，在起义前，为了照顾风俗习惯，陈丹书暗中通知大家提于二十三日夜晚过小年。为了保密，人们不敢声张，入夜后才悄悄地过节。从此以后，茶陵民间有"关起门来过小年"的说法。起义失败后，人们为了纪念这位英雄，就把过小年的时间改为二十三夜晚。这就是现在茶陵部分地区在二十三夜晚过小年的来历。

陈丹书起义最后失败被俘就义。传说陈丹书死后，阴魂大闹阎罗殿，阎王年没办法，只好给他封了一个官："瘟王"。所以，在茶陵地区道教、佛教的神灵谱系中，至今还有瘟王这个名讳。

历史上的陈丹书起义与民间传说颇有出入。《茶陵古今纪事》载：康熙三十七年，生员陈丹书起兵反清，后为清将陈光国所俘，不屈而死。《茶陵县志》在叙述这个事件的时候，认为陈丹书发动起义的原因是对社会黑暗现实不满。

《清史稿·圣祖本纪二》载："（康熙三十七年）八月……湖南山贼黄明犯靖州，陈丹书犯茶陵州，官兵讨平之。（康熙三十八年）闰七月……癸丑，先是，苗贼黄明屡报获报融会贯迪，仍报犯事。至是，遣官按鞫，并其伙陈丹书、吴旦先等三十余人诛之。"那么，黄明又是一个什么样的人呢？据邓狂言《〈红楼梦〉释真》引《东华录》云："康熙三十八年闰七月谕，查黄明此非《逆臣传》中之黄明，系叛逆吴三桂下伪将军，康熙十九年大兵取柳州时，遁入苗峒，后经查孥，苗子韦朝相假献首级，黄明因潜住苗峒多年，于康熙三十七年七月间纠结陈丹书、吴旦先等侵扰湖广茶那个州，攻围衡州府，俱被官兵杀败，黄明等一百三十四名先后孥获，俱应照一律，不分首从，斩立决云云。历十余年而此志不衰，可谓三桂之忠臣矣。"这就是说，陈丹书乃是吴三桂部将黄明起义的一部分，而黄明之所以要发动反清起义，可能是为吴三桂报仇。

话说茶陵"两茶"

文 / 尹烈承

一、漫说茶陵茶

▲茶陵茶叶生产基地

茶陵是中国唯一以"茶"命名的县，产茶的历史悠久，这一切都源于云阳山和景阳山茶陵两座茶山。

相传，炎帝神农氏为解民疾苦，到云阳山尝味百草。一天，他误食一种毒草，头晕腹胀。他在一株矮树上抓了一把嫩叶咀嚼，边嚼边感觉清凉沁人，不久即头清目张，心爽神怡。于是，他要记下这棵树，但又不知其名，便画个符号：上面画株草，因其叶像草一样的嫩绿；中间画个人，意即人可食用，下头画棵树，因其荆棘似树枝。这以后，便依其画的符号称之为"茶（即茶）"。神农发现了茶，即在云阳山教人识茶、种茶、用茶。由此，茶茗的功用被人们所认识，种茶之艺、饮茶之妙，亦被人们所接受。此后，种茶成为一种产业，饮茶成为一种风气，并形成了茶文化。炎帝神农氏被后人尊为"茶祖"，其中有一说，茶陵亦因"茶祖"而缘出县名"茶陵"。茶叶系常绿灌木，叶革质，长椭圆状披针形或倒卵状披针形，边缘有锯齿。秋末开花，白色，有花梗。蒴果扁球形，有三钝棱。喜湿润气候和微酸性土壤，耐阴性强，用种子、扦插或压条繁殖。茶陵的气候和土壤都较适宜茶树的生长，因而，高山平地广泛栽培。

茶叶含茶碱、咖啡碱、鞣酸、挥发油等成分，有兴奋大脑和心脏的作用，除充作饮料外，还可作为制茶碱、咖啡碱的原料，其根可供药用。

茶陵历史上以云雾茶、六通庵茶、花石潭茶闻名于世。陆羽在《茶经》中将茶陵茶列为中国三大名茶系列之一，足见茶陵茶在唐代之前之盛名。

茶亦属雅俗共享之品。水沏茶叶而成的饮料，即茶水、茶汤，清凉可口。渴时，仰脖大喝，渴即解；不渴时，细细品尝，捧一杯清茶，见青绿摇曳，茶香袅袅，心便随舒展的茶叶一同缓缓沉入杯底，如入出尘脱俗之境。因而喝茶有许多讲究，发展成一门学问，也派生出很多文化内涵，以致与点心融合，如早茶、晚茶；又为聘礼、贺礼的代称，如订婚聘礼中的"茶礼""受茶"，建房乔迁贺礼中的"打茶""授茶"，等等。

茶文化的形成与发展，对于历史文化的沉淀和传承起了一定的作用。但在漫长的封建和半殖民地半封建社会里，统治阶级为维护统治者的地位和利益，对于茶叶产业发展中出现的种种文化现象，不予支持，并以"茶引""茶由""茶税"等各种政策措施限制茶叶生产的发展，连对茶商贩运茶叶的数量和地点都作了具体的规定，茶税的种类多、税率高，茶农和茶商不堪重负，因而出现贱茶、伤茶的现象，严重阻碍了茶产业的发展。

唐代以后，茶陵茶叶生产出现"马鞍型"发展情形。由于封建土地所有制，大部分茶山被控制在地主手里，生产的随意性较大。虽然有过几个大的茶庄，但总体生产水平下降，特别是明洪武年间，由于徭役和赋税过重，茶陵人口都减少过半，农业生产聚落，茶叶几乎是无人问津。到清代中叶，茶叶生产重新崛起，百亩以上的茶庄就有10余家。民国时期茶叶生产又日渐衰落，到民国二十三年全县仅有60亩，总产1吨，不够自给。之后，又有所回升。1949年为275亩，总产9.3吨。1949年后发展较快，特别是1964年后，洣江茶场、虎踞茶场、长岭茶场和部分乡镇、村相继办起了茶场，逐步形成以红碎茶为主、绿茶为辅的产品结构。1974年被定为湖南省红碎茶生产基地县。到1978年全县茶园面积13237亩，总产677吨，被国家农牧渔业部定为全国100个年产5万担茶叶的茶叶生产基地县之一。1981 年，各乡村茶场面积占全县茶园总面积的 82.7%。农村体制改革后，管理及炒、揉、烤等技术跟不上，质差价低，茶叶生产出现回落。1985 年茶园总面积降至 8100 亩。1989 年又上升到 9130 亩，总产 777 吨，其中红碎茶 638 吨。同时，还生产出一些名优产品，其中炎陵牌绿茶曾获国家金奖；"茶陵银针"在省茶叶鉴评会上被评为名茶，并被授予市优质绿茶称号。1992 年茶叶面积减少到 8733 亩，总产 352 吨。现在，全县茶叶面积在 4000 亩左右，出产的"洣江翠梅""洣江翠芽"等产品仍在市场叫好，畅销国内外。

茶，是遗落凡间的精灵，清新而又淡雅。周作人曾说："喝茶当于瓦屋纸窗下，清泉绿茶，用素雅的陶瓷茶具，同二三人共饮，得半日之闲，可抵十年的尘梦。"这说明品茶有着超凡脱俗之高雅，劳累或紧张之中，不妨偷闲去品一杯清茶，浓郁的茶香会使你神经松弛，心高气爽，飘飘欲仙。现代人的许多麻烦事就是在这品茶中解决的，许多交易也是在茶馆里完成的。

生活就像一杯百味茶，有甜，有酸，也有苦，但它始终充满着香味。富有优良传统的茶陵人，就是因为品出了这个味，才跨越了人生的一道道沟沟坎坎。其实，人生的要求真的是很低，不过是一日三餐吃好喝好，夜睡安眠，时时有个好心情。"好"是一个什么样的概念？"好"就是两个字——平和，既浓郁而又纯淡。即使深潭下面急流涌动，表面上仍然风平浪静，波澜不惊。茶陵人的心灵，智者的心灵何尝不是如此啊！所谓心静如水，即"好"之谓哉，茶之道也。然而，面对茶叶面积逐年缩小，产量连年降低的状况，茶陵人又将怎样呢？只要你看看云阳山老树所焕发的新姿，旧叶下所绽开的蓓蕾，

你就会知道，在当今发生重大变革的时代，茶陵人已再一次调整心态和观念，以一种豁达的心境，重振茶叶产业雄风。

二、茶陵油茶

茶陵盛产茶油，历史悠久，素称"茶油之乡"，尤以其油质醇厚、色泽清纯而引世人青睐，"到茶陵买茶油"，已成为人们的共识。

茶油，也叫"茶子油"，是从油茶树种子（含油40%~60%）中取得的不干性油。主要为油酸的甘油酯。多供食用，也作工业用油。茶油有调节肌体、杀菌、抗癌、降血脂等作用，被称为食用油的"油中王"。在当今民众生活水平普遍提高的时代，人们都普遍喜欢食用茶油。

茶陵油茶生产，是元代末期随着入境移民引进种植而逐步发展起来的。开始仅在桃坑、江口、八团、小田等山区种植，日渐形成规模，产油很多，被称之茶陵"油海"。至明朝中叶即已出现全县"遍植油茶"的光景。到清末全县种植面积已逾20万亩，20世纪20年代就达到28万多亩。油茶即成为茶陵农民的一项主导产业——种植、加工、销售成龙配套。据史料记载，清宣统三年（1911），茶陵全县有领贴（即经官方批准的"营业执照"）的专营茶油行5家，兼营茶油行3家，其中湖口市（墟）、坑口市（墟）各设1家，年输出茶油5万公斤以上，外销湘潭、长沙及江西、湖北等地。1931年，年产茶油2290吨，人均40.5公斤，为有史记载的历史最高产量年。

之后，因国民党反动派疯狂"围剿"革命根据地，实行"石头过刀，茅草过烧、人要换种"的"三光"政策，大面积油茶被烧毁。1931年9月，湘东清剿纵队司令陈光中率部在小田等地，烧杀7天7夜，共烧毁油茶林2万多亩，全县油茶面积降至22.53万亩，茶油总产1104吨。1944年日军限茶，油茶林又遭到严重破坏。至1949年，油茶面积降至15.27万亩，茶油总产减至370吨。

1949年中华人民共和国成立后，茶陵县人民政府组织农民群众大力发展油茶生产。1954年，县人民政府建立垦复油茶林委员会，发出垦复和发展油茶生产的指示。1957年冬，组织县第一、二、三中学学生1200人，到桃坑、坑口、江口三个油茶种植乡，垦复油茶半个多月，面积3600亩。至1957年，全县垦复油茶林17.33万亩。1958年全县油茶面积恢复到26.05万亩，产油941吨，为1949年后茶油高产的一年。当年上交国家商品油59.58万公斤，其中桃坑、江口两个公社分别向国家交售9.72万公斤和6.49万公斤。1959年，桃坑公社被评为湘潭地区油茶生产红旗单位。茶陵县即受到国务院的嘉奖，派代表出席了天安门国庆观礼。

1959年之后，强调油菜、花生等油料栽培，忽视油茶生产，茶油产量下降，1962年仅产油192吨。1964年后，重视垦复油茶林。1972年全县产茶油850.9吨。1977年，茶陵被省、地定为木本油料生产基地县，将面积大的8个公社57个大队的24.56万亩油茶林列为基地，国家给予资金、粮食扶持，开展"保水、保土、保肥"的"三保地"建设。1979年全县茶油产量772.5吨。1980年后取消经济扶持，加上茶树老化，抚育管理不力，油茶生产明显下降。全县茶油产量，除1981年为762吨外，其余年份均在400吨上下。

1990年起县委、县政府狠抓油茶林垦复、残林改造、老林更新和新造幼林。1992年，油茶林面积为27.02万亩，茶油产量达520.3吨。其中油茶林面积最大的严塘镇有5万多亩，秩堂、桃坑、潞水、马江、虎踞、浣溪、江口、湖口8个乡镇各1万亩以上。1993年，茶陵被列为国家第二期油茶低改工程项目县。1995年6月，县委、县政府专题召开山区经济开发工作会议，出台了《关于加快山区经济发展的若干规定》，促使山地开发更深入地发展。1996年年初的三级干部会上，县委、县政府提出"改冬季突击开发为一年四季搞开发，彻底消灭油茶、楠竹荒芜山"的要求。全年分别在春耕前、"双抢"前，秋收前和冬闲期组织开发。通过市林业局检查验收，被市委、市政府评为山地开发先进单位，并通报嘉奖。1998年至2000年，全县实施国家第三期油茶低改工程，主要进行油茶新造。全县投入油茶低改工程项目资金134.69万元，共完成油茶低改14688亩，其中更新改造7100亩，常规改造7900亩，营造油茶优良无性系采穗圃60亩。油茶低改带动了大面上的油茶开发，全县垦复油茶57万亩次，补植14万亩，产量逐年上升，平均单产翻了两番。

进入21世纪，油茶生产又一度衰落，近几年受市场价格的影响，农民经营油茶的积极性虽有所提高，但仍没扭转油茶衰落的局面。

鉴于茶陵油茶跌宕起伏的发展历程，不少人认为油茶发展与否和政府的主张及行为息息相关，亦有不少人不同意这种看法。他们以为，新世纪的9年来，各级政府并未忽视油茶生产，会议没少开，话没少讲，投资也不少，而且每年的统计数据也很乐观，据年度报表，2001年至2009年，每年全县的油茶低改和垦覆油茶的面积达10万亩以上。累计起来达100多万亩，这不是个小数字。按全县30.8万亩油茶面积计算，9年间每块油茶垦覆了2至3次。

可油茶产量又上不去，每亩产油量仍在 5 ～ 10 斤之间徘徊。

究其原因，问题还出在农民本身。实行林业生产责任制以后，山林都到各家各户，由农民自主经营。政府只能指导或引导其合法经营。而油茶绝大部分是祖宗遗下的基业，长期以来，不少农民把油茶生产当成种"固有"产业，有山即有茶，有茶即有油。因而占山而不育山，采摘而不管理，满足于每年能采摘一点茶籽，榨取一点油，既不愿投工投劳进行抚育和垦覆，又不愿投资投肥进行低改、更新和病虫害防治。一旦荒芜了，就视其为"露水"产业，"有就收，有就丢"。致使油茶面积锐减，茶油产量锐降。据业内人士透露，至今全县荒芜的油茶山起码在 10 万亩以上，有林面积顶多就是 20 万亩，而且残缺不齐，单位面积株数严重不足，亩平油茶株数只有 40 多株，比 80 ～ 100 株的标准株数少 40 ～ 60 株。这就是茶陵油茶生产出现今不如昔状况的重要原因。

"民以食为天。"当今人们生活水平普遍提高，穿戴讲高档，饮食讲质量。茶油作为食用油之"王"，深受人们喜爱，市场前景较好。因此，油茶生产仍然不失为茶陵的一个传统优势项目，完全可以成为富民强县的一个支柱产业。据县林业局介绍，严塘镇和吕村第 5、6、7 组的 60 多户农民，在村支部书记段冬牛的带动和影响下，近年来，连年不断地加强油茶的垦覆和管理，使 4000 多亩油茶焕发生机，各农户产的茶油逐年增多。2009 年共产茶油 5 万多斤，最多的户达 1100 多斤，最少的户 400 多斤。不少农户家都有榨油房，形成生产、加工、销售一条龙。凡有加工销售能力的户，年收入近 4 万元，一般的农户 2 万多元。最少的也有 1 万多元。据说八团、桃坑、界首等乡镇的大多数农户也加大了油茶垦覆和管理的力度，并已见到成效。

事实证明，茶陵重振油茶雄风是完全可能的。关键的是要脚踏实地去干。如果不是在海市蜃楼中求生，那就必须脚踏实地去跋涉，不驰于空想，不骛于虚声，唯以求真的态度做踏实的功夫，则功业可就。现在，国务院、省、市都已印发关于发展油茶生产的意见。茶陵县委、县政府根据上级文件精神已制定茶陵油茶生产十年发展规划，即实施油茶低改 10 万亩，新造油茶林 10 万亩。新造油茶全面推广县林业局研制成功的优良品种——茶陵 166。据实验，该品种每亩可产茶油 75 公斤。如按规划实施，全县油茶可发展到 50 万亩，新老油茶林每亩以 20 公斤的产油量计算，全县即可产茶油 1000 万公斤，每公斤以 20 万元计，就可创下一个 2 亿元的产业，向社会提供万吨茶油。这样，"茶油之乡"又可誉满三湘。

潞水补锅

文 / 段立新

在 20 世纪八九十年代之前，补锅手艺一直是潞水（这里特指潞水方言区，以下同）的地方特色之一。潞水人出门，外地人往往会说："补锅的来了。"话说得亦庄亦谐，让人笑不得，也恼不得。

潞水是一个山区小镇，境内铁矿、煤矿蕴藏丰富，铁矿开采冶炼历史悠久。这个山区小镇，人口集中在上坊、下坊片两个狭小的盆地中，人多地少、水寒地薄，粮食历来难以自给。农闲时期，当家男人父子、师徒出门补锅乃是潞水人节省口粮、筹钱买粮的一种手段。补锅有冷补、热补两大技术体系。用一种特制的金属长条塞进孔隙，然后在两端敲打，把孔隙填实，再敲打至紧密，牢固，平整，这是冷补。潞水补锅匠用的是热补技术，补锅所用的材料是铁水，首先熔铁成水，再用铁水把孔隙补实，把铁块与铁块熔接在一起，即成补锅。手艺的传入，不知始于什么年代。补锅匠手艺父子相传，或师徒相授，基本上流传于潞水本境之内。据老一辈补锅匠介绍，补锅手艺传自衡州府。衡州府的设立，始于洪武年间，补锅手艺大概是明朝时期由衡阳一带传入的。据说，境内第一个会补锅的是一个叫花子。叫花子懒散惯了，有手艺却不行业。他的技术在不知不觉中被一个有心人用酒肉"套"去了。但是，这个人毕竟是一个"半拉子"，技术只在口上，手上功夫还不行，刚入行业时遭遇了不少麻烦。刚开始，他的风箱拉得哗哗响却不见半点风，再次去套叫花子。叫花子躺在床上，从枕头底下抽出一把鸡毛，懒懒地说："去，把鸡毛镶进去就有风了。"这样，他就学会了做风箱。补锅的时候，他不知道该怎样固定鼎罐、锅子，就再去套叫花子，叫花子仍然躺在床上，指了指挂在墙上的竹筒，懒懒地说："去，把长竹筒锯成短竹筒就要得了。"这样，他又学会了怎样把要补的东西固定下来。补好的鼎罐、锅子上，铁疙瘩高高低低，既不好看，又不能止漏，怎么办呢？他一想，还得去套叫花子。叫花子还是躺在床上，从破被子上撕下几根布条子，卷成一个布筒子递过去，懒懒地说："去，用这个摁平铁水，再在镥疤上涂点泥巴不就好了嘛"。这样，他就学会了补锅的全套手艺。后来，有的补锅匠说本行的祖师爷是红罗仙师，有的说是乌鸦太师，补锅匠用鸡毛镶风箱，用竹筒固定要补的东西，用稀泥糊镥疤，据说就是这样来的。

补锅匠一般是一老一少两个人结伴出行，前面这个人一头挑方框浅底长提梁的竹篮，里面是补锅的全套工具（风箱除外），一头挑由扁篾编织而成，六面密封，可以开合的竹器，俗称皮笋，里面放的是衣物细软，上面压一只风箱。这个人是补锅师傅，唱补锅戏的主角。后面的人不是他的儿子，就是他的徒弟，或者是他雇来的帮工，习惯上称为扯炉的。扯炉的挑一担尖底、圆腹、深框的竹篮，潞水人称之为粪笼，里面装的是煤和铁块，是补锅匠必不可少的两样东西。扯炉的主要工作是拉风箱，也帮师傅照看担子、喊生意，甚至洗衣服、做饭，似乎是一个无关紧要的角色，但行内的话却说"补锅的徒弟，扯炉的师傅"，意思是说风箱拉得好，补锅师傅才做得顺手。

这一老一少翻山越岭，走村串户，一见人烟村庄就大声吆喝，告知人们有补锅匠来了，行话称之为喊生意。一进村庄，他们就得挨家挨户去招揽生意，一件一件讲定价钱，这就是所谓的讲生意。接下来，他们就要做生意了，行话叫作起炉。只有做生意的时候才能坐下来。在屋檐下、大路旁、人家的堂屋里，一切可以架炉子、摆风箱的地方，扯炉的盯着炉子，一个劲儿把风箱拉得呼呼响，补锅师傅盯着破鼎罐烂锅子，敲敲打打，摁摁抹抹。他们都闷声不语，却配合默契，一招一式，从容不迫，有条不紊，颇见一番沉静的功夫。倘若要预备饭食，他们就会在小炉子旁支起一根特制的小木桩，挂上一口小小的铁鼎，这就是补锅匠的炊具和炉灶。一趟生意做完，饭也熟了。补锅匠把工具收拾好，再蹲在炉子旁边炒菜、吃饭。吃过饭再走，再招揽生意，再做生意。补锅匠行止不可规划，生意不可预定，食宿不可如时，一天之内，饿着肚子，走遍三村四庄，有时也做不成一两桩生意，这对于他们来说是习以为常的事情。他们躺在屋檐下、寺庙中，甚至是大街上。他们一副副笑脸，在别人眼里，却是低声下气、死乞白赖的样子。这样一群人，没完没了地向你找生意，找米、找菜，让你从口袋里为他们掏钱，让你给他们腾出睡觉的地方。这样一群人，头发凌乱，胡子拉碴，牙齿黑黄，衣服破旧，皱巴巴脏兮兮的，发着臭味，他们今天去了，明天也许又会来，与乞丐没有差别。"镥锅的人造了孽，天光走到黑。别人都说你赚了钱，哪知道你镥锅真可怜。"这是一首潆水民间歌谣，说的就是补锅匠的生活。

补锅匠讲究"不起炉不吃饭"，同行之间不抢生意，一旦相遇，后到的自动走开，如果是合伙做生意，就要平分收入。这些都是行内潜在的规矩。旧时，补锅行业内部曾经有"讲江湖"之说。讲江湖又叫盘江湖，就是按江湖规矩应答行事。这里所说的江湖，主要指行业内部制订的行事套数、礼仪礼节、行规及行内统一的用语，也就是行话（类似于黑话的一种行话，与我前面所说的行话不同），意在规范行业秩序、解决行内纠纷。但有时它成了不轨者排挤、欺压和敲诈勒索同行的一个幌子。

据县志、乡志记载，民国二十七年，贺天申、胡克喜、贺朱仔、刘顺连等人经湖南省政府核准备案，在长沙成立"湖南省镥锅业职业工会"，向从业者发放铜制牌照，作为补锅匠入会及准予营业的依据，对无牌照者则予以取缔营业资格的处罚。这个工会基本上垄断了全省的补锅业务。长沙城陷落后，常有补锅匠被抓去当兵，从业者的安全得不到保障。为了解决这个问题，民国三十年，刘顺连、刘乾三、彭雪元、谭连生等人在首团刘家祠成立"茶陵镥锅业同业工会"，重订章程，另铸铜牌招纳会员入会，希望通过工会团体的力量确保自身利益和安全。这个工会后来因为派系斗争于民国三十五年自行解散。

潆水补锅匠足迹遍及攸县、醴陵、株洲、湘潭、长沙、安化、桂东、郴州等县市，远走江西、广东、广西、四川、贵州等省区。他们走南闯北，见多识广，阅历丰富，做人行事往往为常人所不及。他们通晓这些地方的语言，嘴巴里有无尽的语言资料，他们熟悉各地的风土人情，脑子里有活的中国地理。他们在行业自给的同时，不忘引进外地物产和技术，以造福桑梓。在历史上，潆水地区的补锅匠为本地区带来了烧石灰的新技术及红花（即紫云英）种子，为改善本地区的耕作技术做出了独特的贡献。

自20世纪80年代开始，随着农村新式炊具的广泛使用，补锅匠渐渐失去市场，淡出人们的生活。作为一个曾经有过的行业，现在，补锅工艺被列入地方非物质文化遗产保护名单，受到了地方政府及民众的保护。

湘东名技——补锅

文 / 李则林

说起补锅，年岁稍长的人就会想起补锅师傅拉风箱、打铁花的场景，耳畔仿佛又听到了补锅师傅走村串户喊补锅的声音。在湘东一提到补锅就会想到茶陵潞水人，潞水补锅在湘东乃至全国都有点名气。耳熟能详的湖南花鼓戏《补锅》，就是以潞水补锅为蓝本而创建的。潞水将补锅称为"镥锅"，将补锅匠人称为"镥锅的"。潞水补锅起于何时已无从稽考，但补锅匠人均以红罗仙师和乌鸦人师为宗师。因关乎生存问题，补锅技术一般是家传或私相传授，并且传男不传女。因此，这种技术从古今，往往多限于潞水境内。

为了生计，补锅匠人多农忙种田，农闲出门。足迹遍及株洲、湘潭、长沙、安仁、桂栋、郴州等湘东县市以及江西、广东、广西、四川、贵州等省区。有的人家则以祖孙行业，长年在外经营。补锅匠出门，一般是父子或师徒一老一少两个人。年长者走前，一头挑方底圆筐浅腹高提手的竹筐，内盛一应工具，一头为方整密封可开合的竹制"皮箩"，内藏衣物细软，外放风箱一具。年幼者随后，挑两只圆底鼓腹的竹器，名曰"粪笼"，里面装的是煤、铁块，以及要补的物件，他的主要工作是"扯炉"，亦即拉风箱。

师徒之间关系很微妙，由于师父经验丰富，哪些可以补，哪些无法补，以及怎样补，一眼就能看出。又因徒弟业务生疏，出门喊不到生意，所以每到一处，徒弟负责捡场安置好补锅行头，做好准备工作；师父则扛上一根扁担四处吆喝，收集要补的物件。这种本末倒置的关系，通常容易让人产生误解，因此俗有"扯炉的师傅，镥锅的徒弟"之说。补锅业有很多行内禁忌，比如说：不起炉（不做成一笔生意）不吃饭；同行相遇，互不干扰生意，后来的会自觉地另择"地盘"；合伙行业时，不管出力多少，一律平分好处；等等。

补锅匠行无定处，居无定所，食饮定规，一旦出门就得漂泊在外，无暇顾及自己的衣着形象，甚至也不能维护自己的人格尊严。他们走村串巷，挨家叫唤，为了多点收益，往往不惜与家庭主妇们讨价还价。因忙于奔走，难得空闲，往往满面尘垢，衣衫破旧。这样的职业形象，使得补锅匠们与叫花子无异而被视为下贱。正因如此，师傅到处请帮工，约定一个月给予多少工资，家境稍好的人家绝不会让子女去学补锅。

民国时期，这些补锅匠们建立了自己的行业工会。早在民国二十七年（1938），贺天申（今下坊村田人）经省政府核准备案后，在长沙成立湖南省镥锅业工会，向业者发放铜质牌照108块，并享有取缔无牌照者营业的权利，大有垄断全省补锅业之势。随着抗战的深入，补锅匠每有途中被抓作壮丁的风险。基于安全考虑，民国三十年（1941），首团人刘顺连又在首团刘家祠成立拥有168名会员的茶陵镥锅业工会，经政府批准，他们另制铜牌，这一部分补锅匠的安全从此得到了保障。

补锅，说起来容易，做起来难，整个补锅过程大致有起炉、熔铁水、找眼、补眼、浸水五道工序。最难过的关是收疤，要求动作娴熟，眼疾手快。收疤收得好，疤痕不显，补旧如新，不是内行难辨真伪；收得不好，疤痕相当明显，既影响美观又妨碍使用。值得一提的是并不是"就眼补眼"，有的眼不明显，还得用锥子钻大，好让铁水渗透。起炉的位置很有讲究，晴天要选在空阔的坪里；雨天的话，事先要找好"施主"，谈妥条件，一般要选一户屋场比较大的人家，炉起在出门右手的开阔里，如果来年还经此地，他们会在原地歇脚。

说是补锅，实补的东西不仅是铁锅，还有盆、搪瓷杯等。补锅匠遍游江湖，见多识广，思想新潮。他们往往能操持各地方言，了解各地的风土人情，无意中充当了传播知识，引进新技术的媒介。潞水新式烧炼石灰技术，茶陵县的紫云英（俗称红花草）的引进就是他们的功劳。虽然，对于新鲜事物，他们知其然而不知其所以然，所见所闻给人们茶余饭后留下了许多笑柄，但他们敢闯敢拼的精神却为世人所推崇。

改革开放以来，随着生活节奏的加快，工业技术的提高，人们用惯了的铁制用品被经久耐用的钢、铝、塑料制品替代，要补的日常用品渐渐少了，补锅工亦难见到。然而，补锅师傅在大型工厂却备受青睐，他们凭借灵巧的双手，仅用一点铁水就能使那些十几万吨重的破损锅炉完好如新。补锅师傅用行动和实力向世人说明：社会的发展离不开他们，补锅仍然不是可有可无的行业。如今，以潞水补锅为始祖的补锅术被人们誉为湘东名技，作为非物质文化遗产受到了文物部门的保护，补锅师傅也因其精湛的技艺，博得了世人的称赞和尊重。

潞水打油

文 / 段立新

旧时，潞水地区居民食用的植物油脂主要来源于油茶、油菜，即民间素称的茶油、菜油。方言称榨油为"打油"，榨油的工具、流程及方法，沈从文先生在他的小说《阿黑小史》中已做过详尽的介绍和描述，读过这部小说的人自然心领神会。

潞水方言把榨油的作坊叫作"油屋里"。油屋里一般依水而建，以水为动力，带动水轮转盘碾碎油茶仁。你在小溪边看到一个巨大的水轮，水轮上有一个巨大的水槽，农历十月、十一月从早到晚咿咿呀呀转个不停，这时，你就到了油屋里了。

循着水轮往咿咿呀呀的声音走去，走进油屋里的碾坊，你看到的是一个巨大的碾盘：一个正方形的木架下面安装了4个碾轮，碾轮的下面是圆圆的铁槽。烘干的油茶仁倒进铁槽，在碾盘不紧不慢的转动中，油茶仁被碾成了粉末。工人们把这些粉末装进木甑，隔着水蒸，就好像蒸饭一样。等到这些粉末变了色，捏上去油乎乎的，木甑盖上蒸汽腾腾，屋子里油香扑鼻的时候，工人们就该压麸了。麸，又叫茶麸，就是榨油剩下的油渣饼，压麸就是把蒸好的油茶粉末装进铁箍里面，做成一个个油茶粉饼以备上榨压油。压麸是一项技术活，压麸前先用稻草编成结作经纬，这个结就是一个漂亮的太阳图案。高明的工人压成的麸，圆圆的，厚薄恰到好处，油茶粉不溢不漏，底下的草秸散开如女子精心梳成的发髻，颇能吸引眼球。

压好的麸被工人们拿进油榨房，装进油榨里面。油榨由一截完整而又粗重的圆木头做成，固定在高台上。人们先在这一截木头上凿一个长方形的孔，再在长方形孔内把它的上部、下部、两头加工成圆形，如同把一个长方体和圆柱体叠加在一起，在木头里面形成一个上下呈圆形的槽，再配上一部分大小不一的长木锲子，这就做成油榨了。压好的麸装进这样的圆形槽里面，也就是装进了油榨里面，这就是工人们所说的上榨了。这一道工序完成以后，工人们往油榨里密密地放进木锲子，把茶麸挤得紧紧的。这样，工人们就开始打油了：几个人抱起一根长长的油锤，一下接着一下，叽嘎叽嘎地击打木楔子。一边击打木楔子，一边往油榨里添加木楔子，直到油榨干了为止。茶油就这样压出来了，在榨底滴滴答答流进油缸里。

旧时，潞水民间成立寒露会，专事管理摘油茶事宜。寒露会的设立，目的是确保摘油茶的正常秩序，保证油茶能充分成熟，按时摘取，以提高产油量。旧时的行话，每榨一榨油，工人们称之为"一下""打一下油"。据经验丰富的工人介绍，产油量高的油茶一般一下能榨 12 斤茶油。刚出榨的茶油黄亮浓香，带着热气，倒进锅里会发出一声爆响。这时，工人们往往会捋一把莴笋叶，或者白菜叶，往热油里一放，再翻动一两下就可以出锅了。打油期间，工人们可以随意舀热油炒菜，然后就着热菜喝酒，这似乎是一种约定俗成的规矩。主家新打了茶油，往往会架起大锅"煎油籽"（方言，就是所谓的油饼），然后与家人、打油工人、亲戚邻里分食这油腻腻、黏糊糊的美食。茶油香得人眉开眼笑，热菜水酒美得人身热脸红，油籽甜得人嘴角带香。主家欢喜，工人们浑身是劲，亲戚邻里也高兴，这在农历十月、十一月忙碌的乡村，实在是一件平常而又美妙的事情。

潞水地区下坊片的油榨房集中在麻土里。民国时期，麻土里有三座榨油房，民间俗称为"上油屋里""中油屋里""下油屋里"。旧时，潞水地区出产的茶油，多由攸县人销往外地，所以，民间至今还有"攸县油贩子"的说法。

故乡的榨油坊

文／苏 声

　　我的故乡——苏家老湾里，在村西北头有一幢古老黝黑低矮的榨油坊，它似饱经风霜的老人，诉说着曾经的沧桑。小时候湾里人都叫它油屋里。苏氏先人拦文江河水，筑赤露坝，引水灌溉。油屋在坝旁边，依山傍水而建。现在，油屋成了一片废墟，只剩下断垣残壁，杂草丛生。悠悠岁月，往事如烟。在那物资匮乏的年代，油屋在我的心目中留下了难以磨灭的印象。油屋是乡村一道亮丽的风景线，那时油屋在一年中多半时间是冷冷清清的，只有到了收菜籽和摘茶籽的时候，油屋才会喧闹起来。"剥、剥、梆"的榨油声，震耳欲聋，像滚滚雷声，越过田野，越过村庄，传向遥远的地方。我第一次听到油屋榨油声大概是五六岁的时候，那时我的胆子特小，一闻到榨油声就躲避。后来我习惯了，并且有机会到油屋里去。

　　有一次，是油菜籽收获的时候，油屋开榨了，我有机会目睹油屋"庐山真面目"。母亲收工回来，叮嘱苏健哥与我说："你俩到菜园里摘一些青菜，担到油屋里用甑水烫一下，沾一些油星沫子。"是啊，母亲说得有道理，平时家里炒菜都是能省油就尽量省油，母亲还说人家一年到头只吃两斤油。听了母亲的话，我与苏健哥两人，到菜园里各摘了满满一担青菜叶，气喘吁吁地担到油屋里。油屋里榨油匠是一个50多岁年纪的瘦高个，他叫苏苟仔。苏健兄跟他打了一声招呼，说明来意。他答应了，不过要等他们忙完了一轮才能有蒸锅脚水。几个汉子站在苏苟仔的旁边在兴高采烈地聊着。于是，我与苏健兄高高兴兴地玩起来。

　　榨油屋分里外两间，外间是一间很大的厅堂，厅堂一端悬着一个巨大的乌黑的木头榨油机，一端悬吊着一根油光鉴亮的撞柱。靠近墙壁右边是一个很大的蒸锅。里间是碾坊，碾坊靠门左侧是焙床，焙床上放着一个篾推盘团箕，团箕里是一层厚厚的油菜籽，油菜籽上冒着腾腾热气。工友时不时在团箕里用手搅动菜籽。碾坊靠门右侧是炒锅，炒锅里也放了很多油菜籽，工友走到炒锅旁用铲不停地搅动。油菜籽被炒得香喷喷的，发出一层晶莹发亮的光。工友再将脸盆盛油菜籽倒在碾槽里，扒匀以后，走到外面的水槽里，把挡水板一抽，汹涌湍急的水往水车上灌，巨大的圆形水车开始滚动。水车齿轮带动碾机的四个铁轮子"吱吱"地滚动。碾轮柱子上拖着一束棕叶或稻草扫帚，铁碾轮一过，沾在碾槽两壁的碎菜籽又被扫了下来。苏健哥很机灵，手一攀，屁股就坐在了柱子上，喊道："坐飞机了，好玩。"看他坐上了碾柱子，我也攀着碾柱，身子一跃也坐了上去，两人乐而忘忧地欢叫着。此时，一个工友站在门口板着脸孔对我们吆喝着，我们也不知发生了什么事，碾槽铁轮的"吱吱"声，与外面水车的流水声夹杂在一起，充塞耳膜。工友只好走近碾槽又说了一遍。我们听清楚了，原来他是要我们注意安全。碾槽里的油菜籽经过碾轮反复碾压，好似沾了雨水的灰尘，黏黏的。工友跑到屋外的水槽边，把挡板插入水槽里，水车和碾机缓缓地停了下来，我们鼓鼓的耳膜也松弛下来，万籁俱寂。工友将碾槽里的粉末扫成一堆一堆的，用勺子装到木桶里，再倒在榨房大锅的木甑里。我们好奇地尾随他来回帮着做，大概装了有四五桶，满满一木甑。工友往灶里添了一些木柴，火势迅速旺了起来。大约有半个钟头，粉末在甑中蒸熟了。榨油匠用大勺从甑中铲了一勺蒸熟的粉末，倒入事先准备好的铁箍中，然后把稻草合拢来纠结着。一双赤脚站在上面来回地踩踏，踩得结结实实的，像大饼似的，摞在一边，待一甑粉末全部踩踏成一个又一个的大饼后，再将其装在榨油机里。这时候，木甑被端开，只见大锅里污浊的滚水上面泛着一层油星沫子。榨油匠说："现在你们可以将青菜放在锅里烫。"于是，我与苏健哥将两担青菜全部放在大锅里，盖上锅盖，然后站在旁边看稀奇。

"好了"，榨油匠轻轻地说了一句，不用招呼，七八个汉子跟在榨油匠的后面。他们的手扶着撞柱，弓着身子，做好了准备。榨油匠一手抓住缆绳，一手操着撞柱头，身子稍为后仰。汉子们站在撞柱两旁，手托着撞柱，绷紧着身子，都往后仰着。榨油匠将撞头对准榨机里的木楔子，轻轻喊道："一、二、三！"木楔子一端用铁皮包住，首先只轻轻地一撞，"砰"的一声，清脆悦耳。木楔子深深地扎入到榨机里面。然后，他们喊着号子，"嘿哟、嘿哟"。撞头撞在榨机上的木楔子上发出"剥、剥、梆"的震耳欲聋的清脆而有节奏的响声。随着撞柱撞在榨机上，榨机也在颤抖，地动山摇的。榨机里的油，先是像断了线的珠子，紧接着如泉水汩汩地流到油槽里，再流到油锅里。大家望着晶莹清亮的菜油，闻到好久没闻到的油香，像喝了蜂蜜糖一样，特别兴奋。一轮下来，他们的脸上、脖子上都溢满了汗珠，身上的衣服也被汗水浸湿了。

工友们坐在长凳子上休息和闲聊着，有的顾不得擦汗水，从口袋里掏出土烟丝，用纸卷成喇叭筒，划燃火柴，点燃纸烟，悠闲地吸着；有的还在喘着粗气；有的用手帕轻轻地擦着脸与脖子以及上身；只有榨油匠顾不得休息，他用手帕简单地擦了一把脸后，用铁锤将木楔子敲敲打打，退去小的木楔子，再插又大一点的楔子。然后，他轻轻地说了一声："好了。"汉子们迅速地站在原先的位置做好准备。随着一声声"嘿约、嘿哟"的号子，撞头撞在榨机里的木楔子上，"砰"的一声，又发出震耳欲聋的清脆响声。榨机地板、房子在颤抖，榨机里的油又汩汩地流淌到油槽里……

榨油很苦、很累，但工友们的脸上洋溢着劳动收获的喜悦。

此时，我与苏健哥从大锅里捞出沾满油星沫子的青菜，装在土箕里，担回家到水圳里洗干净，再晒干，待青黄不接的时候吃。这样，我们就可以吃到沾了油星沫子的菜了。

砻的记忆

文 / 彭运南

　　日前到茶陵高陇的白龙村下乡，在一罗姓人家的墙角落看到一个物什，有两个年轻人甚是奇怪，问是何物。我说："别急，先让大家猜个谜语玩玩。"我慢条斯理地说："木匠篾匠合力打造，一推一拉摇头晃脑，边吃边屙总是不饱，一日三餐功劳不小。"大家笑了，不用猜，答案肯定就是这东西。主人也笑了，的确，答案就是这东西，叫砻。

　　湘东茶乡的糯米酒是比较有名的，几乎家家户户都有酿酒的习惯，酿酒先要把糯谷谷壳去掉变成糯米，这道程序就要靠砻来完成，俗称"推米"，也叫"砻谷"。在砻谷之前，人们靠石臼舂米，石臼就是用大石头凿成的圆形坑洞，将糯谷适量倒入坑内，用木杵反复鼓捣，稻壳便与米粒剥离，这个过程叫"舂米"。相对于石臼，砻的效果与效率好多了，劳动强度大为减轻。当然，砻并不是为酿酒而制造的，它其实就是最原始的碾米机。

　　现在 50 岁上下的人对砻还是有记忆的，20 世纪 60 年代，砻还是最普遍的碾米工具，一般一个家族内或是几个邻里间都会共有一个砻。砻的作用十分重要，砻的制作便也显得郑重其事了，往往要选择黄道吉日，放鞭炮接送师傅。

　　砻的结构，看上去并不复杂，但是，制作的程序和要求还是相当高的。整个过程大致分七个步骤，即备土、打砻盘、编砻圈、夯土、炒砻钉、钉八卦、加工造型等。

　　备土是很有讲究的，要取山垅中特定部位呈金黄色的，无沙石粒，无腐殖质，黏性好的纯泥。挖取两三箩筐，晴天时摊开在干净的晒谷坪上，晒干、捣碎、过筛备用。

备好了土，然后要请木匠制作一个砻盘。砻盘并不复杂，就像在比较粗大的十字形座子上安放一个大木盆，只要大小适中并且结实牢靠就行，当然，为求美观也得打磨抛光才好。

砻盘打好后就在砻盘中心编织砻圈，砻圈的经篾要嵌入砻盘底板以求稳固。一般要选择 3 年以上生的楠竹，织成约高 70 公分、直径 60 公分的圆圈。

接着是夯土。师傅将备好的泥粉倒在干净的地板上，掺合适量石灰粉，用口喷清水湿润，搅拌均匀。当达到一捏成团，一搓变粉时，便成了。再用木杵先夯下座的砻泥，添一层，夯一层，直到超过砻圈 3 公分左右为止。接着，将上座砻圈反扣在平整的地板上，在砻手的两端下面垫上砖，砻圈的下方放置捣碎的圆锥形砖土，再将杉木板制作成约 20 公分宽、15 公分高的方框连接在砻手的正中部位，这时便可以倒入砻泥，直到夯结实为止。

夯完土就是炒砻钉。砻钉一般是以凿树或檀树等细叶木质紧致的木料，约长 7 公分，宽 2 ～ 5 公分，厚半公分。在大铁锅中倒入适量细沙粒，用文火烧炒，待沙粒发烫时，将削制好的砻钉片放进锅中一起连续翻炒，炒到砻钉片呈赤褐色且冒出香气时起锅，筛去沙粒，砻钉片则放置大盆篮中摊凉。炒过的砻钉可增加硬度和韧性，砻谷时更耐磨。

钉砻钉的时候到了。师傅在打磨平滑的两座砻的正面，用铅笔画好八卦线条，由内圆向外圆成直线辐射，就像一把把扇子摆在圆心的周围。按线位钉木片，其木片不可全钉入砻泥中，应留出泥面近 3 公分，然后撒上砻泥粉，撒一层用工具在砻钉的间隙锤打结实，直到嵌入的砻泥与砻钉基本持平。这砻钉距砻心约 10 公分，离砻圈边约 3 公分，靠里行路少，靠外行路多，形似八卦，也算是暗藏玄机了。

最后一道工序是加工造型。上座砻，要将有砻钉的一面改朝下放平，把砻手上面的砻泥用铲子铲成一个光滑的锅底形，便于放置稻谷。砻手下面方框内的砻泥则用凿子清除，便于让稻谷随着上座砻按顺时针旋转时，有规律地流入八卦槽中被碾压脱壳。此外，两座砻的八卦边缘，要将砻泥削压成光滑的圆斜状，既美观，又便于流出米粒与谷壳。

最后，将上座砻抬上去，让砻手中央的圆孔穿入下座的砻心棍，便合成整座新砻了。砻做成了还需做一个砻鼻钩，砻鼻钩的前端为七字形，下面装一个铁条，后端为丁字形，使用时，可将稻谷适量倒入上座砻的凹形中，并在楼板适当位置吊两根等长的绳子拴住砻鼻钩的后端以求省力，用砻鼻钩前端的铁条钩住砻手一端的圆孔中，按顺时针方向用力推拉，那稻谷便会徐徐脱壳，连米带糠流到下方的砻盘中。俗话说："世上三般苦——砻谷踏碓挖荒古，世上三般松，吃烟屙屎抠鼻公。"可见，砻谷不是一件轻易事。如今砻早已被现代化的机械取而代之，就像白龙这样的山区村也只偶尔砻砻糯米以酿酒，打砻这项原本普遍的手工艺自然只是记忆中的风景了。

⬆ 砻

打锡壶

文／彭运南

20世纪五六十年代及其之前一段较长的岁月，人们日常生活常使用锡制品，如锡制汤壶、酒壶、烧水壶等，其中锡酒壶是湘东茶乡最普遍的家用物件，锡酒壶俗称"壶瓶"，作用主要就是餐桌上盛酒筛酒之用。记得小时候，家里来客了，父亲便会吩咐我："去舀壶酒！"要是冬天，还会说："去舀壶酒热一下。""舀壶酒"就是从酒坛中把酒舀出来装进壶瓶里，所谓"热一下"就是把装了酒的壶瓶放到热水里加温。

茶乡旧俗中，锡酒壶还是新娘子的必备嫁妆之一。家有闺女待嫁，必瞅准机会打制一对锡酒壶，谁家的闺女出嫁要是少了锡酒壶陪嫁，有可能会被夫家瞧不起："看看，连个壶瓶都没有，寒碜！"

因为锡酒壶的使用比较普遍，打锡壶这门手艺也便不是个别地方个别人的独享了。记忆中，湘东茶乡一带，当年就有不少挑着炉子、风箱等物，走村串户，拖着长音吆喝着"打锡壶呢"的人，俗称"锡匠"，他们大多为三五十岁的男性。每每有这种人到来，他的身后必定跟着一大帮看热闹的小孩子，有的还会赶忙跑回家里告诉父母："打锡壶的来了。"

打锡壶的工序比较繁琐，主要包括熔锡、制模、裁剪、焊接、磨光等几个步骤。首先是熔锡。要安装好风箱、炉子，燃起木炭，炉子上放一个坩埚，把旧锡器放入锅中熔化。锡的理论熔点只有183摄氏度，熔锡并不太难。其次是制模。制模其实就是制成大小适中，厚薄均匀的锡板。制作时先把一块平滑的硬木板放在地上，一头用硬物垫高两三寸，铺上两三层草纸，弄平整。然后在草纸上面用绳子围成相连的几个锡板模型，绳子的粗细决定锡板的厚薄，模型一般下端大上端小，便于将锡液灌满。上方留一个小口，用来倒入锡液。绳子放好后再将另一块同样贴好了草纸的硬木板轻轻盖在上面，要注意上端留着灌锡液的入口。第三步是浇筑锡板。用勺子将锡液趁热舀起，对准模型入口慢慢注入，灌满后放置不动，让它自然冷却。第四步是裁剪。揭开上面一块木板，按照所制酒壶的大小，利用剪刀等辅助工具，把锡模板分割成所需的形状。第五步是成型焊接。把这些剪好的锡板按照心目中的设计造型，并焊接起来，这一步纯粹凭锡匠的手艺，手艺精湛、技术好的锡匠制作出来的锡壶样子会自然漂亮一些，否则就可能不尽如人意了。俗话说："打出锡壶看锡壶。"这也有边打造边参详边完善的意思。第六步是打磨。将焊接好的锡壶放在垫着裙布的腿上，一手拿壶一手拿刀，把焊接口凸出的部分仔细刮削打磨以求平滑光洁，这一步也是凭锡匠的手艺，手艺技术精湛打磨出来的质量会更好。新打磨好的锡壶呈银白色，铮亮发光，随着使用时间的加长，颜色渐成暗灰。锡制品不怎么坚硬，使用锡壶应避免磕碰以防变形，一旦颜色太暗或是变形影响美观了，就可以考虑重新熔铸打造了。所以，打锡壶这一手艺总有做不完的事，打锡壶这一行当也就长盛不衰。只是后来随着搪瓷、不锈钢以及铝制品的普及，锡制品才逐渐退出了市场，如今已很难看到锡酒壶之类的物件。但是，这一特定历史时期的特定物件和特定手工艺留给人们的记忆还是非常美好的。

麻子茶

文 / 谭熙荣

茶为历代文人津津乐道。散文大家周作人算是品茗的名流了，一本《雨中的人生》，专论茶道的就有四篇之多。他在《喝茶》中写道：喝茶当于瓦屋纸窗之下，清泉绿茶，用素雅的陶瓷茶具，同二三人共饮，得半日之闲，可抵上十年的尘梦。

品茗于上流社会，恐怕要划归风雅一类吧。

我无须也无缘附庸风雅。说来或许让人笑噱，我现在几乎不敢喝茶，尤其是下午和晚上。倘无意间犯禁，则可能通宵难眠。至于茗中精品，什么碧螺春、龙井，什么大红袍、普洱，虽偶有品赏，却是难以得其中滋味，兴趣也就不大。

然而，我喜欢大众化的麻子茶。

麻子茶应该是茶陵的特产。它盛行于乡下，但据我所知，也颇受不少城里人青睐。这种茶的质料，或为一些人所不齿。它与一般的绿茶相反，不是采取嫩芽制作，而是以粗老的成叶为料。制作亦十分简单，只用铁锅炒干即可。顾名思义，麻子茶少不得芝麻，炒熟的芝麻泡的茶更香更醇。茶中须放一定的盐，过咸过淡都有损味道。除此还可以放少许胡椒或者花椒。米茴是必不可少的，清香，通气。稍微丰盛一点的，再来点炒熟的黄豆或豌豆、干豆角什么的。所有的配料，除了盐、胡椒、米茴在水沸之前放入，其余一律先备在碗中，待水开后立时泡。滚烫的开水徐徐注入碗中，热气腾腾而上，立马冒出一种植物的香气，沁人心脾。再饱的人，遇上这种场面，也难以自持。说也奇怪，这种茶仿佛并不饱人，女人们能整天整天地喝，像王蒙《在伊犁》中写到的那些成天在树下喝奶茶的新疆妇女。

若谁家来了女客，邻居们东家请西家催，半天要喝十来家。大多人家都备有佐茶的食品，或花生，或薯皮，或油炸的糯米制品，这些副食统称"焕茶"，像是专为喝茶而备。喝来吃去，肚子撑得滚圆，饭完全可有可无。麻子茶本来为妇女之专利，男人们嘴一馋，一起加入到喝茶的行列，将麻子茶业推向高潮。

　　麻子茶四季皆宜。夏天喝了可消暑解热，补充盐分，冬天则暖身健体，促进新陈代谢。一般喝茶者意不在功用，重在消遣。边喝边品，闲聊海侃，人生得失，抛置脑后，亦是一种境界。

　　麻子茶最有名的地方当数尧水。尧水是我的邻乡，是名副其实的茶乡。尧水人素有好客的美名，我不仅道听途说，也曾身临其境，一饱口福。如果你有幸去尧水做客，别的我不好夸口，香醇的麻子茶，那一定会让你醉倒的。

🔵 麻子茶

茶陵潞水话

文 / 段立新

潞水话，指的是潞水镇的上坊片（包括上关、大元、大台、农元四个村）、下坊片（包括元王、下坊、田土、首团四个村）及腰潞镇石陂村双石门组等地使用的一种方言。据1988年的户口资料显示，使用该方言的人口约为18000人。

潞水话使用区域狭小，语音、语调独特，地方特色十分明显。在茶陵县境内，潞水话就像是潞水人的名片和身份证，以至于这里的人走出去，只要一开口说话，对方就会说："嗬，你是潞水人。"

对于熟悉茶陵方言的人来说，潞水话似乎不应该是一种让人感到奇异的方言，虽然它独具一格，有如潞水人的"身份识别码"。茶陵方言分为两大类：第一大类是茶陵话，使用人口占茶陵县总人口的90%以上。按区域划分，茶陵话又分为城关片、茶乡片、虎踞片三个次方言区，其中分布区域广、影响范围大、使用人口多的是城关片次方言，可以说，这是茶陵话的主体。第二大类是客家话，使用人口不足茶陵县总人口的10%，分散在七地、高陇、秩堂、浣溪、湖口、桃坑、江口等乡镇偏远山区。潞水话属于城关片次方言区的潞水小区方言，撇开语音、语调等语言元素来看，它的词汇、语法两大基本语言元素与城关片次方言并没有很大的差别，因为它们同属于赣语，有着很明显的"亲缘"关系。

赣语又称江西话，古称江右话，通行于江西全省及湖南东部、湖北东南部、安徽西南部和福建西部等地区（不含客家话），使用人口约占我国总人口的6%，是我国主要的南方方言之一。

茶陵与江西省的莲花、永新两个县接壤，犹如江西、湖南两省交通的门户，在历史上是江西移民外迁的必经路口之一。在三国时期及唐代，茶陵曾几度与江西的安福（含今莲花县，它在清乾隆年间由安福、永新析出。以下同）、永新、宁冈同属一行政区。据清嘉庆二十三年（1818）编修的《茶陵州志》记载，建安二十年，今江西省的安福、永新和湖南的茶陵、攸县同属湘东郡。唐开元十年（722），茶陵及其所属的衡州郡同属江西西道。茶陵地理及行政区划两方面的优势，为江西移民的入迁及赣语在境内的流行提供了便利的条件。

据方志资料记载，今茶陵有谱可查的132姓中，迁入境内最早姓氏有唐末的火田尹姓、茶陵谭姓、严塘陈姓、中洲（今高陇镇龙下）李姓、马渡马姓，五代十国时期的龙姓、唐姓、墨庄陈姓，其中茶陵的谭姓，严塘陈姓，中洲李姓，墨庄陈姓、龙姓来源于江西。宋代是茶陵移民入迁的另一个高潮时期，茶陵共迁入14姓21支，从江西迁入的达9姓12支，其中不乏大姓，如尧水段姓。可以这样说，茶陵主要通行的赣语，既是凭借先天条件自然普及而来的，又是搭江西移民的"顺道车"自然"搬移"过来的。

从汉语区划分布图上来看，茶陵话属于赣语的吉茶片次方言；从语源关系来看，茶陵话属于赣语的吉安次方言。

我们现在不妨来读两首民歌：

其一，《单身歌》：

风吹树叶片片扇，可怜我一世打单身，和尚单身带徒弟，我打单身一个人。睡了几多冒脚床，喊了几多唉里娘，早上出门门上锁，夜里回屋自开门。脱掉草鞋剥掉衣，柴在东来米在西。刮掉锅来刮掉甑，筒管量米大半升。拿起柴来吹着火，何时才得两公婆。

其二，《油菜花》：

油菜花，白菜花，结同盟，大女嫁。猪抬来，娘欢喜，花轿来，娘生气。娘三天不呷饭，女四天不梳头。梳梳头，插上花，亲亲哥哥安排嫁人家。人家安得好，只要有饭呷，嫁到姨娘门前过，姨娘揭开桶，花彤彤。姨娘揭开箱，戒指耳环一双双。不是爹个，不是娘个，是我自己赚得来个。

读了这两首民歌，茶陵人一定会会心一笑：这不是我们茶陵的民歌吗？潞水人则一定说得十分肯定：这不是我们潞水的民歌吗？其实，都错了，这是地地道道的江西莲花民歌，载于《莲花县教育志》上。茶陵人和潞水人为什么会有这样的误会呢？很简单，因为茶陵话、潞水话和莲花话同属于赣语，三者之间的语言元素基本上相通。

潞水（这里仅指潞水方言区，以下同）地处武功山山系中，居民集中在两个大小不一的山间盆地之间。这里距离莲花、永新两县的直线距离不超过

50公里，境内的永游大道在民国及民国之前一度是江西经茶陵北上攸县、醴陵、株洲、湘潭、长沙等地的必经通道。早在宋代前后就有江西移民迁入境内。据1983年的户籍资料统计，潞水境内共有101姓，其中刘、谭、颜、段、邓、陈为人口居多的6个姓氏。这6个姓氏中，有刘（德馨堂、青黎堂、黎艳堂刘氏）、谭、颜、段4姓来源于江西。此外，彭、邹、张、周、杨、罗等姓氏也直接或间接来源于江西。这里四面环山，山高岭峻，山深林密，路远难行，相对偏僻和闭塞，历史上与外地联系少，受外地的影响不大，因而变化少，状态稳定。赣语流行到这里之后能独具特色，这是最主要的原因。

较之于其他片区的茶陵话，潞水话最为显著的特点表现在三个方面：

第一，入声字较多，音调比较单纯，给人一种读音短促、干脆，音调固定，始终处于水平状态，缺乏抑扬、起伏等变化的韵律感。这是潞水话最显著的特点。

入声是古汉语的四声之一。入声字读音短促，一发即收。据专家考证，入声约在金元时期就已经在古汉语中消失，现在主要保留在粤语、吴语、闽南语、赣语等南方方言中，在普通话中则不复存在了。在茶陵话中，至今依然保留有入声和入声字的，潞水话最为突出。潞水话让人易于识别并感觉别扭，"太土了""梆硬"，甚至滑稽，让人听了不由得发笑，主要原因就在这里。

第二，句末尾音较重，有时，句中也有尾音。这里所说的"尾音"就是声音延长，茶陵人称之为"拖起个话尾子"，潞水人称之为"拖起个音"。

潞水话中的尾音，一般表现在一句话的最后一个字上，句中出现尾音的现象比较少，多数是因为句中需要停顿所致。带尾音的字给人的感觉很特别：似乎有一个由此及彼的音程，一般是由整个音节"滑"向韵母，韵母在整个音节中快速"重复"一遍并迅速收束。笔者试以现代汉语拼音字母并借助"~"来表示这种尾音现象："快点几来！你呢，忒慢了。"

潞水话句末尾音较重，女性比男性更为明显，上坊片比下坊片更为明显。有人据此认为潞水话除入声之外，还多卷舌音，这可能是一种错误的看法。在潞水话中，含卷舌音声母的只有 zi（方言字有字、子、只、紫、籽）、si（方言字有四、死、自、事）、zhi（方言字有志、指、纸、支、织）、shi（方言字有"是、时、十、屎"）、shan（方言字有"善、扇"）等为数不多的几个音节，实在是少之又少，没有代表性。那么，潞水话为什么会有带尾音的现象呢？这可能与入声自身的构成有关。据专家介绍，入声由 -p（-b）,-t（-d）,-k（-g,-h）三种不同的塞音韵尾构成，潞水话中的尾音可能就是它的韵尾给人带来的一种错觉。

云阳老冬酒

文 / 尹烈承

　　云阳老冬酒是茶陵民间的特酿，属于黄酒系，起源于云阳山，故名云阳老冬酒。这酒没有动听的名字，祖辈就这么称呼"老冬酒"。

　　所谓"老"，一是历史悠久。相传最古老的酒是用高粱酿造的。尧帝路过云阳山，人们以酒待他，他饮后连声称好。二是储藏时间长。一般储藏 3～4 年，有的达 10～20 年。储藏时间越长，酒越清纯醇厚，故称老酒。所谓"冬"，就是这酒的酿造有着较强的时效性：必须在立冬后、冬至前这段时间内配制，否则，难得酿出好酒。

　　这酒的原料就是糯米（也有用黏米的）、酒药和泉水。酿具就是铁锅、木甑、大盆、阔口缸和坛子。这些都很简单，茶陵城乡家家户户都能酿造。然而，要酿出好酒还真不容易，最起码要把好四关：

　　一是米质米量关。这种酒以糯米为佳，即使是黏米也要含有较强的糯性，而且米质要好，以晚稻糯或中稻糯为主，并要十分熟，没全熟的糯谷，含有夹心米，蒸出的饭"瘩"多，影响出酒率。同时，糯米要用砻子砻出来，以保留米皮。米量则以木甑的大小确定，一般每甑蒸 50 斤糯米，大的甑可蒸 80 斤。

　　二是水质关。酿造老冬酒的水必须是清纯泉水。云阳老冬酒之所以在历史上叫得响，迄今不绝，得益于云阳山泉，特别是五雷池的水酿造的酒，可谓浓郁纯正，清香诱人。现在人们都讲秩堂、高陇、火田、城关、下东等地的老冬酒味正醋醇，除酿造工艺和储藏方法得当外，重要的还是水。云阳山泉和皇雩山泉对于酿造老冬酒的确有着独到之处。其实茶陵还有赤松坛泉、铁甲山泉、险峰山泉和地下泉水等等，都是酿酒的上等泉水。千万不能用塘水、河水和水库水。

三是酿造工艺关。老冬酒的酿造工艺并不复杂，技术要求亦不高。但要把握好"火候"还是有一定的难度。要掌握几个基本功：

第一，蒸饭。要说蒸饭人人都会，但用木甑蒸饭，而且米不水，就不一定个个都行。这里有几个环节需要认真把握：其一，下甑的米要分几次入甑，若是50斤米，一般要分三次。最要紧的是每次下米的"火候"，即等到先下的米冒出热气时再下第二、第三次米。其二，每下一次米之前，要向甑中匀称地洒一次水，水量一般是一提桶（即20～30斤）。先将甑从大锅里端出来，架在准备好的位置上，将一个大盆放到木甑的下面，然后洒水。第二次及以后洒水时，就用大盆中从甑里接下来的水。这种做法，主要是平衡甑中米的温度。其三，蒸出饭的软硬要适度。所谓适度就是米皮破裂而不烂，用手一捏饭顶好有点粘手而没有白粉。其四，锅里的水要适中，以淹着甑下弦边为宜，烧干了再加水。蒸饭一般都烧柴火，既要保持大火力，又要确保火力均衡。

第二，拌药发酵。米饭蒸出后，用大盘箕晾开，冷却后再拌入酒药，酒药要适量，50斤米一般就是7粒酒药（按现在市场上药的颗粒大小）。酒药必须拌匀，匀到每粒饭都沾上药。拌药后将米饭装回甑中盖好盖子，用板凳将甑架起，甑下面放一个大盆，再用稻草或破棉絮、棉袄等将甑包起来保暖发酵。三四天后，即有酒糊（酒娘）成线状流入盆中。

第三，造酒。发酵至一星期后，将甑中酒糟及盆中酒糊一并装入阔口酒缸中，然后按1∶1的比例（即一斤米兑一斤水）兑好水。约十天或半个月后，用手捞起酒糟捏尽水酒，将糟拿开另行处理，将酒用坛子盛好，酿造流程即已完成。

第四，储藏。储藏的重要环节是要沥干酒中的水汽，水汽未沥干不要封坛口。沥干水汽的检验标准就是听不到坛子口边有"叽叽""咝咝"的响声。水汽干了后再封坛口。过去都是先用砖或木板将坛口盖好，然后再用调糊的稀黄泥封上。现在人们都是先用薄膜封好坛口，用绳扎紧，再压上一块砖。若要长年储藏，可将酒坛藏入地窖或阴凉的房屋里，但每年都要揭开一次坛口，加入一些酒糊进去。这样才能酿出陈年好酒。

四是清洁卫生关。酿造老冬酒的整个流程都要保持干净整洁。锅、甑、盆、缸、坛都应在洗得干干净净后晾干。操作的人都要洗手净身，不能带汗携脏操作，否则，酒会变酸甚至发臭。

云阳老冬酒的最大特点是浓郁甘醇，味道纯正，香甜可口，易入口，后劲足。许多会喝烈性酒的人，往往就醉倒在这水酒上。但是这酒不伤人，既不伤头，也不伤身，即使醉倒了，睡上一觉就什么事都没有，只能增添人的酒量，舍得醉几次的人酒量会增得很大。

云阳老冬酒是豪爽之物，易品易喝，可谓雅俗共赏。无论清心寡欲还是豪情万丈，平平淡淡还是轰轰烈烈，都折射出博大的文化精神与精深的人生之道，延续着茶陵几千年的文化。

老冬酒易酿易品，凡夫俗子都能够，人人都会喝。所以茶陵人靠它添了一身虎胆，战天斗地，不屈不挠，尽显英雄本色。才高八斗的茶陵进士陈光问嗜酒如命，而其豪迈绮丽的想象，很大一部分是拜老冬酒所赐。著名革命烈士陈梅连，临刑前饮一坛老冬酒，醉躺刑台，显现英雄人无畏之态。清廷状元郎萧锦忠醉倒在云阳山，显现着文豪的桀骜之心。

老冬酒亦是灵性之物，闲暇时，静坐窗前品一盅老冬酒，看雁过留影，云卷云舒；忙碌时，亦饮一坛老冬酒，振奋精神，迎接挑战。这样，静如酒般淡雅，动如酒般浓烈。于是，茶陵人常说：人生啊，就求这份真！

茶陵城隍庙的庙会

文/王　刚

　　昔日农历每年的正月二十七日，是茶陵城隍庙的庙会期。据历代《茶陵州志》载："每年春秋与神灵合祭于西坛，正月二十八日为诞辰，专祭于庙。"但提前一天于二十七日赛会，始自何时，则无可考稽。"抬城隍"沿袭一年一度，至 20 世纪 30 年代土地革命时期，曾一度中断。20 世纪 40 年代，又曾搞过好几年，不过其规模之盛况每况愈下。

　　每届庙会前，由城隍庙的值岁"首士"（即轮流值年管理者），在神龛前烧香秉烛，用抽签方式从 1 ～ 10 排出 10 个人，负责筹办。所需费用按定次序摊派，抽得头名的称"香首"，出钱最多，余则挨次称"香二""香三"，依次类推，出钱依次递减。另外，不属"首士"之列而自愿参附其后的所谓"善士"们（即不是轮值的会众），也是按抽签数序排列，各自认摊。这些善士往往几十人，多时达百余人不等。排列最末一名称"圆首"。圆首的认摊数，须与"香首"相等。庙会期的日程，三天、五天、七天不等，取决于筹款的多少而定。其间，颇具笑料的是，首士抽签时，抽得第八名的称"香八"，谐音"香把"，意即"香"烧完了至"把"火才灭。这是个令人讳忌的签号，在迷信盛行时代，认为是神灵所定，抽中的人只好自认倒霉，甚至忧恐成疾，甚至有因精神压力大而身亡的，以此越发渲染了城隍神之神乎其神了。

　　庙会筹备期间，全县范围内，不论远近、男女老少，都各自事先计划，择日都要到县城看看"抬城隍"。有的借此探亲访友，有的纯系看热闹，吃饭、住宿是住客栈，还是伙铺，都得量力而行。县城居户都得先行请乡下亲友，届时来城团聚一次，否则谓之不亲不敬。有的也干脆不请自来，成为不速之客，事前都得谋划。所以庙会期间，全城各家宾馆宾客满门，热闹非凡。

县城商贾买卖，尤其是零食吃货，生意兴隆，整个市场一片繁荣，极盛一时。更为热闹的算是城隍庙了，其间前来烧香许愿、酬神、祈福的善男信女，摩肩接踵，络绎不绝。庙内烛光辉煌，香烟缭绕，爆竹与钟鼓声混成一片，声震庙宇内外，终日不息。十来个"签简"，在跪拜于地的朝拜者手中传递不停。尤其是抬城隍那阵子，来庙杀牲的，光鸡血每天就能装几大钵盆，"庙祝"老倌所得杀鸡小费和香客抽签的"签钱"，可解决这孤鳏老人全年的生活开支。

抬城隍出城的先一天下午（即五月二十六日）为表示敬神之虔诚，必须把城隍出城的路径街道打扫得一干二净。而这几个扫街者，多是"食不果腹"的穷苦者，沿街逐扫，此期间可向街道两旁的零食摊点，任取包子、油货来吃，谁也不会追究，谁也不会谴责，这就是茶陵县城俗所说传的"地里鬼扫街"。

至城隍抬出城之时，街之两侧乃是万人伫望、众目所瞩的场面。事先由"首士"商定各项执事名单，出榜公示，务求各执其事。当天早餐后，由主坛道士率领香首及善士们顶礼膜拜，请出城隍菩萨，端置于专用的木式轿椅上。所有执行者，早已依次列队，端立于庙门外。起程时，由数名铳手手捧填满土硝的铁制土铳，一个接一个地沿途交替朝天点放，声如雷鸣，火花四射。两个手捧"肃静""回避"黄底黑字木牌的人，分左右并行于前，引路开道。接着是抬着击打的大牛皮鼓和大型铜锣等一列长长的大型吹弹响器队伍。紧跟在后又是长短不一的一条"龙灯"，各式各样的牙边旗、幡、扇、伞之类的仪仗队。再就是几十个童男，排成双列，各捧一个横竿挑挂，或冒着袅袅香烟的铜制小香炉，散发出股股清香，随风飘入空气之中。至此，四人抬着端坐的城隍菩萨，在鞭炮轰响、锣鼓喧天的交响声中起驾了。跟在城隍神后是身着法袍的道首，他率领全班道众，人手一件沿途敲击的磬、钟、锣、钹之类的小击乐器。按签定数序排行的香首及善士，一律身着表示"斯文相"的白色夏布长衫。他们双手各捧着一个焚着檀香木的香炉托盘，鱼贯而入跟在道众之后。走在列前的香首托盘中，摆着由主坛道士用黄纸缮写的号曰"奏章"，这就是为阖县苍生向城隍老爷祈福免灾的"禀告"书，据说这是庙会一年一度的主旨，表达全城人们的心愿。

香首、善士队伍后是"囚笼""装马戏"队伍。"囚笼"是有钱人户，为求自己小孩健康成长，用木条仿旧时代官府押解犯人的囚笼而制成，让小孩穿戴整齐坐在其中，雇佣人抬着，俗曰"坐囚"。"装马戏"，则是把自己的小孩化装成古典小说中的故事人物，如刘备、周瑜、赵子龙、吕布、杨再兴、岳飞等,如同小演员,骑在马背上,两旁由成人扶持,俗曰"装马戏"。"囚笼""装马戏"队伍中各随一大群帮闲人,有的是护随,也有挑着两个空箩筐的,沿途收受亲友馈送给小孩的各种礼物。据说有的大户可收上好几担,且相互攀比,引以为荣。紧接是"高跷"队,人数不等,"高跷"样式不一,表演者不化妆;有的是活动的,两脚分踏于离地面约两三尺高的直木棍的短横木上,不捆绑其脚,称活动式高跷,人可以上下自如。但有一人要扮为庙里的"无常",须化妆,穿长衣,脸部涂成无常,样子十分吓人。高跷为捆绑式的,高出一般人头一丈左右,由经过训练的人担当。为保险起见,有几个手持长竹篙的人伴随其前后左右,以防不慎。据说也有过因街面窄小,人群拥挤,跌倒死过人的。高跷队伍后是一大群锣鼓乐队以及蜂拥尾随的观众。

整个庙会迎神赛会队列,从城隍庙启程,经由州衙、一总街、二总街,再出城门经三总街至七总街尾而止(今"屯下"前,那时是山脚下了),沿街两旁各户门口都立香案,摆放祭品,烧香、点烛,以示对城隍老爷的虔诚膜拜。全城人山人海,直至把城隍抬回庙宇,群众才渐次疏散。

庙会期间雇有戏班演唱"神戏",多是《封神榜》中的神话剧目。每天上午约九时开演至下午五时许才收场,正午为"邀台",即正午之际,艺人们午餐后休息片刻。最后一天的一场戏曰"大戏",为供城隍观看的"神戏"。观众寥寥无几,怕亵渎了神灵。演出剧目,多为神话中的"目莲救母"之类,演员须得用真刀真枪,场面十分惊险,表演的都是训练有素的专业戏班。"神戏"结束后,当晚半夜后的人静时分,由主坛道士率领香首、善士做最后膜拜城隍的仪式,整个庙会才算完场。

茶陵城隍的庙会既是人们祈福免灾,祈城池永固而保平安的一种祭祀且兼娱乐的群众活动,也是城乡亲友团聚、繁荣城乡经济文化的一个载体。它伴随城隍庙兴衰,淡出人们的记忆。至于官方的祭城隍"陈设""礼仪""祭文"均已记入《茶陵州志》(同治版)的"祀典"之中。

茶陵铁牛的三次劫难

文 / 刘翔云

2013 年 3 月，茶陵铁牛（又名茶陵铁犀）被国务院正式确定为"全国重点保护文物"。近年来，茶陵铁牛的影响力逐渐增大，知名度也得到相应提高，其历史价值、文化价值日渐彰显。

在近百年的历史演变中，茶陵铁牛曾遭遇过三次劫难。

第一次劫难发生在民国三十三年（1944）七月至民国三十四年元月。当时，日军侵占茶陵城，所到之处烧杀抢掠、无恶不作。在城郊芫上村，日寇屠杀手无寸铁的老百姓，包括妇孺、儿童、老人达 897 人，制造了惨绝人寰的"芫上惨案"。为搜刮金银财宝，不仅盗取了东门塔（又名笔支塔）顶上的铜铃，而且对茶陵铁牛的金黄色眼睛也伸出了贪婪之手。一天，在一个日本军官的带领下，几名日本兵围着铁牛绕了几圈，一阵叽里呱啦，认为铁牛的眼睛是"黄金"铸造的，遂将"三八大盖"步枪上的刺刀取了下来，轮流对着铁牛的眼睛使劲凿剜。但是，任凭其使出九牛二虎之力，也仅仅在眼眶两种金属结合部凿开了一点点缝隙，无法将黄色金属部分撬走，只好作罢。

第二次劫难发生在 1953 年 5 月（农历癸巳年）。是年，茶陵发生了历史上罕见的大洪灾，汹涌的洪水越过防洪堤直灌洣河，整个老城及城郊都成了汪洋泽国，城区居民慌乱躲到了城墙上。洪水将铁牛旁的河堤冲塌了一个数丈宽的口子，漫过了铁牛的脖子。站在城墙上的人们对铁牛的安全非常担心，一旦河堤垮塌，铁牛将有沉入河底甚至有被洪水冲走的危险。好在冥冥之中，铁牛似有神仙护体，任凭洪水滚滚来，铁牛依然昂首挺立，纹丝不动。河堤塌方也在离其基座一米处停止了，铁牛躲过了一劫。洪灾过后，县人民政府拨出专款由县民政科组织工程队修复护城河堤，经数月施工至 1954 年初将塌陷的河堤修复，并对铁牛的基座进行了抬高和加固。

　　第三次劫难发生在 1981 年 5 月下旬，当时正是南方的多雨季节，家居淥江乡瑶里村的陈某南听老人们讲起河对岸的铁牛的眼睛是"风宝铜"做的，比黄金还贵，顿起贪婪之心。一天下午，他先渡河来到了城墙边，查看了铁牛的情况，当晚便约好本村陈某苟带上铁锤和锉刀，一起去"挖宝"。来到铁牛边，两个贼头贼脑的人对准铁牛的左眼猛凿了几下，锉刀卷刃无法再凿下去，两人商量另准备工具再来。次日晚上，正是夜深人静，雷雨交加的时机，两人携带一把四磅铁锤和四根钢钎再次潜到铁牛边，一人持手电筒照明，另一人用钢钎、铁锤凿剜铁牛的眼睛，两人轮番作业，共凿坏了四根钢钎，才将铁牛左眼的金黄色金属物凿下了约三分之一，使历史文物茶陵铁牛的左眼部位遭受了无法弥补的重创。

　　此案从现在来看，两犯构成破坏珍贵历史文物罪，是确凿无疑的。但是，在 32 年前的案件定性时，着实让政法机关有些为难。1979 年颁布的《中华人民共和国刑法》第 174 条规定："故意破坏国家保护的珍贵文物、名胜古迹的，处七年以下有期徒刑或者拘役。"对茶陵铁牛究竟是珍贵文物还是名胜古迹，县检察院提取公诉时存在争论，因为茶陵铁牛尚未有哪级政府明确为重点保护文物（我国《文物保护法》是 1982 年 11 月 19 日才颁布的，此后各级政府才进行文物分级保护工作），因此，争论的结果是以破坏名胜古迹罪提起公诉。县法院在判决定罪时也感到难以定论，认为定破坏名胜古迹罪不妥，定破坏珍贵文物罪缺乏依据，最后采取含糊的办法，未明确罪名而是直接依据《中华人民共和国刑法》174 条对两案犯分别判处有期徒刑 4 年和 3 年。

　　从铸造工艺上来看，茶陵铁牛最形象、生动、传神的部分在于它的头部，尤其是它的眼睛。将两种金属巧妙地、严丝合缝地熔铸在一起，历经 700 多年，仍目光炯炯、熠熠生辉、光彩夺目，对整个铸件的"点睛效果"十分明显，其工艺水平和科研价值令参观者发出由衷的赞叹，也令贪婪者垂涎三尺。

　　茶陵铁牛的眼睛究竟是什么材料做成的，是金？是风磨铜？还是黄铜？至今尚无定论。遗憾的是 1981 年茶陵公检法机关在办理"两陈"破坏铁牛案时，对捣毁下来的 9.82 克金属未做送检化验，检察机关随案移送法院后，目前证物已遗失。

　　我个人认为，茶陵铁牛的眼睛非金，非风磨铜而属黄铜合金。

　　其一，黄金价值昂贵，工艺偏软，大量使用易遭贪婪者毁损，不利于保护。

况且，对于廉史刘子迈来说，财力上也是难以承受。因此，虽然金属颜色上难以区分，但完全可以排除是黄金铸造的。

其二，风磨铜是明代宣德年间暹罗国（现泰国）朝贡来的。宣德三年，明朝皇宫的工匠用风磨铜铸造了一批非常精美的香炉，受到上至王公贵族，下至黎民百姓、文人雅士的一致追捧，由此名声大噪，甚至被传说得神乎其神。现存文物中无一宣德炉实物，都是后世仿造。

关于风磨铜的名称和现代的铜矿规范规定的通常叫法和学名都对不上号。其解释有两种：一种认为是利用风动力磨细矿石精选得到的铜，故叫风磨铜；另一种解释是认为这种铜金合金古人多用于制造皇宫、佛教寺庙建筑，如：殿堂、塔刹，塔顶的莲座、宝瓶等，风越吹磨越明亮，故称之。

风磨铜的主要成分是红铜和黄金，呈紫红色，含金量越高，颜色越淡。而茶陵铁牛铸造年代是南宋绍定五年（1232），早于明宣德三年（1428）近200年。因此，从年代和颜色上可以排除是风磨铜。

黄铜一般为铜锌合金。"黄铜"一词最早见于西汉东方朔所撰《申异经·中荒经》"西北有宫，黄铜为墙，题曰地皇之宫"。《新唐书·食货志》又有"青铜""黄铜"的称谓，分别指矿石和冶炼产品。据此推断，茶陵铁牛的眼睛为黄铜合金铸造。

茶陵铁牛是茶陵的地标和文化符号，是茶陵人民的精神图腾。在历史价值、工艺价值、科学和文化价值上具有唯一性和不可复制性。目前，茶陵铁牛的保护仍处于放任和低水平状态，其临河台基经洪水的冲刷已经部分悬空，铁牛旁的码头已经垮塌，没有安装电子监控设备……值此茶陵老城申报历史文化名城之际，笔者建议，应争取罗霄山脉集中连片扶贫开发项目，抓紧对洣江大桥至工农兵政府地段防洪堤的修复，加固茶陵铁牛的基座。同时，要加大对城墙修复力度，采取"修旧如旧"的方针，整修"大城门"，修复"聚星门"，以推进历史文化名城的创建和旅游事业的发展。

云阳山下别样红

——茶陵经济开发区创建追忆

文 / 向宋文

1992年春，邓小平同志南方谈话的春风吹拂大江南北，各地的经济开发区如雨后春笋般拔地而起。中共茶陵县委、县人民政府审时度势，决定成立茶陵县云阳经济开发区，并设立管理委员会，委任我兼任开发区主任。云阳经济开发区为副县级单位，隶属县人民政府，代表县政府行使云阳经济开发区（以下简称开发区）行政管理职能。时至今日，开发区走过了20余个春秋。抚今追昔，开发区1992年夏至1995年创建起始阶段的那段历史，无疑是一件很有意义的事情。

一、改革开放，新区新办

改革开放是开发区建设的一面旗帜。作为一个新区，茶陵云阳经济开发区到底应该建设一个什么样的开发区，走出一条什么样的建设路子，是一个值得研讨的课题。在县委、县政府领导下，开发区一班人集思广益，精心谋划，决定在"新"字上做文章。首先，树立新观念，理清建设思路。开发区起草了《茶陵县云阳经济开发区总体方案》，阐述了建设开发区的意义和目的，勾画了开发区的发展思路和蓝图，制订了开发区的政策措施，力争将开发区建成全县改革开放的窗口，县城拓城扩容提质的新区，高新技术支撑的工业基地，国有、集体、股份制、个体、外资等多种经济成分并存的经济板块，人文厚重、环境优美、生活宜居的旅游胜地。县委、县政府以茶发[1992]18号文件批转了《茶陵县云阳经济开发区总体方案》，吹响了开发区建设的号角。其次，制定新规划，坚持科学布局。我们制定了《茶陵县云阳经济开发区建设规划》，绘制了开发区总体规划图，对东起汽车站广场，南至"三公里"工业园，西至云阳山麓，北抵曲江村洣水河共 10 平方公里范围进行科学布局。规划了两条主干道，即从县汽车站广场至云阳山脚的云阳路，从"三公里"工业园经东山坝、十八丘大垅直至曲江的 106 国道的改道（现为犀城路）；规划了 5 个小区，即云阳路的商贸区、106 国道改道的行政文化区、"三公里"的工业区、云阳山的旅游区和生活方便的宜居区。规划了一批基础设施项目和由工业品市场、农产品市场、水果市场、木材市场、运输市场组成的市场群。再次，建立新机制，激发内在活力。为了建立一个精干、高效的开发建设班子，开发区破天荒实行聘用制，除四个正副主任由县委任命外，其他工作人员全部面向社会公开选聘，逐个签订聘用合同，做到能进能出，打破"铁饭碗"；工资与绩效挂钩，去掉"大锅饭"。除此之外，开发区还创造了多个"第一"：第一次印发投资指南，制定优惠政策，对外招商引资，引进外资企业入驻；第一次提出鼓励农民进城进区投资兴业，购买蓝印户口，筹措建设资金；第一次采用市场运作的方法，建设工业品市场；第一次设立项目部和旅游科，抓项目入区，抓云阳山旅游开发。

二、特事特办，科学发展

云阳开发区作为茶陵的"小特区"，县委、县政府出台了一系列的特殊政策，出台了《茶陵县云阳经济开发区若干优惠政策暂行规定》等 10 多个文件，印发了《茶陵县云阳经济开发区投资指南》。这些特殊政策的实施，打破了计划经济的条条框框，极大地激发了投资者的投资热情。广州天河毛纺厂率先进驻开发区，兴办了华凌针织厂，2006 年又在金星工业园建成了耗资上千万、具有国际水平的粤港纺织基地，安排就业上千人，产品外销国内外市场。为了提高办事效率，实行职能单位代表制，"一站式一条龙"服务和联合办公制度。有关职能单位明确一名副职为代表，专事办理涉及开发区的有关事宜，每个礼拜职能单位代表到开发区集中办公一次，要求简化入园手续，办理时限不过周，从根本上解决了"门难进、脸难看、事难办"和"踢皮球"等问题，极大地提高了办事效率。为了筹措开发区的建设资金，开发区和县公安部门商量打破常规采用蓝印户口的办法，鼓励投资者进区投资兴业，购买蓝印户口，仅 10 天时间就办理了 2000 多人进区落户，筹措了 1300

多万元的建设资金。云阳工业品市场也是茶陵首次采用市场运作的办法建成，在当时可以说是市场运作的典范。通过统一规划、统一建设、统一招商，县财政和开发区没有花一分钱，建成了上万平方的市场，带动了 800 多家个体户入区经商，使以工业品市场为主体的云阳路成为了繁华的商贸走廊。科学发展是云阳开发区建设的宗旨。开发区建设初始，我们没有什么经验可以借鉴，也没有现成的东西可以照搬，完全是凭着对党和人民事业的高度责任感，求实创新，科学决策。比如在要不要建设云阳大桥的问题上，当时有的同志主张不建大桥，筑个土路，我们经过反复研究，认为建设云阳大桥有利于向省里争取建设资金，批设收费站；有利于免拆县氮肥厂、电石厂、造纸厂三个厂的水泵房，避免三个骨干企业停产半年；有利于造福子孙。最后决定建设一座高 19.7 米、长 192 米、宽 20 米的四拱等跨钢筋混凝土双曲拱桥。大桥建设共完成土石方 9200 立方米，浇筑片石混凝土 1.7 万立方，累计投资 328.2 万元，在时任省委常委、副省长周伯华同志的支持帮助下，我们向省里争取资金 150 万元，省交通厅批设收费站 5 年收费 500 万元（实际收费了 10 年），在经济上等于赚了两座桥。而云阳路的建设，可以改变西门进城路窄、坡陡、弯多的现状，拉直拓宽县城西门出入通道；可以建设一条商贸走廊繁荣市场；可以切实解决城区的交通瓶颈，方便居民出行和生活，进而规划为茶陵当时最宽的 40 米路面、2.83 公里长的云阳路，直达云阳山下，并削平最大坡度达到 2.17% 的陡坡。大家都说云阳路的拉通，铺平了茶陵进市、进省、进京的坦途。

三、快开快发，真抓实干

在深圳特区"时间就是金钱，效率就是生命"的感召下，开发区力求快节奏、高效率，摒弃了"干与不干一个样""干多干少一个样""干好干坏一个样"的观念。建设者们以满腔的热情、冲天的干劲，加班加点日夜奋战，靠着一种拼搏精神，刷新了多个"茶陵速度"：成立开发区之初，5 个昼夜拿出了《总体方案》；一周内从 200 多名应聘者中，选聘了 21 名工作人员；10 天内，印制了《茶陵云阳开发区投资指南》，拍摄了《春驻云阳》宣传片；仅花了半年多时间建成了建筑面积上万平方的云阳工业品市场；云阳大桥从设计到竣工通车不到一年半，1994 年 11 月 28 日举行了云阳路、云阳大桥、云阳自来水厂通路、通桥、通水"三通"典礼。从 1992 年夏到 1995 年，云阳系列项目如云阳路、云阳大桥、云阳工业品市场、云阳自来水厂、云阳开发大厦、云阳农副产品市场、云阳山紫云仙、云阳省级森林公园、云阳省级开发区等都先后建成和挂牌。云阳变电站也于1995年12月31日竣工送电，从此茶陵结束了有电送不进，经常缺电、停电的历史。一批项目也入驻工业园区，年产10万吨的金星水泥厂，当年奠基、当年竣工、当年投产。真抓实干是云阳开发区建设的一种精神。云阳开发区从无到有、从小到大，任何一个工程、任何一个项目都是干出来的。建设者们可以说是战严寒，斗酷暑，迎风沙，风餐露宿，风雨无阻。1993年8月，由省政府组织的1993"炎黄杯"世界华侨华人炎帝圣火车队，需通过开发区地段，此时正值劈山炸石阶段，为了让车队顺利通过，开发区的建设者们连续一个月实行三班倒，昼夜不停地施工。有一次正值风雨交加的深夜，我们去检查，只见时任开发区副主任的陈外生同志全身湿透，和民工们鏖战在工地；在云阳大桥浇筑桥拱的关键时刻，时任副主任的苏忠选和建设科长刘大成等同志，几乎是吃住在工地，和严塘镇的大桥建设班子奋战与共；在工业品市场的建设中，时任常务副县长杨宋虎同志经常坐镇协调，及时解决一个个矛盾和难题；在云阳路水泥路面浇筑会战现场，时任副县长李伟文同志和政府办副主任黄跃进同志始终冒着烈日炎炎坚守工地……

四、节约成本，廉洁高效

廉洁高效是贯穿开发区创建阶段的一条红线。建设者们对开发区的一分钱、一颗钉、一斤水泥都精打细算，真正做到低成本高效益。开发区没有伸手要县财政一笔钱，也没有损失过一笔钱。特别是在当时沿海刮起炒地皮、炒房热，不少开发区丢到沿海几百万、上千万，而茶陵开发区却分文无损。开发区凭借1300多万的起本资金，在短短两三年时间里征地130多亩，拆迁房屋3.6万平方米，完成土石方30多万立方米，浇筑10多万立方的钢筋混凝土，完成了3平方公里土地的三通一平，建成了一批云阳系列工程，把造价压到了最低限度。像劈山的石方只合4元多一立方，这在当时是少有的。开发区一方面靠自己的创收、融资，最大限度地筹措盘活建设资金，另一方面千方百计节支，建桥建路等项目都实行公开招标，节约建设成本和行政成本，基本保障了项目建设，还借出了一笔钱支持金星水泥厂等工程建设。

茶陵开发区创建起始阶段，建设者们意气风发，闯出了一条建设新路，刷新了多个茶陵纪录；它搬掉了一座 21.7 米高、10 万立方的石山，完成了 20 万立方的土方填压，填平了沟壑小垅，拉直、扩宽、铺平了茶陵县城西向出入的坦途，引领了茶陵县城向云阳山麓发展的方向；它争取到的省级云阳开发区和省级云阳森林公园的牌子，为后来金星工业园的加快发展和晋升国家级森林公园创造了先机；它为工业园区的兴起、商贸的繁荣、云阳山旅游的开发、开发区基础设施的逐步完善和老百姓的宜居打下了一定的基础。随着时间的变迁，2007 年茶陵云阳经济开发区，恢复了创建阶段的副县级建制，并更名为湖南茶陵经济开发区，迎来了开发区的新一轮建设高潮。开发区的建设，加快了县城的扩容提质和城市化进程，使茶陵县城扩容近 10 平方公里，特别是随着火车南站新区的拓展，几乎造了一座新城；它扩大了工业园区的规模，2008、2011 年实施二园区、三园区建设，开发区的面积达到近 20 平方公里，聚集了一大批大项目入区入园，成为了茶陵工业的洼地，助推了茶陵的经济发展；它使茶陵的旅游事业升温突起，随着国家级云阳森林公园的晋升，云阳山 AAAA 景区和茶陵工农兵政府旧址 AAA 景点的成功创建，洣江书院、东阳湖的建成，来茶旅游络绎不绝，旅游业逐步成为茶陵经济的又一个新型产业。

喜看今日的开发区，在紫微叠翠的映照下，这里开发硕果沉甸甸，彰显了"云阳山下别样红"的动人景象。

后 记

茶陵风韵天下知。

七千年文明的曙光、五千年历史的风尘和两千多年文化的积淀，孕育了一个厚重的茶陵、光辉的茶陵。农耕文化、书院文化、红色文化等一个个文化脉象，演绎了一段段茶陵传奇和故事；省级历史文化名城、文明县城、进士之乡、中国诗词之乡、中国书法之乡、将军之乡等一个个耀眼的桂冠，形成了茶陵特有的文化地标，卓立于湘赣边陲⋯⋯

春秋日月，长河漫漫，茶陵因历史而荣耀，因文化而绰约。王者的领域、诗者的国度、勇者的天地是这片土地特有的风度，历史的长度、文化的厚度、人文的温度成为了这片土地最美的诗韵。茶陵历史文化的风韵，长流如斯，永恒如轮。

挖掘整理茶陵历史文化，助推地方经济文化大发展，是每一个茶陵人的使命和责任。探究茶陵人文历史、描绘和歌咏茶陵大好河山的社科机构、文史专家和文艺工作者层出不穷。株洲《湘东文化》杂志社、茶陵历史文化研究会、茶乡促进会等社团和机构，出版了大量茶陵历史文化典籍；《犀城文艺》《铁牛潭》《犀城风雅》《南浦潮》《东阳微刊》等刊物成为了宣传茶陵历史文化的一面面旗帜。

从 2019 年中华人民共和国成立 70 周年开始，茶陵县档案馆（县党史和县志研究室）开启了"茶陵史话丛书"的编研工作，策划了《风骚茶陵》《风云茶陵》（《茶陵县革命斗争史》）、《风韵茶陵》、《风物茶陵》、《风雅茶陵》、《风采茶陵》、《风情茶陵》、《风味茶陵》、《风度茶陵》、《风流茶陵》等 10 部"茶陵风"系列茶陵历史文化专著。目前，已完成了《风骚茶陵》和《风云茶陵》（《茶陵县革命斗争史》）的编著，在社会上反响良好。

值此中国共产党成立 100 周年之际，茶陵县档案馆（县党史和县志研究室）和茶陵云阳地方文献图书室联合编辑《风韵茶陵》一书，选取了 70 篇《湘东文化》杂志上发表的和近 10 篇在其他刊物发表的关于茶陵历史文化的文章，共分"云阁听涛""长河探源""古城春秋""书院儒风""风物传奇"等五个篇章，以史为据，客观、真实地挖掘了茶陵几千年深厚的历史文化脉络、风貌和特色，是一本研究茶陵历史文化的经典文集和地方文献。

本书在编纂过程，中共茶陵县委、县人民政府高度重视，中共茶陵县委办公室、县委宣传部、茶陵县财政局鼎力支持。同时，也得到了株洲市人大常委会副主任刘柏生、《湘东文化》杂志社社长彭雪开的大力支持和指导。湖南师范大学出版社社长吴真文、编辑部主任李阳博士和全体编辑也付出了辛勤的汗水，在此一并表示衷心的感谢。

需要说明的是，从文本内容和篇章结构的要求和全面系统反映茶陵历史文化的需要出发，在编选过程中，我们侧重于作品的内容和作者的研究方向，没有拘泥于写作对象，所以出现了一名作者多篇文章的现象。同时，经过几轮编审和修改，我们对个别篇目存在的引文较多语意不畅、标点符号混用现象严重、长句泛滥多语病、使用较多不符合语言规范的口语方言等问题做了一些文字处理和改动，敬请作者谅解。由于编者水平有限，书中不足之处在所难免，敬请读者批评指正。

编　者

2021 年 12 月

风韵茶陵